中国传统工艺经典

杭间 主编

景德镇陶录图说

〔清〕蓝浦　郑廷桂 著

连冕 注释

山東畫報出版社

总 序

杭 间

十七年前，我获得了国家社科基金艺术学项目的资助，开展“中国艺术设计的历史与理论”研究，这大约是国家社科基金最初支持设计学研究的项目之一；当时想得很多，希望古今中外的问题都有所涉略，因此，重新梳理中国古代物质文化经典就成为必须。这时候的学界，对物质文化的研究早有人开展，除了考古学界，郑振铎先生、沈从文先生、孙机先生等几代文博学者，也各有建树，成就斐然。但是在设计学界，除了田自秉先生、张道一先生较早开始关注先秦诸子的工艺观以外，整体还缺少系统的整理和研究。

这就成为我编这套书的出发点，我希望在充分继承前辈学人成果的基础上，首要考虑如何从当代设计发展“认识”的角度，对这些经典文本展开解读。传统工艺问题，在中国古代社会格局中有特殊性，儒道互补思想影响下的中国文化传统中，除《考工记》被列为齐国的“官书”外，其他与工艺有关的著述，多不入主流文化流传，而被视为三教九流之末的“鄙事”，因此许多工艺著作，或流于技术记载，或附会其他，有相当多的与工艺有关的论著，没有独立的表述形式，多散见在笔记、野史或其他叙述的片段之中。这就带来一个最初的问题，在浩瀚的各类传统典籍中，如何认定“古代物质文化经典”？尤其是“物质文化”（Material Culture）近年来有成为文化研究显学之势，许多社会学家、文化人类学者涉足区域、民族的衣食住行研究，都从“物质文化”的角度切入，例如柯律格对明代文人生活的研究，金耀基、乔健等的民族学和文化人类学研究等；这时候还有一个问题需要特别指出，这就是“非物质文化遗产”的概念随着联合国教科文组织对其的推进，也逐渐开始进入中国的媒体语言，但在设计学界受到冷落，“传统工艺”“民间工艺”等概念，被认为比“非物质”更适合中国表述，因此，确立“物质文化”与中国设计学“术”的层面的联系，也是选本定义的重要所在。

其实，在中国历史的文化传统中，有一条重生活、重情趣的或隐或显的传统，李渔的朋友余怀当年在《闲情偶寄》的前言中说：王道本乎人情，他历数了中国历史上一系列具有生活艺术情怀的人物与思想传统，如白居易、陶渊明、苏东坡、韩愈等，联想传统国家治理中的“实学”思想，给了我很大的启发，这就是中国文化传统中的另外一面，从道家思想发展而来的重生活、重艺术、重意趣心性的源流。有了这个认识，物质文化经典的选择就可以扩大视野，技术、生活、趣味等，均可开放收入，思想明确了，也就具有连续、系统的意义。

上述的立场决定了选本，但有了目标以后，如何编是一个关键。此前，一些著作的整理成果已经在社会上出版并广为流传，例如《考工记》《天工开物》《闲情偶寄》等，均已经有多个注解的版本。当然，它们都是以古代文献整理或训诂的方式展开，对设计学的针对性较差。我希望可以从当代设计的角度，古为今用，揭示传统物质文化能够启迪今天的精华。因此，我对参与编注者有三个要求：其一，继承中国古代“注”的优秀传统，“注”不仅仅是说明，还是一种创作，要站在今天对“设计”的认识前提下，解读这些物质经典；其二，“注”作为解读的方式，需要有“工具”，这就是文献和图像，而后者对于工艺的解读尤其重要，器物、纹样、技艺等，古代书籍版刻往往比较概念化，语焉不详；为了使解读建立在可靠的基础上，解读可以大胆设想、小心求证，但文献和图像的来源，必须来自1911年前的传统社会，它们的“形式”必须是文献、传世文物和考古发现，至于为何是1911年，我的考虑是通过封建制在清朝的覆灭，作为传统生活形态的一次终结，具有象征意义；其三，由于许多原著有关技艺的词汇比较生僻，并且，技艺的专业性强，过去的一些古籍整理学者尽管对原文做了详尽的考据，但由于对技艺了解的完整度不够，读者仍然不得其要，因此有必要进行翻译，对于读者来说，这样的翻译是必要的，因为编注者懂技艺，使得他的翻译能建立在整体完整的把握的基础上。

正因为编选者都是专业出身，我要求他们扎实写一篇“专论”用作导读，除了对作者的生平、成书、印行后的流布及影响做出必要的介绍外，还要对原著的内容展开研究，结合时代和社会变化，讨论工艺与政治、技艺与生活、空间营造与美学等的关系，因此这篇文字的篇幅可以很长，是一篇独立的论文。我还要求，需要关心同门类的著作的价值和与之关系，例如沈寿的《雪宧绣谱》，之前历史上还有一些刺绣著述，如丁佩的《绣谱》，虽然没有沈寿的综合、影响大，但在刺绣的发展上，依然具有重要价值，由于丛书选本规模所限，不可能都列入，因此在专论里呈现，可以让读者看到本领域学术的全貌。

如何从现代设计的角度去解读这些古代文献，是最有趣味的地方，也是最有难度的地方。这种解读，体现了编注者宏富的视野，对技艺发展的深入的理解，对原文表达的准确的洞察，尤其是站在现代设计的角度，对古代的“巧思”做出独特的分析，它不仅可从选一张贴切的图上面看出，也更多呈现在原文下面的“注”上，我注六经，六经注我，重在把握的准确和贴切，好的注，会体现作者深厚的积累和功力，给原文以无限广阔的延伸，所以我跟大家说，如有必要，“注”的篇幅可以很长，不受限制。当然这部分最难，因人而异，也因此，这套丛书的编注各具角度和特色。由于设计学很年轻，物色作者很伤脑筋，一些有影响的研究家当然是首选，但各种原因导致无法找到全部，我大胆用了文献功底好的年轻人，当时确实年轻，十七年以后，他们都已经成为具有丰富建树的中坚翘楚。

要特别提到的是山东画报出版社的刘传喜先生，他当年是社长兼总编辑，这套书的选题，是我们在北京共同拟就的，传喜社长有卓越的出版人的直觉，他对选题的偏爱使得决策迅速果断；他还有设计师的书籍形态素养，对这套丛书的样貌展望准确到位。徐峙立女士当年是年轻的编辑室主任，她也是这套书的早期策划编辑，从开本、图文关系、注解和翻译的文风，以及概说的体例，等等，都是重要的思想贡献者。

这套书出版以来，除了受到设计界的好评外，还受到不少喜欢中国传统文化读者的喜爱，尤其是港澳台等地的读者，对此套丛书长期给予关注，询问后续出版安排，而市面上也确实见不到这套丛书的新书了，有鉴于此，在徐峙立女士的推动下，启动了此丛书的再版，除了更正初版明显的错误外，还因为2018年我又获得国家社科基金艺术学重大项目“中国传统工艺的当代价值研究”的立项支持，又开始了后续物质文化经典的编选和选注工作，并重新做了开本和书籍设计。

也借此机会，把当年只谈学术观点的总序重写，交代了丛书的来龙去脉。在过了十七年后，这样做，颇具有历史反思的意味，“图说”这种样式当年非常流行，我们的构思也不可免俗地用了流行的出版语言，但显然这套丛书的“图说”与当年流行的图说有很大的不同，它希望通过读文读图建构起当代设计与古代物质生活之间全方位的关系，“图”不仅仅是形象的辅助，而更是一种解读的“武器”，因而也是这套书能够再版的生命力所在。对古代文献的解读仍然只是开始，这些著述之所以历久常新，除了原著本身的价值外，还因为读者从中看到了传统生活未来的价值。

是为序。

2019年12月19日改定于北京

目 录

卷七　古窑考

专论:《景德镇陶录》初探

卢家明

在中国悠久的瓷业史上，景德镇陶瓷(下文简称镇瓷)占有举足轻重的地位，特别是在明清时期，景德镇集天下名窑之大成，汇诸家技艺之菁华，成为蜚声中外的瓷都。自元明以来，留意于镇瓷的有识之士遗留下了一些著述，其中以清人蓝浦所撰、郑廷桂补辑的《景德镇陶录》(下文简称《陶录》)最为周详，实乃第一部较全面总结景德镇瓷业发展的专著，为今天研究景德镇乃至中国陶瓷史提供了许多宝贵的资料，且具有鲜明的地方特色和较高的学术价值。

一、《陶录》的成书及取材

《陶录》实际上是蓝浦、郑廷桂师生研究陶瓷的成果。蓝浦字滨南，又字耕余，浮梁景德镇人。生平敦行力学，然无甚功名，惟以教书为业。约生活于乾隆时期，年仅中寿，著《陶录》未成，抱志而殁。郑廷桂字问谷，与蓝浦同里，嘉庆戊寅副贡，受业于蓝浦，是蓝氏的忠实弟子。在《陶录·书后》中，郑廷桂叙述了他继承先师遗志，完成《陶录》编撰的事迹。

吾师……辑为是《录》，卷帙未终而逝，盖湮废败箧中，垂二十年矣。廷桂受业门墙最久，恸吾师敦行力学，赍志以殁，又遗腹子殇殒无嗣，师母氏汪，孑然孀居，抱遗书而无所与谋。欲请以校勘而续成之，藉为吾师存一日，而廷桂又落拓，无力蒇事，其若吾师何哉！

嘉庆十有六年辛未，广德刘克斋先生来莅邑事，招廷桂馆署中。风政之暇，时及文辞，亦往往以镇陶无专书为憾。廷桂出此奉质，则跃然而起，命亟续之，与付剞劂。噫，此固廷桂日夜祷祠之而不得者，今庶几为吾师慰也！虽至愚鲁，不敢不勉。《录》旧六卷，今订为十，惟卷首《图说》，卷尾《陶录余论》，为吾师所未逮。其中八卷，则皆仍吾师之书，分门而附益之，谨阙其所不知，不敢妄有增损。

经过郑廷桂的整理、补辑、增广，《陶录》于嘉庆二十年（1815）得以定稿，刊布传世。可见其书之成，及能流传下来，除了浮梁县令刘丙的支持外，郑廷桂实出力不少，其所补充的《图说》及《陶录余论》亦极有价值。此外，郑廷桂还另有《陶阳竹枝词》30首，以诗歌的形式形象地记录了景德镇风土名胜，而尤详于景德镇陶瓷业发展状况，保存了一些珍贵的史料，可与《陶录》相互印证。

诚如郑廷桂所说，《陶录》乃是作者“博考众家之说，实而验诸当时之制”的结果。在《陶录》产生之前，随着陶瓷业的发展，古代文献如正史、笔记、诗文集中就有不少零星的有关记载，更详细地记述陶瓷的专文或专书则到元代以后才出现。最早的专文为元人蒋祈的《陶记》，首次较详细地叙述了元代景德镇瓷业从原料开采到制作分工、装饰方法、烧成及窑的数目、商业活动、行销地区等情况。其后如明曹昭《格古要论》、王宗沐《江西省大志·陶书》、高濂《遵生八笺·清闲燕赏笺》、谷应泰《博物要览》、陈继儒《妮古录》、屠隆《考槃余事》、文震亨《长物志》等均有专卷或专章记述陶瓷。此外，明末宋应星著《天工开物》，第七卷为《陶埏》，但《陶录》作者似未及见。清代则有梁同书《古铜瓷器考》(后唐秉钧收入其《文房肆考图说》)、无名氏之《南窑笔记》、唐英《陶冶图编次》、朱琰《陶说》等。以上这些陶瓷文献便是蓝、郑著书采摭的渊薮。《陶录》正是在吸收前代文献的基础上编撰而成的。卷一、卷五、卷六及卷十都浓缩了许多前代文献资料,而卷八、卷九则正史、经书、方志、类书、笔记、诗文集等无不辑录,引书达七十余种,真可谓古代陶瓷史资料汇编。

《陶录》取材的另一来源,也是更重要的来源,便是作者长期观察参问所得。蓝浦、郑廷桂均是景德镇当地人,这为他们取得第一手资料创造了有利条件。正如刘丙在《景德镇陶录序》中所指出的,作者“生乎其地,自少而长,习知其事,随时而笔之于书,良非采访纪录、偶焉旁涉者可同日语也”。尤其是卷二、三、四及卷十中的部分材料均得之于作者的亲自考察。如卷四记载魏氏家传结窑技术情况,根据的不是传闻,而是作者“尝见其排砌砖也”,让人读来如在目前。更可贵的是,郑廷桂在卷末还将被访问者的姓名一一记载,这不仅说明作者不掠人之美,而且也说明其书的真实性和准确性之高。

《陶录》全书十卷。卷一、二主要叙述明清御器规制和陶瓷生产过程。其中卷一首冠《景德镇图》,使人展卷将景德镇的地理形势了然于胸。其次绘有《御窑厂图》,附以图说,为后人留下了关于御器厂的珍贵资料。再次则为郑琇所绘的《陶成图》,从《取土》到《烧炉》共计十四幅。图说内容多采自唐英《陶冶图编次》,图则是根据唐说,参以绘制者自己的亲自观察绘制而成,因此画面与《陶冶图》不同。在后来不易窥见《陶冶图》的情况下,是书图和图说对于人们了解陶瓷生产过程仍有十分重要的参考价值。卷二中《镇器原起》介绍了景德镇官民窑器名称及其由来,特别是关于民窑器品如“官古器”“假官古器”“上古器”“中古器”等的记载,不见于他书,弥足珍贵。

卷三《陶务条目》详列清前期景德镇陶瓷业的分工分业情况,介绍了窑的分类、窑户的分类、工匠的分工、坯房作坊的分类,以及与陶瓷业相关的各手工行业的分类，瓷器的各种花式，记载了仿古各种釉色、各种色釉的配方以及陶瓷彩绘所需的色料，是我们研究景德镇陶瓷业生产状况不可多得的材料。此卷可视之为全书的精华所在。

卷四《陶务方略》和卷十《陶录余论》杂记陶瓷生产、经营情况、瓷器贸易及风土民俗等，亦颇有价值。

卷五至卷七介绍古代各名窑工艺和特色，以及所有这些窑场的功绩。其中卷五《景德镇历代窑考》，记述了镇自唐代以迄于清乾隆间历代名窑的基本状况和特点，其中关于民窑的资料如崔公窑、小南窑为本书所仅见。卷六《镇仿古窑考》，记述了景德镇曾直接仿其烧造工艺的古代名窑，包括定窑、汝窑、官窑、东窑、龙泉窑、章龙泉窑、钧窑、哥窑、碎器窑。卷七《古窑考》通记各地名窑，包括越窑、邢窑、洪州窑等四十七处窑场，并附记外国瓷器产地四处。

卷八、九《陶说杂编》，辑录有关文献资料，其中卷八为镇瓷的有关资料，卷九为各地陶瓷的有关资料。

总之，《陶录》是第一部比较全面地阐述景德镇陶瓷业的专著，对于研究镇瓷的发展，特别是明清时期官民瓷业的发展具有极为重要的参考价值。

二、总结了明清镇瓷生产技术及专业化程度

陶瓷生产活动是人类最早通过化学变化将一种物质改变为另一种物质的创造性活动，有着几千年的生产经验积累。但在中国古代，由于重德轻艺思想的影响，记载生产技术的书籍相对较少，陶瓷技术亦复如此。在极为有限的古陶瓷文献中，唐英的《陶冶图编次》比较详细地记载了陶瓷的生产过程，但《陶冶图》藏于内府，外人不易见到。而《陶录》卷一《陶成图》虽远不及《陶冶图》绘得精致，但还是比

较真实地描绘了当时瓷器生产的工艺流程,图说则在唐英的基础上有所变化,对于了解明清时期镇瓷生产过程具有重要的参考价值。

除卷一图说外,卷三、卷四、卷十等卷对景德镇陶瓷生产技术亦多有叙述,尤其是对制瓷原料和瓷器烧成记载甚详。

关于原料

景德镇的制瓷原料主要有瓷土和瓷石,瓷石一般由石英、白云母及少量长石、方解石组成。境外瓷石开始用安徽祁门"坪里土"和"葛口土",但"自余干土出,而坪里、葛口之土用者少矣"(《陶录》卷四,以下引自该书者均仅注卷次)。余干瓷石产本省余干县东南梅港附近各村落。景德镇境内则有三宝棚瓷石和寿溪坞瓷石。前者质纯而润泽,可供制作上等瓷配釉用。卷三载:"碎器釉,用碎器不,出三宝棚者,细淘则成碎器,粗淘则成大纹片。"寿溪坞瓷石产浮梁县东乡,距镇约38公里。卷四载:"不之绝佳者,惟寿溪坞所产。他处载来镇市,必曰我寿溪不,亦多可用。"

瓷土即高岭土,主要矿物组成是高岭石。"高岭本邑东山名"(卷四),在今镇东北60公里的瑶里乡高岭村,"其处取土作不,初止土著汪、何、冯、方四姓业此,今则婺邑多充户,然必假四姓名号刻印高岭块上,如曰何山玉、曰汪某、方某者"(卷四)。此外,卷四还记载了红高岭,"出邑东方家山,块色粉红,经烧则仍白色";"近邑西李家田大州上亦出土可用,不大下于东土。但造佳瓷者,必求东埠出者耳"。大州即大洲,大洲高岭至今仍为景市开采的主要高岭土矿之一。据研究,它是一种结晶较差的高岭石,工艺性能一般,Fe_2O_3含量较高,对陶瓷产品有较大影响,与《陶录》记载相合。[1]

瓷石、高岭土原矿除含有主要的有用矿物外,还含有许多影响瓷

---

〔1〕余祖球:《大洲高岭土矿物组成和深加工试验研究》,《陶瓷工程》1996年第1期。

质的夹杂物和杂质，故均需加工，但二者的选矿工艺流程是不同的。《陶录》卷四指出，高岭土“不用碓舂，取土起棚，不过淘练成泥、印块而已”，而瓷石“虽亦名土，实则取石，必先洗去石上浮土，再用锥碎成小块，然后杵臼一昼夜成土，始淘练印造”。同时，《陶录》作者还注意到，由于受雨水丰枯的季节性影响，水碓舂碓的效率有很大的差异：“大约上春水大，每棚碓可全舂；下年水小力微，必减几支碓舂。水急力匀，舂土稠细；水缓力轻，舂土稍粗。故所出不釉，上春者佳，作坯亦比下年者胜。”（卷四）

据研究，景德镇在元明时期瓷胎的配方显然已采用少量高岭土。[1]清代配胎技术又有改进，根据瓷质精细程度不同而采取不同的配方。《陶录》卷四载：“在镇陶作，器质粗细不一，有用官古不者，有用上古不者，有用中古不者，有用滑石者，有用釉果配高岭者，有用滑石配白石者，有用余干配高岭者，有用黄泥不者，有用捡渣者，各视所造器采用。”其中用滑石所配的胎器即所谓浆胎。浆胎制作的瓷器“惟质佳耳，所衬出釉色反不如不泥上釉尤莹泽耐看，故官古不多用，洋器半用，惟雕镶小琢器肯用”（卷四）。滑石通常由富含镁的岩石经变质而成，但景德镇所用滑石含氧化镁极少，呈白色，小硬块状，以其触手有滑腻感，故名。黄不则“惟粗器用之”（卷四），当时经营黄不者越来越少。“邑东王港以上有二十八滩，每滩皆有水碓，舂土作不。昔舂黄不户半于白不，今则舂造黄不者只五六处，余俱改舂白不”（卷四），这从一个侧面反映了清代前期景德镇瓷器质量的普遍提高。

书中，作者还特别介绍了不子的质量检验方法和标准。卷四载：“陶户收买釉不，先于船中提少许捏成块，上划各土客字号。烧窑日，置之火眼内，待烧熟，用铁钩探出，验辨货色，谓之试照。”其中鉴定

〔1〕周仁、李家治：《景德镇历代瓷器胎、釉和烧制工艺的研究》，《中国古陶瓷研究论文集》，第134—149页，轻工业出版社，1982年。

高岭土耐火度的等级标准是："上者麻布口，次者糖口，最下磁器口"（卷四），即其断口粗糙，呈麻布口，说明高岭土未烧结，其耐火度必高，其性硬，适宜造细瓷；若断口有"发汗"现象，即呈"糖口"，说明部分烧结，耐火度适中；若断口"如破磁片，滑平无纹而不糙，若刀切然"，即说明几乎完全烧结，则其耐火度低，"此土必无健性，造坯经烧必软挫"（卷四），易导致产品变形。这种鉴定标准与今天通过分析鉴定原料的矿物组成、化学成分和烧结试验所制定的高岭土原矿进厂标准基本一致，足见当时原料鉴别方法的准确。[1]

关于烧窑

一件瓷器从选择原料到制成成品，工序繁多。这些工序各有其重要性，但至为关键的还是烧窑。对此，《陶录》作者一再强调"瓷器固须精造，陶成则全赖火候"（卷四），并对烧窑制度再三留意。

元以来，景德镇瓷窑一直是葫芦形窑，至明末清初始演变为蛋形窑（即景德镇窑）。这种窑"窑制长圆，形如覆瓮，高宽皆丈余，深长倍之，上罩窑棚。其烟突围圆，高二丈余，在窑棚外"（卷一）。它是我国传统窑炉中独具风格的窑，其结构简单，烧成时间短，产量高，热耗低。

窑制的改进与魏氏世专砌窑之业，技术不断提高有很大的关系。《陶录》卷四载："结砌窑巢，昔不可考。自元明来，镇土著魏姓世其业"；"魏族实有师法薪传"。"余尝见其排砌砖也，一手挨排粘砌，每粘一砖，只试三下，即紧粘不动。其排泥也，双手合舀一拱泥，向排砌一层砖中间两分之，则泥自靠结砖两路流至脚，砌砖者又一一执砖排粘。其制泥，稠如糖浆，亦不同泥水工所用者。"该族所结之窑高卑、阔狭、大小、浅深，以及火堂、火拭、火眼都有一定的规制和要

---

〔1〕郑鹏：《景德镇瓷艺纵观》，江西科学技术出版社，1990年。

瓷器窑(《天工开物·陶埏》)

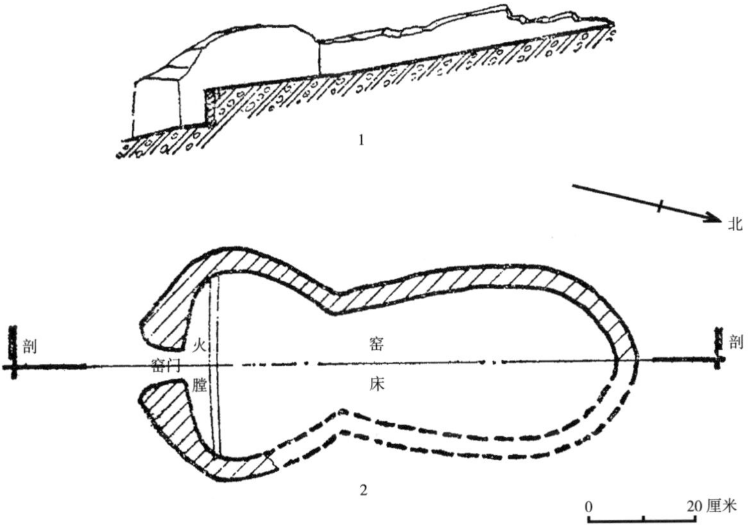

葫芦形窑(刘新园、白焜:《景德镇湖田窑考察纪要》,《文物》1980年第11期)

求。嘉庆五年间，有窑户仿效魏氏的方法结窑，“所烧之瓷大半膨裂，成熟者亦偏倚不正，惟魏氏手制则无他虞”[1]，可见魏氏结窑之术精湛。在魏氏结窑法中还分出补窑一法，“若窑小损坏，只需补修”，都昌人学得其法，“遂分业补窑一行”(卷四)。

满窑是烧窑前的一道准备工序，如满法不当，将影响烧窑的正常操作，甚至导致倒窑事故。当时的瓷工已经娴熟地掌握了这一工序，在同一窑内，根据各部位温度不同，而放置不同的制品。如烧窑户搭烧坯户的瓷坯，其满法为:“当窑门前一二行皆以粗器障搪怒火，三行后始有细器；其左右火眼处，则用填白器拥燎搪焰；正中几行，则满‘官古’‘东青’等器；尾后三四行，又用粗器拥焰；若窑冲，惟排砖靠砌而已”(卷四)。烧囵窑户自造自烧，“窑门前用空匣满排以障

〔1〕同治《饶州府志》卷三。

火……三行后始用坯器，尾后亦满粗器，以搪火焰”（卷四）。不同的装窑方法可以改变全窑各部位的阻力情况，所采用的多种坯釉可以适应于各窑位的不同温度，使同一窑制品达到同时烧成。

明清瓷工对烧窑有了丰富的经验积累，特别是对烧窑时温度的控制比较熟练，认识到了“火不紧洪，则不能一气成熟；火不小溜，则水气不由渐干，成熟色不漂亮；火不沟疏，则中、后、左、右不能烧透，而生熈所不免矣”（卷四）。其中沟火是采取泼水的方法调节火路，所谓“要火路周通，使烧不到处能回焰向彼，全恃泼水手段”（卷四）。也就是在紧火阶段，为保证窑堂的中、后和左右两侧能均匀达到所需的成瓷温度，避免生烧，于是采用泼水的手法，将火焰向这些部位沟通疏导过去。烧夫泼水的手法十分老道，“凡窑皆有火眼，照来焰泼去，颇为工巧”（卷四）。

关于专业化生产

明清时期景德镇瓷业生产分工之细，专业化程度之高是其他手工行业所无法比拟的。《陶录》在这方面为我们提供了比较详细的资料。

从官营瓷业来说，明代御器厂的生产组织分工相当完备，具备了制坯行业的各种作坊，有舂碓陶土的作坊，有制作大小圆琢器坯胎的作坊，制匣钵的作坊，还有各种辅助性的作坊如泥水作、大木作、船木作、铁作等，许多局部操作大都由专业性技术很强的工匠担任。清代基本上维持了明代御器厂的组织分工，但有所变化和改进。以明人陆万垓万历《江西省大志·陶书》和《陶录》卷一《御器厂图》相对照，清代御器厂将23作中的大碗作、酒钟作、碟作、盘作、钟作等制品性质相同的圆器作合并为大器作和小器作，另增仿古作、雕镶作、创新作，这些改进反映了清代制坯业分工益趋合理和不断的创新。

同时，明代乃至清初，御器厂依仗封建国家的力量，将烧、做两业亦即制坯业和烧窑业集中在厂内，厂内设御窑若干座。这样，御器厂内部已经把社会上与制瓷业有关的各种手工行业包揽无余，可以说是一个门类齐全、无所不备的大型手工工场。不过，从明后期开始，御器厂所造之坯部分搭于民间烧窑户烧成，《陶录》卷十载："隆、万时厂器除厂内自烧官窑若干座外，余者已散搭民窑烧。"清代约从雍正以后，厂器则尽搭于包青窑烧成，烧做两行在官营瓷业中仍然走向分离。

从民间瓷业来说，至晚自元代起，景德镇制瓷业便是烧做两行分立的。蒋祈《陶记》中云："陶甿食工，不受艺佣，扫赁窑主，以相附合。"可见陶民并不出卖自己的生产技能，而是以制坯为业，向窑主租赁窑位搭烧，这反映了烧做两行分立的历史事实。明清两代的民间瓷业基本上仍按烧做两业独立经营，互不与谋。烧做两行经营的基本单位为"户"，所谓"窑有户，俗统呼曰窑户"（卷三）。每户经营的手工作坊或工场自成一个生产单位。经营烧窑业的生产单位称为"烧窑户"，又称"叫坯窑户"。他们为坯户提供窑位、烧窑技术，完成烧制成品的工序，按瓷器件数向坯户收取加工费——柴金。这一行业在明代尚未分成更细的行业，因为明代官窑"一窑兼用柴、槎，四六配烧"（卷四），民窑更当柴、槎配烧。清代分成了烧柴窑户和烧槎窑户两行，前者烧细瓷，后者烧粗瓷。烧窑业的辅助行业有柴户、槎户、砖户等。

柴窑户中又有一种"包青窑户"，"厂器尽搭此等窑烧，民户亦有搭烧者，亦或自造烧"（卷三）。清代御器专搭于包青窑户，"照数给值"（卷十）。所谓包青窑，"盖凡搭坯入其窑，必陶成皆青品，有苦窳不青器，则另偿包烧者。不独厂官器搭如此，即诸户搭烧亦然"（卷四）。可见包青窑户对御器厂和民间坯户都要保证质量，承担经济责任，说明御器厂对包青窑户窑位的租赁是建立在包青窑户比较自愿的基础上的，与民间的搭烧制度区别不大，包青窑户并不承担太多的封建徭役义务。

经营制坯业的生产单位为坯户，即"搭坯窑户"，"或搭柴窑，或搭槎窑"（卷三）。他们设有坯房，拥有一些简单的设备，生产某类瓷坯，然后向烧窑户租赁窑位，烧制成器。明清时期，特别是清代制坯业专业化程度极为显著，首先表现在坯作本身根据品种的精粗、花式不同，分为不同的"作"，"作者，一户所作器也，各户或有兼作，统名曰作"（卷三）。综合卷二、卷三的材料，可将清代景德镇坯作情况制表（专一1）。

清代景德镇坯作生产情况

（专一1）

作名	生产情况	备注
官古器作	制青花瓷，有兼仿古名窑釉者，如仿霁红、霁青、龙泉、汝器。所造为民间最精品。	始于明
假古器作	造次于官古器的瓷品，质料不及官古，花式则一。	始于明
上古器作	造圆器，如大碗、宫碗、七寸、五寸、四大器。始不造小器，后亦造，无琢类。	始于明
中古器作	所造器物同上古，质料不及。	始于明
釉古器作	造假中古器，花式釉色同中古，但胎质不美。	始于清
常古器作	造稍粗器，供民间日用，较冒、饭等器为精。	二作皆互兼造
小古器作	专造小圆器，质料、工作如中古。	
粗器作	造饭器。器粗含砂，产量大。	
子法器作	造圆器，子式上宽直下而锐平，法式口微撇，宽折而直下。又兼造梨式。	
脱胎器作	造薄瓷，分真脱胎和半脱胎二种。	
大琢器作	造大瓶、花缸、大盆、鼎、炉、屏风等。	
洋器作	造专售外洋之器，式多奇巧，岁无定样。	
雕镶作	造小琢器，兼仿东青器。	
定单器作		

（续表）

作名	生产情况	备注
仿古作	仿造古瓷，多为仿宋。	
填白作	造纯白釉器，备作釉上彩。	
碎器作	仿哥窑、官窑及龙泉、吉州窑。	
紫金器作		

其次，制坯行业的辅助行业专业化程度也相应提高。根据《陶录》卷三的记载，这些辅助行业分两大类：一类是经营制瓷原料的白土户、青料户、炼灰户、柴户、槎户等；一类是经营有关生产设备和工具的匣户、盘车户、修模户、镟刀户、打篮户、篾户、木匠户、铁匠户、桶匠户、砖户、乳钵荡口户等。

考察景德镇民间瓷业烧做两行分立的情况时，“烧囵窑户”的出现值得我们注意。《陶录》卷四载：“自烧自造者，谓之烧囵窑。或不搭他户烧，或亦搭一二户烧。”烧囵窑户能兼营烧做两行，说明他们拥有制瓷工艺的生产设备和机构，有比较充足的资本，自然是镇之大窑户。烧做两行在同一个手工工场中合作制成成品，也说明烧囵窑户所经营的手工工场是完全形态的制瓷手工工场。当然，这种窑户在清代景德镇整个民营瓷业中所占比重还是十分有限的。此外，包青窑户“亦或自烧造”，与烧囵窑户情况相似。

从以上情况看出，景德镇民间瓷业已经形成一个完整的生产体系，这个体系分为不同的行业，各行各业既各自独立经营，又处在经常的互相联系中。

下面再看烧做两业内部分工情况。根据《陶录》卷三记载，制坯行业有淘泥工，兼练泥；拉坯工，俗呼做坯；印坯工，俗呼拍模；镟坯工，俗呼利坯、挖坯；画坯工；舂灰工，或兼合灰；合釉工，有配灰者，有合色者；上釉工，有蘸上者，有吹上者；抬坯工，又呼挑坯、装坯工等。其实根据器形的不同，各行还有一些特殊的工种，如造四方八方花瓶之类镶器的打饼工、镶方工，造人物鸟兽各种玲珑之器的雕削工[1]。此外还有乳料工、舂料工等辅助工。从烧窑业来说，则按工序分满掇工，有满窑工，满窑则召之，开窑又有出窑工；烧窑工，俗呼把庄，又分紧火工、溜火工、沟火工；开窑工。另外，炉户烧彩器，亦有分工，有乳颜料工、画样工、配色工、绘事工、填彩工、烧炉工等。

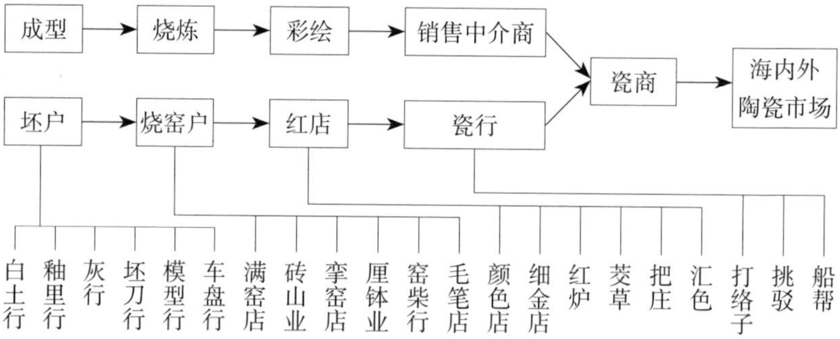

（引自方李莉《传统与变迁——景德镇新旧民窑业田野考察》第254页）

社会上各行各业专业化和烧做两行内部分工精细，无疑对景德镇瓷业发展产生促进作用。由于分工不同，工匠们必须各习一种专门技艺，并以之为终身职业，这为工匠们工艺水平的提高和技艺的娴熟提供了有力保证，也为新工艺的创造提供了更多的机会。明清时期景德镇官民瓷业中涌现了众多的名窑，它们的产品品种齐全，风格兼备，精美绝伦，恐怕与景德镇瓷业生产分工细致这个特点是分不开的。

〔1〕桑行之等编：《古玩文化丛书·说陶》，上海科技教育出版社，1993年。

三、反映了独特的镇瓷瓷俗

在漫长的制瓷历史中，景德镇形成了一些独特的瓷业民俗。对研究镇瓷行业术语的演变、了解传统的生产工艺与生产程序有着重要价值。这里不妨略举数例。

关于“件”

在景德镇瓷业中，件是一个特殊的概念，它首先是一个表示琢器类如瓶、壶、缸等规格的计量单位。由于景德镇琢器品种繁多，器型复杂，每个品种又由口径、底径、腹径、外高、内深、重量、容量等要素组成，以任何一个要素来说明它的规格都不全面，因而要把这些要素综合起来，组成一个统一的计量规格，这便是“件”〔1〕。那么，沿用至今的这一计量单位是如何演变而来的呢？我们可从《陶录》中找到答案。

其书卷十载：“陶瓷有以‘圾’称者，俗作‘件’，自五圾起，以至百圾、五百圾、千圾，如尊、罍、盆、缸之类。按字书，圾与岌通，危也。则以圾称，谓其危而成难也。故圾数愈增，则愈难陶成。”卷四亦载：“凡器之高大件，最难烧造。如二尺四大盘、顶皮大碗、千圾五百圾大地瓶、五百圾大缸、三百圾花桶等器，口面既大，圾数又高，造时必倍其坯，式较劣，取优者送窑，经烧难保不有跷、扁、损、挫之患。”可见，圾之作为计量单位，首先是由于琢器成瓷难度大，圾数越高，对制作技艺要求越高，越难烧成。而“圾”之转化为“件”，则是方言土语的假借。卷四云：“景德镇陶业，俗呼货料，操土音登写器物

〔1〕颜惠崇、天健、建文：《“件”是什么——景德镇陶瓷特有计量单位探涵》，《景德镇陶瓷》1991年第3期。

花式，字多俗省……他如饭作‘反’，撇作‘丿’，同作‘冂’，盗作‘才’，壶作‘乎’，圾作‘件’之类，虽土著，犹参问乃得也。”

关于“官窑瓷器”

当时的官窑瓷器实则包括三个方面的含义：一指“厂官器”，也就是御窑厂产品；二指“仿宋代汴、杭官窑器”，有明清御器厂仿制者，而民间亦“自来有专仿户”（卷二）；三指居俗所称的“官古器”，乃是民窑中最优质的瓷器，“精美细润一如厂官器，可充官用，故亦称‘官’”（卷二）。同时，作者还进一步指出了三种瓷器的生产情况：“厂官器非民间所有，官古器则盛行于今，宋官器仿制不多。”（卷十）

关于“洋器”

所谓“洋器”，是指“专售外洋者，商多粤东人，贩去与洋鬼子载市，式多奇巧，岁无定样”（卷二）。洋器又有滑洋器、泥洋器之分，前者“用滑石制作器骨，工值重”，后者“用不泥作器质，工值稍次，是为粗洋器”（卷四）。

关于“红店”

景德镇窑场从元代开始就有了釉上彩瓷的制作，明中期成化年间的斗彩达到了明代釉上彩装饰的最高成就。但总的说来，“镇有彩器，昔不大尚”，只是从乾隆初年开始，“官民竞市，由是日渐著盛”。专门从事粉彩加工的窑户，“俗呼红店，其自称曰炉户，皆不用古法明暗炉之制，但以砖就地围砌如井样，高三尺余，径围三两尺，下留穴，中置彩器，上封火而已，谓之烧炉，亦有期候”（卷四）。

关于“陶”和“磁”“瓷”

值得注意的是，作者对瓷与陶、瓷与磁做了明确的辨析。卷七

《古窑考》“欧窑”条云:“唐氏《肆考》(即唐秉钧《文房肆考图说》)云:宜兴窑又有专造紫砂壶一式……按宜兴壶窑虽属陶成,然不类瓷器。此编只纪(记)瓷陶,故不列入。”在这里,作者已把瓷器与紫砂陶器严格区分开来了,至今在文物考古方面,对窑业制品的分类亦比较侧重于陶、瓷两大类的划分方法。

关于瓷和磁,今人一般认为在概念上似乎二者相通,瓷器亦多被写成磁器。但《陶录》作者也将二者区别开来。卷八引唐氏《肆考》云:“磁、瓷字不可通。瓷乃陶之坚致者,其土埴壤。磁实石名,出古邯郸地,今磁州。州有陶,以磁石制泥为坯烧成,故曰磁器。非是处陶瓷皆称磁也。”卷七《古窑考》“磁州窑”条亦云:“又本磁石制泥为坯,陶成,所以名也。”据同卷,产磁器的还有许州窑和广窑。在作者看来,瓷器与磁器的区别是前者以瓷土或瓷石制泥作胎,后者以磁石制泥作胎。但后者亦属瓷类,卷七“许州窑”条指出:“制磁石为之,亦瓷器也。”

其他如青、骨子、埞、估堆、瓷票、换票、过江器、油灰行、提洲篮者等专有名词,均有明确的界说。

四、《陶录》的学术地位

《陶录》产生于清乾嘉时期,比较全面地总结了唐宋以来镇瓷生产与发展。对于它在中国陶瓷史、科技史上和民俗学、艺术人类学等领域的学术价值,我们不妨从以下两方面来考察:

地方色彩

前文已述,《陶录》产生之前,已有不少陶瓷文献,而且大多数都涉及或者主要记述景德镇陶瓷。特别是《江西省大志·陶书》《南窑笔记》和唐英的《陶冶图编次》等，或对景德镇陶瓷生产情况做了较详的记载，或对具体工艺过程进行了形象描述，是研究景德镇陶瓷史不可或缺的参考书。但这些著作如《江西省大志》究非陶瓷专书，且主要记载的是明嘉靖时期的生产情况；《南窑笔记》仅30余条，虽于镇瓷生产和工艺细节记载较为详尽，毕竟篇幅极为有限；而《陶冶图编次》图20幅，各附图说一百余言，介绍制瓷工艺全过程，但于镇瓷发展史等内容则付阙如。朱琰《陶说》可谓第一部完整的中国陶瓷史，镇瓷是朱氏记述的一个重点，但并非镇瓷专书，且其书主要取材自以往的文献，正如刘丙《陶录序》所指出的那样。与这些陶瓷文献相比，《陶录》则是在继承以往陶瓷著作的研究成果，结合作者耳濡目染所得来的知识的基础上，撰著的第一部比较完整的景德镇陶瓷史专著。其书卷五为《景德镇历代窑考》，通过叙列历代官民名窑的基本状况和工艺特色，勾勒了景德镇陶瓷发展史的线索。值得注意的是，《陶录》作者在总结镇瓷发展时，善于寻绎出各个时代发展的重要特征。

宋代，景德镇在五代生产青瓷和白瓷的基础上，成功地烧出影青瓷。影青瓷坯胎薄腻，坯体刻有精细花纹，与温润高雅的影青釉相互配合，相互辉映，真正达到了“光致茂美”的艺术效果，于是“当时则效，著行海内”，“天下咸称景德镇瓷器”（卷五）。从此，景德镇异军突起，跻身于宋代名窑之列。入明以后，景德镇成为全国的制瓷中心，朝廷在镇设立御器厂，其所制瓷，只求精工，不惜成本，使制瓷技艺更趋进步。如果说洪武官窑还更多地保存了元代遗风的话，那么到永乐窑，烧造工艺则在元瓷的基础上有许多创新，“如脱胎、素白器、彩锥拱样始此”（卷五）。尽管“永窑尚厚，今俗呼半脱胎”（卷四），尚未达到“脱去胎质，纯以釉成”的薄度，但脱胎这一品种已独树一帜。“素白器”即釉质洁白、温润如玉、肥厚如脂的“甜白器”，此后一直是景德镇陶瓷的一个重要品种。此外，作者还指出永窑“鲜红最贵”，从传世的永乐款鲜红器来看，红色鲜丽而匀润，信乎不谬。到宣德时期，御器厂所造瓷器“无物不佳，小巧尤妙，此明窑极盛时也”（卷五）。在宣窑各个品种中，尤以“青花最贵”，因为“宣青是苏泥勃青，故佳”（卷五）。从传世品如故宫所藏青花松竹梅纹梅瓶、青花海水行龙扁瓶来看，宣德青花发色深蓝苍翠，明艳浑厚，料色透入釉骨，笔线自然浑化，别具风韵，诚如作者所言。成化窑也自有其特色，尽管青花由于使用国产的“平等青料”，“不及宣器”，但成窑可谓明代彩瓷之冠，“以五彩为上……惟画彩高轶前后，以画手高、彩料精也”，“其点染生动，有非丹青家所能及也”（卷五）。其他如正窑用“回青”料，“其色古菁，故正窑青花多有佳品”（卷五）。而到嘉窑，由于“回青盛作”，青花呈蓝中泛红的浓重、鲜艳色调，亦“幽菁可爱”，“故嘉器青花亦著”（卷五）。

清代前期，景德镇瓷业的发展达到了我国瓷业发展的高峰。对此，《陶录》作者进行了高度的概括，指出：“陶至今日，器则美备，工则良巧，色则精全，仿古法先，花样品式，咸月异岁不同矣。而御窑监造，尤为超越前古。”（卷五）同时，作者还具体总结了康、雍、乾三朝御窑成就，指出雍正年年窑（由唐英驻厂协理）“选料奉造，极其精雅……琢器多卵色，圆类莹素如银，皆兼青彩……仿古创新，实基于此”；而乾隆年唐窑“所造俱精莹纯全；又仿肖古名窑诸器，无不媲美；仿各种名釉，无不巧合；萃工呈能，无不盛备……厂窑至此，集大成矣”（卷五）。这些概括都是经得起历史事实检验的真知灼见。

同时，作为一部地方陶瓷业专史，作者并不囿于景德镇一隅，而是将镇瓷放在全国瓷业史的范围内进行考察。唐宋以来，全国各地产生了不少名窑，其中如唐代的越窑、邢窑，宋代的汝窑、钧窑、哥窑、定窑、磁州窑、耀州窑、龙泉窑、建窑、德化窑及吉州窑等。《陶录》卷六《镇仿古窑考》、卷七《古窑考》记述了景德镇曾直接仿其工艺的名窑和其他各地名窑47处，并介绍它们的工艺特色，使人读后便认识到，景德镇正是逐渐集中了全国各地各大名窑的长处，才使自己走向瓷业的顶峰。

重视民生

郑廷桂在卷十《陶录余论》中指出：“陶器自古资利用，景德镇陶历代名天下，实江西土产之最，非惟好古之士在所必详，即有心国计民生者亦未可略也。”反映了作者重视国计民生的思想。从这一思想出发，作者著书详于“镇陶之原流，工作之勤劳，器用之美利”（《书后》），对于古今官民名窑、制作工艺、分工状况、陶瓷贸易及风土民俗无不备述。

首先，作者论述景德镇陶瓷制作源流，不仅着眼于官营瓷业，而且十分留意民间瓷业。以往关于景德镇的陶瓷文献，多详于官窑，如《陶说》“说今”“说明”“说器”叙述官窑生产及其产品，而于民窑则语焉不详。《陶录》则不同，对民间瓷业予以极大的关注。卷二《镇器原起》用较大篇幅介绍民窑生产的官古器、上古器、中古器等各类器品，对每一类器品或简述其来历及发展线索，或指出其特点形制，或说明由何种窑户烧造。卷三则详列了民窑产品的各种花式。而卷五除记述明清两代的著名官窑外，还记载了民窑中著名的崔公窑、壶公窑、周窑及小南窑，其中崔公窑及小南窑为本书仅见。小南窑更是生产以饭碗为主的民生日用瓷。

其次，作者不事空谈，不留连于瓷器的鉴赏清玩；而对景德镇陶瓷手工业生产状况，尤其是对前人的技术经验和当代工匠工艺创新必笔之于书，如卷四“瓷器固须精造”一段。这些经验对今天研究陶瓷工艺制作仍有实际的参考价值。同时，对于瓷工在工艺上的创新，作者也予以了足够的重视。如卷四载：“小琢器户亦呼雕削……近闻仿造东青，新试得一法，用釉果作质，陶成则釉色益衬出，而美过于前仿东青器。”又如均红釉，景德镇宋代就开始仿造。“均器，仿于宋末，即宋初之禹州窑”(卷二)。到清代,烧造工艺有长足的进步,卷十“均红器”一段即载此。此外,作者以亲身观察或采访参问所得辨正了前人许多有关陶瓷工艺技术记述的错误。如卷十对唐秉钧《文房肆考图说》中关于蘸釉法的论述便予以纠谬。

再次,《陶录》保存了不少陶瓷经济史料,是具体了解明清时期陶瓷经济发展状况的第一手著作。如书中对瓷器贸易情况做了描述,卷四载:“瓷器街颇宽广,约长二三百武,距黄家洲地半里余。街两旁皆瓷店张列,无器不有,悉零收贩户整治摆售,亦有精粗、上中下之分。”对照卷一《景德镇图》,著名的徽州会馆、南昌会馆、苏湖会馆、临江会馆等都散布在其四周,不难想见这一带之繁华。(专—2)同卷还介绍了瓷器摊贩市场黄家洲的热闹。对瓷器贸易的具体过程,书中亦有描写,如卷四“商行买瓷”一段。可见其瓷器批购已有相当的行规与手续,形成了相应的商业制度。

当然,我们在充分肯定《陶录》的学术价值的同时,还必须看到它所存在的严重不足。从体例而言,并未摆脱以往笔记体裁的模式,分条记述,缺乏系统性,摘录古代文献并未加以申论和发挥。卷八、九辑录了许多文献史料,固然可使读者免去翻检之劳,但于著作本身来说,究非作者心得,只是一种资料汇编,有的引文出处注得过于简略,或注某书中篇名而不注书名,或仅注某书名中的一词,使人们无从查证。其他卷次如卷五、六引用以往文献,虽加以剪裁,但穿凿之处亦不少。特别是本欲纠正前人之说,反辨之弥误。更有甚者,前人之说本不误,而强以前人为谬,如卷十载:“《肆考》饶州窑亦注浮梁镇器,而不列景德镇名,何耶?”今查唐氏原书云:“饶州窑出江西饶州府浮梁县兴西乡景德镇,水土宜陶”,记得十分明确。

尽管《陶录》存在着种种不足,但终瑕不掩瑜,它仍然是一部考察景德镇乃至中国陶瓷发展史等极为重要的历史文献,凡中外研究镇瓷史者无不奉之为圭臬。

各地驻景德镇会馆一览

（专—2）

会馆名称	坐落地点	现在情况
瑞州会馆（筠阳书院）	八卦图	新华印刷厂宿舍
徽州会馆（新安书院）	中山路新安巷口	第一小学
祁门会馆	中山路风景路口	石狮埠房管所
奉新会馆（新芙书院）	毕家下弄	采茶剧院，文艺工厂
章山书院（仁寿宫）	程家下巷	
婺源会馆（紫阳书院）	小黄家上弄	拆改部分两边住家
抚州会馆（召武书院）	抚州弄	第七小学
丰城会馆	程家上弄	仍存，现住家
宁波会馆（宁绍书院）	中华路	公安局
湖口会馆	龙缸弄内	建国瓷厂租用
都昌会馆（古南书院）	风景路	陶瓷加工部用
宁国会馆（宛陵书院）	中华路邓家岭	第五小学
蓉城公所（青阳书院）	求子上弄	仍存，现住家
湖南会馆	沿江斗富弄	大众剧场
湖北书院	彭家下弄	前厅营业，后面住家
山西会馆	祥集下弄	赣剧班，现已拆除
建昌会馆	老弄口下弄	第九小学
苏湖会馆（苏湖书院）	何家窳	第六小学
广肇会馆（岭南书院）	五间头上弄	红卫电影院
福建会馆（天后宫）	中华路周路口	前部分周路口派出所
吉安会馆（鹭州书院）	戴家上弄	前部分改装粮食局
南昌会馆（洪都书院）	中山路毕家弄口	邮电局门市部

（续表）

会馆名称	坐落地点	现在情况
饶州会馆（芝阳书院）	周路口	第三小学
石埭会馆（广阳公所）	苏家坂	红卫瓷厂租用

（转引自方李莉《传统与变迁——景德镇新旧民窑业田野考察》第264—265页；原刊《景德镇文史资料》第四辑第190页）

五、《陶录》的版本

相对于朱琰《陶说》，就目前所收集的材料论，《陶录》的版本并不复杂，主要是汉文、外译两个系统。其中，汉文可分出原籍、校注，外译可分出法文、日文，凡四个子系统。（本节所附各版本书影为编者新加）

汉文

若将校注本一并算入，按时间顺序，主要汉文刊本如下：

嘉庆二十年（乙亥，1815年）翼经堂初刻本（四册，一函）[1]；

同治九年（庚午，1870年）昌南郑氏藏板重刻本（四册，一函）；

光绪十七年（辛卯，1891年）京都书业堂重刻本（四册，一函）[2]；

民国十七年（戊辰，1928年）《美术丛书》覆印本（上海神州国光社，二集第八辑，二一三册）[3]；

1993年2月，傅振伦著《〈景德镇陶录〉详注》本（书目文献出

〔1〕“翼经堂”本第一卷刊刻图版最早，较之后续诸刻亦为最精者。

〔2〕“书业堂”本流布最广，刻印较精，情况亦颇为别致：清华大学图书馆古籍阅览室入藏三套，均为合共四册一函；清华大学美术学院教师阅览室入藏两套，一为四册一函，一为两册袖珍本；国家图书馆普通古籍阅览室所藏者未得见，但其目录记为“二册”。袖珍本乃将两册缩小合订为一册，每页行格数不变。

〔3〕此为排印本，所参底本不详。无同治九年王廷鉴《重刊序》，仅见嘉庆二十年刘丙《序》，第一卷无图。

版社）[1]；

1993年6月，桑行之《古玩文化丛书·说陶》本（上海科技教育出版社，158—239页）[2]；

1996年9月，欧阳琛、周秋生校，卢家明、左行培注《景德镇陶录校注》本（江西人民出版社）[3]；

2000年4月，熊寥主编《中国陶瓷古籍集成》本（江西科学技术出版社，346—423页）[4]。

汉文刊印本5种，校注本3种。清华大学图书馆古籍阅览室另藏原抄本1种[5]。

外译

《陶录》外译本两种：

1856年，Stanislas Julien法译本《Histoire et Fabrication de la Porcelaine Chinoise》(《中国陶瓷历史及其制作方法》)(巴黎，Mallet-Bachelier书店)[6]；

---

〔1〕此为首部校注本，校注部分侧重陶瓷史内容，信息含量大，极具文献学价值。但其排印粗鄙，植字错谬频频，且第一卷未刊图版，致使研读时困窘连连。同时，"傅本"《序》中记有《陶录》"上海朝记书庄石印本"，然编注者仍苦寻而无所得。

〔2〕此为缩微影印本，所参底本亦不详，有王廷鉴《重刊序》，第一卷图版简陋。

〔3〕此为继"傅本"后第二部校注本，校、注均精到，利于基础阅读。因校注者均为赣籍学人，行文更重于表达具体的陶瓷烧造工艺内容。惟图版虽刊印，但模糊不可辨析。

〔4〕此亦为校注本，因体例故，编者并不着意于校注工作，仅对极少内容做出勘误和"注释"。其图版虽然经过缩微处理，但仍清晰可观，史料性强。

〔5〕《陶录》抄本目前系仅见。该本据同治九年昌南郑氏藏版重刊本抄出，行草字迹，二册一函，无图，上册封面签有"王欲祥北平卅六十一十九"11字。序言排列顺序为王序先，刘序后。刘序后多37字《偶记》，落款时间为"辛巳年除日辰初"，不见抄者名号。

〔6〕此为全译本。由法国汉学大家儒莲根据他所谓的"Pen-ya-thsang-pan"为底本译出，书前有其专门撰写的长篇《导言》及法国汉学界另一重要学者萨尔威达的《前言》，书后附萨氏编制的以中文发音为序的中法对照《名词索引》。同时，还刊有当时荷兰政府驻印度的日语翻译霍夫曼译出的一篇关于日本陶瓷烧造情况的长文，及一幅中国陶瓷产区略图，十四幅精彩的手绘"陶成图"。

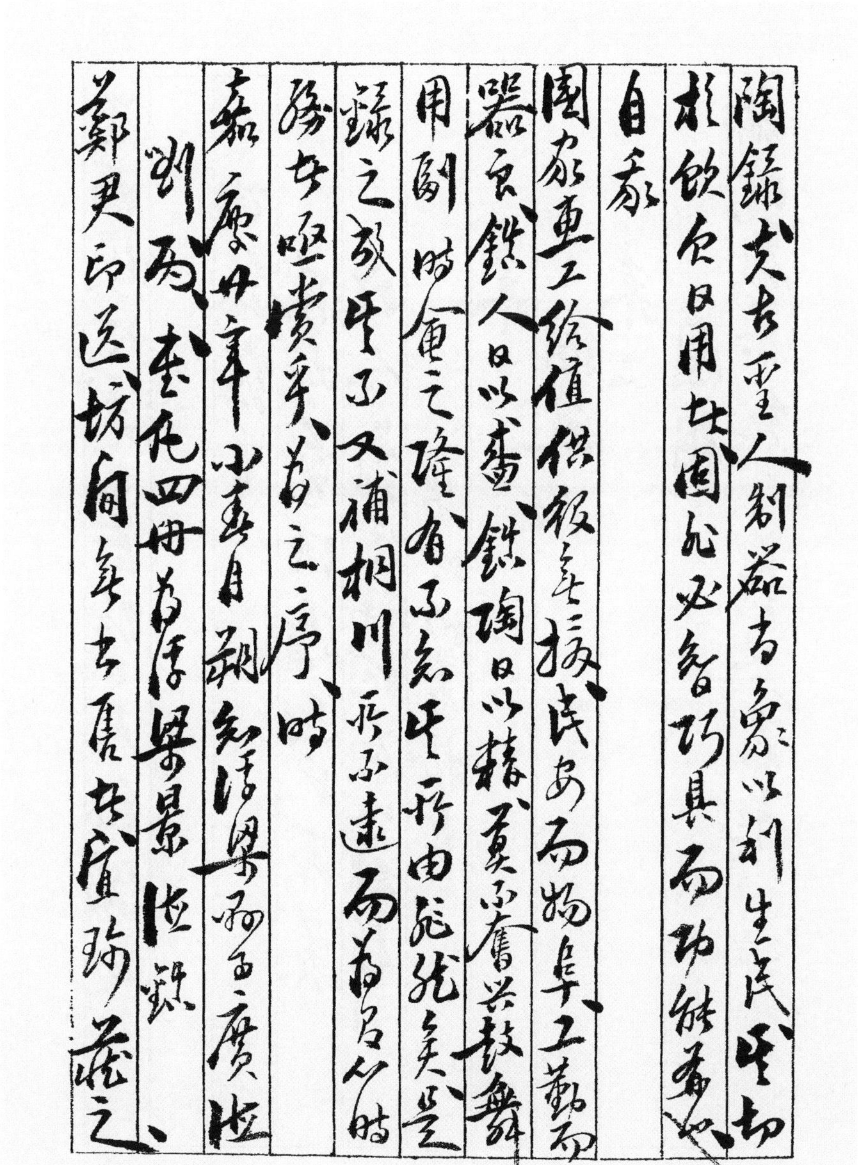

《景德镇陶录》抄本书影（1）

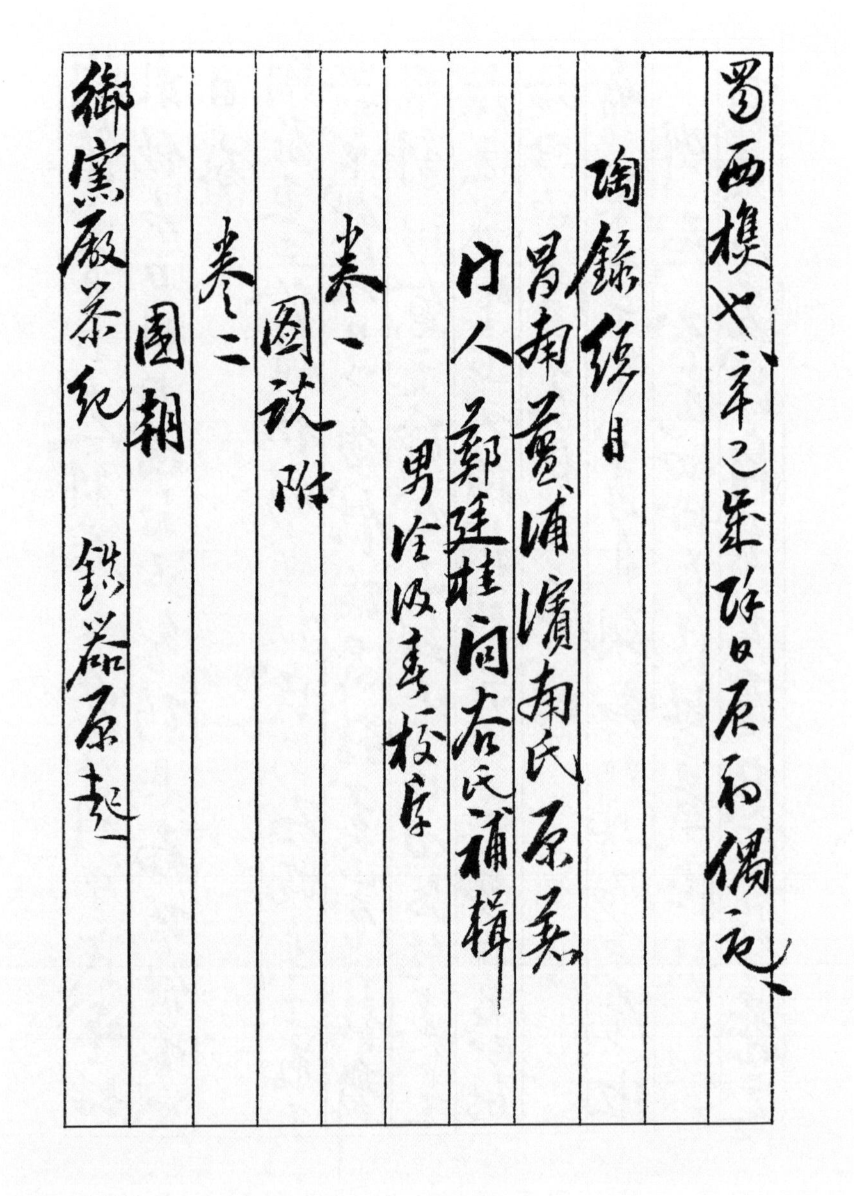
蜀西樵也、辛巳冬至日原稿偶記

陶錄總目

昌南藍浦濱南氏原著

門人鄭廷桂問谷氏補輯

男淦汲東一校字

卷一

圖說附

卷二

國朝

御窯廠恭紀　錢荔原題

《景德镇陶录》抄本书影（2）

爾梁翰林院儒蓮譯
丹家造作先生薩勒佛塔補注
景德鎮陶錄
咸豐丙辰年聚珍板印
帕哩城瑪勒巴舍烈書肆發客

《景德镇陶录》法译本书影

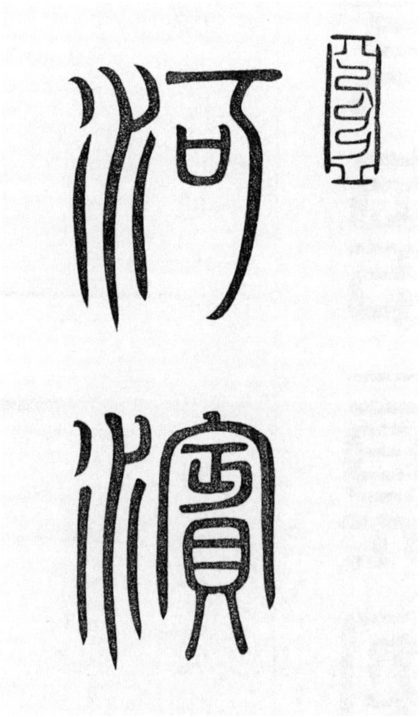

《景德镇陶录》日译本书影（1）

《景德镇陶录》日译本书影（2）

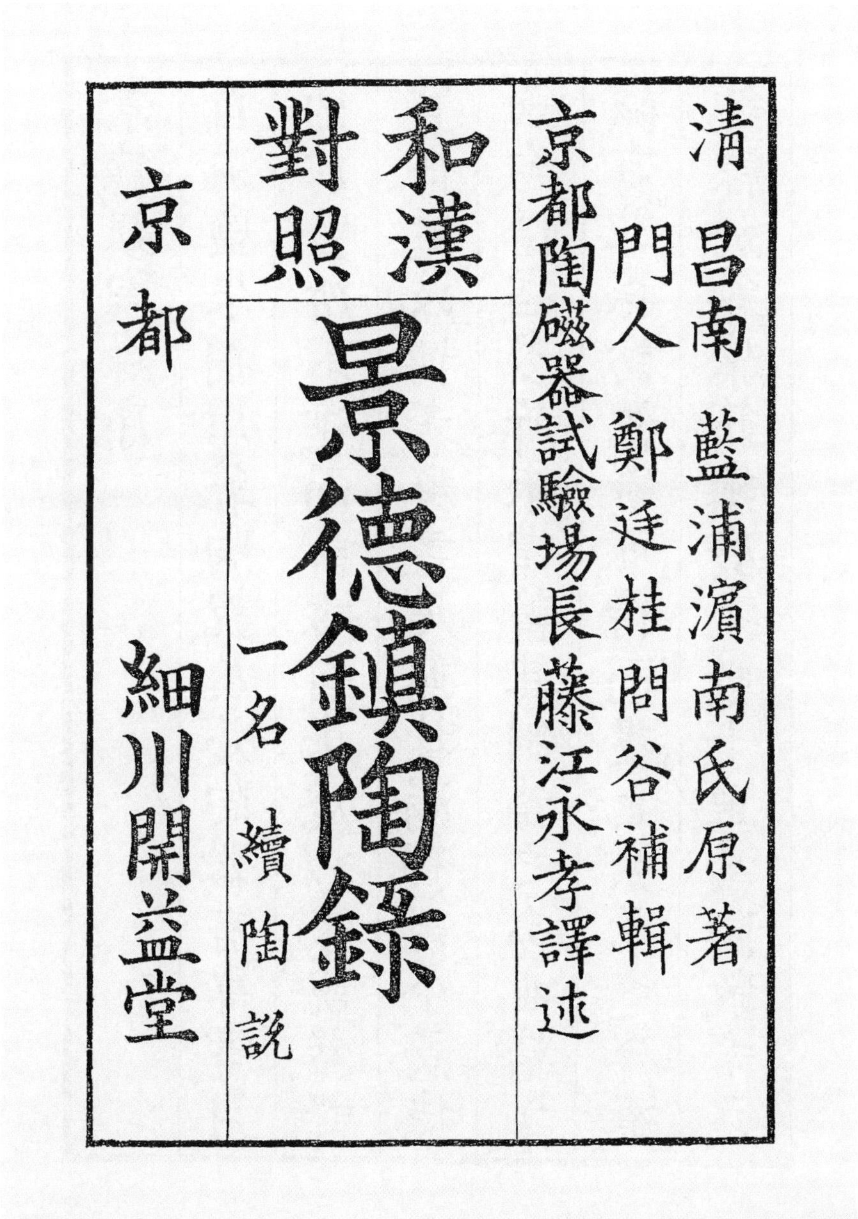

清 昌南 藍浦濱南氏原著
門人 鄭廷桂問谷補輯
京都陶磁器試驗場長藤江永孝譯述

和漢對照
景德鎮陶錄
一名續陶說

京都 細川開益堂

《景德镇陶录》日译本书影（3）

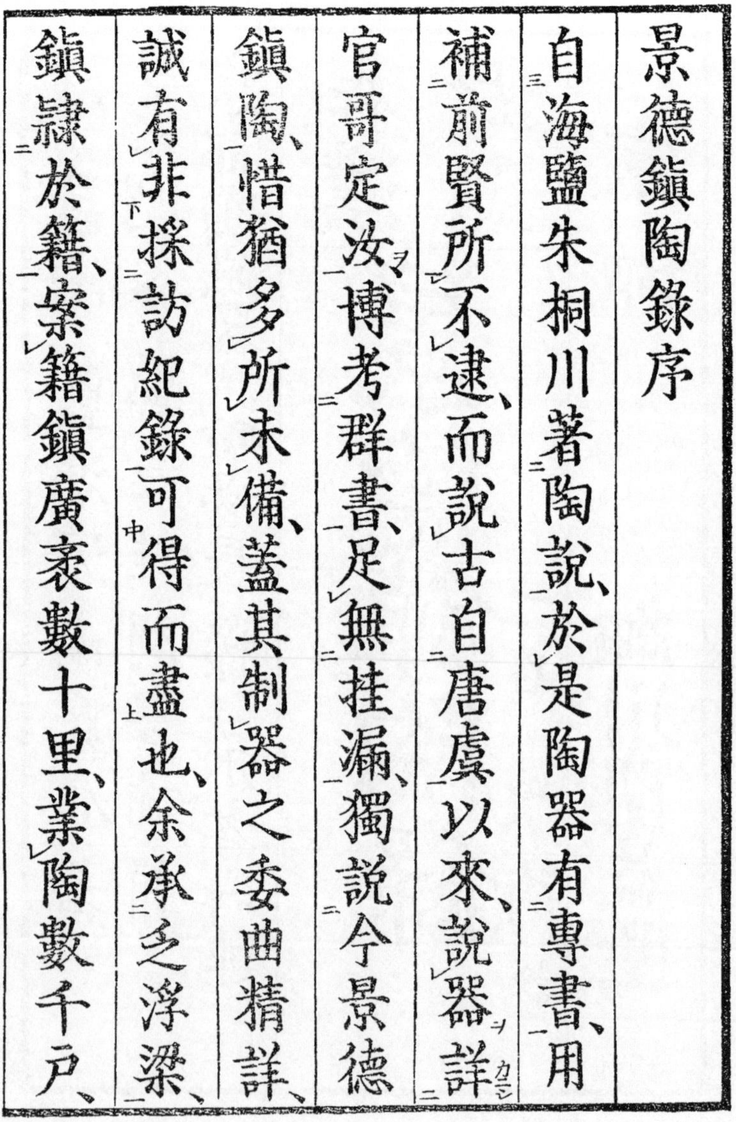

景德鎮陶錄序

自海鹽朱桐川著陶說、於是陶器有專書、用補前賢所不逮、而說古自唐虞以來、說器詳官哥定汝、博考群書、足無挂漏、獨說今景德鎮陶、惜猶多所未備、蓋其制器之委曲精詳、誠有非採訪紀錄可得而盡也、余承乏浮梁、鎮隸於籍、案籍鎮廣袤數十里、業陶數千戶、

《景德镇陶录》日译本书影（4）

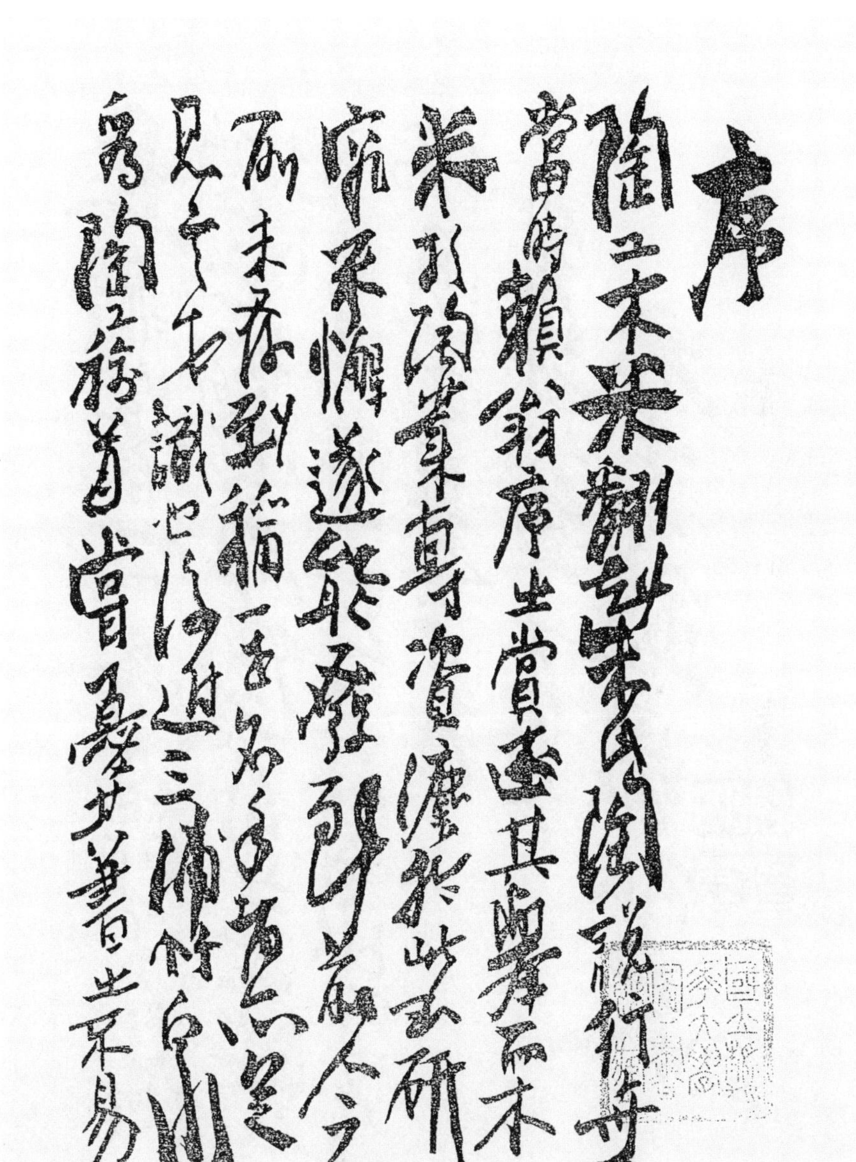

《景德镇陶录》日译本书影(5)

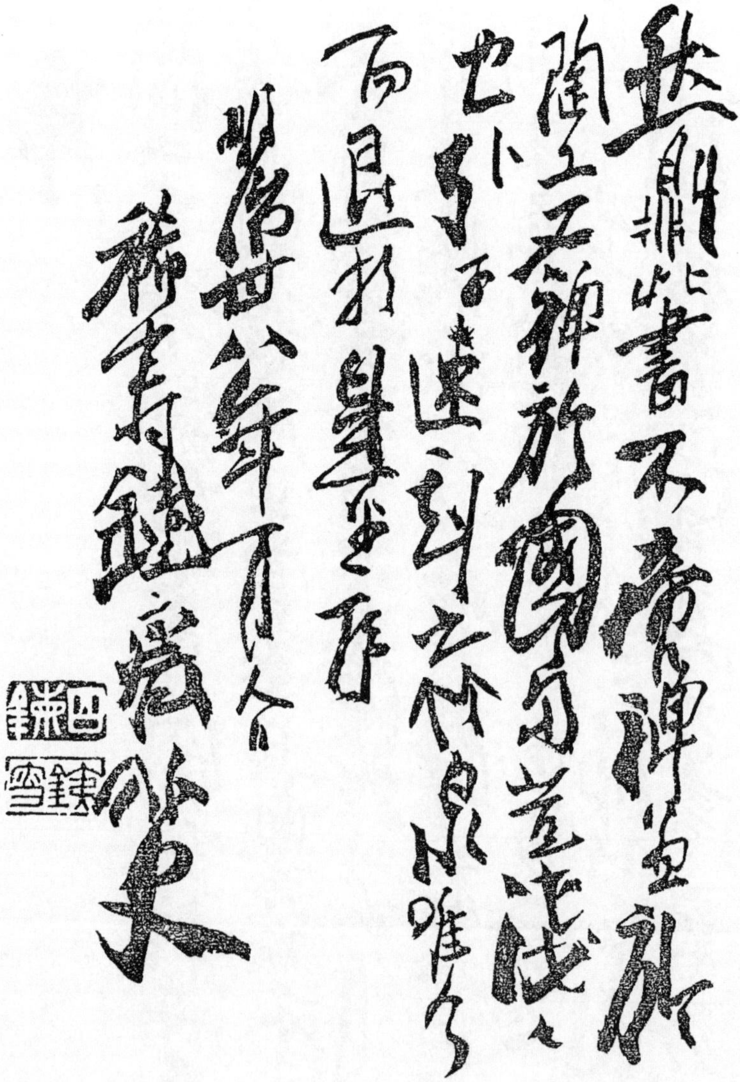

《景德镇陶录》日译本书影(6)

和漢對照 景德鎮陶録卷一 一名續陶說

清 昌南 藍浦濱南氏原著

門人 鄭廷桂問谷補輯

大日本 藤江永孝 譯述

圖說 繪圖ヲ以テ陶器ノコトヲ說キ明ス

景德鎮之圖

景德鎮ハ地名ニシテ陶器製造ノ一大原地ナルヲ以テ圖ヲ示ス

同里項 紳滄南　同里吳欽掀礪齋

編校姓氏

休寧汪 沂睿川　同里汪 嶼與山

都昌曹 昕曙山　都里鮑外僊雲階

都昌江宗海觀瀾　同里吳家杰英山

同里李中成君美　同里劉守謙牧郊

同里錢進珍席儒　同里陳錫報純甫

同里羅文錦松雲　都昌鮑騰鸞祥雲

甥程 楷鈞心　壻史文蔚典勲

同懷鄭日煥輝文

《景德镇陶录》日译本书影(7)(8)

明治四十年（1907年），藤江永孝日译本《和汉对照〈景德镇陶录〉》（京都，细川开益堂）[1]。

外译两本从实际功用看恐怕不单只是对中国陶瓷造作的主观猎奇，更有可能是基于实际生产的需要——法译本是“专门为塞夫勒王家工厂的陶瓷工人翻译的”[2]，而日译本的作者是著名的日本陶瓷重镇、至今仍极具影响力的“京烧”中心“京都陶瓷器试验场”场长，不难推测他的译著应该也曾对当时日本的陶瓷生产、教学起到过不小的推动作用。如是观之，对外译版本系统的挖掘不失为我们重新理解中国工艺造作典籍的新视界。

同时，我们决不能忽略《陶录》第一卷刻印的图版。原刊、外译各本，以及相关主题的古代图版为我们构筑起一个反映工艺造作的文献学图像子系统。与原刊相比，法译本图版工艺反映最真切，而孙祜、周鲲、丁观鹏合绘，唐英奉旨于乾隆八年（1743年）撰文的《陶冶图说》则是绘画领域“承载”陶瓷烧造现实的上品。当然，就“陶成图”概念而言，以宋应星《天工开物·陶埏》传世的十三幅为最早，台北故宫博物院所藏《景德镇陶图记》最罕见，另有藏于法国巴黎Bibliothèque Nationale的水彩、线描资料，以及陶瓷器物装饰等。这样，尤其是以工艺美术文献学为中心的版本学、目录学内涵便因之而得以拓展。

癸未年六月末缀于京华

---

〔1〕此本在大部分全译基础上结合对译，书前有落款“雄作”的篆书“河滨”“遗史”四字。另有“铁斋外史”写于明治卅八年（1905年）的《序》，其中提及“陶工木米”“三浦竹泉”两人，指明前者曾翻刻朱琰《陶说》，后者则曾对《陶说》《陶录》作过“旁训和解”。此本为线装，七册，一函，第一卷亦有图版，参译底本不详。

〔2〕〔法〕保罗·戴密微，《法国汉学研究史概述》（中），秦时月译，《中国文化研究》1994年春之卷，总第3期，第132页。

《景德镇陶录》法译本插图

《陶冶图》

《天工开物·陶埏》

《景德镇陶图记》

法国藏水彩图

法国藏线描图

民国景德镇窑“烧造景”瓷盘

原　序

自海盐朱桐川[1]著《陶说》，于是陶器有专书，用补前贤所不逮。而《说古》自唐虞以来，《说器》详官、哥、定、汝[2]，博考群书，足无挂漏；独《说今》[3]景德镇陶，惜犹多所未备。盖其制器之委曲精详，诚有非采访纪录可得而尽也。

余承乏浮梁[4]，镇隶于籍。案籍，镇广袤数十里，业陶数千户，其人五方错杂，贤、不肖并处，编审固有司之责。又公事偶闲，辄微行入陶肆，以察良莠，以稽勤怠，而其制器之委曲精详，亦遂熟于耳目，欲为镇陶成专书而未暇。

郑生廷桂，余始至邑观风所得士也。招馆东轩，课余次儿学。一日，以其师蓝滨南[5]文学《陶录》遗稿来质于余，其所记载则又多余耳目所未逮。盖生乎其地，自少而长，习知其事，随时而笔之于书，良非采访纪录、偶焉旁涉者可同日语也。虽其稿本文词草创，卷帙有未竟，然譬诸梓材，既勤朴斫，惟其涂丹雘矣[6]。遂亟属郑生因仍而增损之，成书十卷，中亦博考群书，旁及诸陶，而以其专为镇陶而有事也，总题曰《景德镇陶录》。

夫古圣人制器尚象，以利生民，其切于饮食日用者，固非必智巧具而功能备也[1]。自我国家惠工给值，供役无扰，民安而物阜，工勤而器良，镇人日以盛，镇陶日以精，莫不奋兴鼓舞，用副时会之隆，有不知其所由然矣。是录之成，其不又补桐川所不逮，而为有心时务者所亟赏乎！为之序。

时嘉庆二十年小春月朔，知浮梁县事广德刘丙。

校记

1 傅本作“固非必智巧，而功能备也”。虽意通但不及本句顺畅。

注释

〔1〕朱桐川，名琰，号笠亭，浙江海盐人，清乾隆时进士。曾游经饶州，亲见景德镇制瓷盛况，又参考相关资料，撰成《陶说》六卷。书中详述陶瓷制造源流和名物制度，是我国最早的一部陶瓷史专著。

〔2〕官、哥、定、汝：指宋代著名瓷窑，即官窑、哥窑、定窑、汝窑，详见卷六注。

〔3〕《说古》为《陶说》第二卷；《说器》为第四、五、六卷；《说今》为第一卷。该书第五卷为《说明》。

〔4〕浮梁：唐天宝元年改新昌县为浮梁县，1960年以前景德镇一直在浮梁县治下。元代至元十五年（1278）设立归隶“将作院”的元代唯一官府瓷器作坊“浮梁瓷局”，其所产“枢府瓷”在中国工艺史上有重要地位，同时景德镇陶瓷的优势地位也由此确立。可参见卷五。

〔5〕蓝浦：字耕余、滨南，景德镇人。清乾隆末年撰《景德镇陶录》六卷。由门生郑廷桂补辑而成本书。参见《书后》所述。

〔6〕既勤朴斫（zhuó），惟其涂丹雘（huò）：语出《尚书·梓材》：“若作梓材，既勤朴斫，惟其涂丹雘”，即指梓人治器，精心做好了骨架，只待涂饰红色颜料了。

重刊序

夫象形制器，赖利用于前民；鸿宝成篇，资饷遗于后载[1]。然而秦灰易烬，鲁壁仅存，几同三箧之亡，犹藉一编之守[2]。虽晏楹其可纳，恐唐肆以难求[3]。非仗茂先《博物》之蒐，畴为高密遗书之订[4]，此《景德镇陶录》之所为重刻[1]也。昌江有陶，肇于陈代；景德名镇，著于宋时[5]。兑矢和弓，熟则生巧；宋斤鲁削，迁弗为良[6]。世历千余年，莫之改也；利通十数省，无以加焉[7]。毂击肩摩，四方云集；巷连鳞接，万户星稠，诚江右一大都会也[8]。文学蓝滨南先生向有《陶录》一书，辑成于郑问谷副车，鉴定于刘克斋明府[9]。绘其状于图，而复申以说；纪其原于卷，而又析以条[10]。远稽古制，以证夫群书；旁引邻封，以通夫外译[11]。杂记皆笔针墨炙，余编亦书隽言鲭[12]。事可实征，悉属耳濡目染；辞殊夸尚，均关土俗民风[13]。作《贡》尚沿夏后之规，《考工》足补《周官》之阙[14]。曾经剞劂，久奉臬圭[15]。逮遭寇扰枌榆，遂致灾延梨枣[16]。蓝仙已嗟夫长逝，郑志祇述夫小同[17]。幸一脔以堪尝，虑双鸥之莫借[18]。《兰亭》真本，空思萧翼赚来；荐福残碑，谁代率更摹出[19]？则有丹徒张少嵒[20]司马，读书读律，亦吏亦仙。燕公擅著作之才，白傅得江山之趣[21]。留心时务，广搜有用之书；廑念民依，永垂不朽之业[22]。爰捐鹤俸[2]，复事校雠；俾播鸡林，益腾声价[23]。洽闻殚见，博涉曹仓；胫走翼飞，贵增洛纸[24]。应识殳虫戈鸟，咸登甲库之编；从教月斧星盘，胥列《西阳》之俎〔25〕。悯艰难于兆姓，如陈座右《豳风》；藉鼓铸于群伦，几炼炉中丹火〔26〕。网罗散佚，还合浦之珠光；拂拭重新，吐丰城之剑气〔27〕。廷鉴识荆有幸，慕蔺维殷，思利器于仁贤，夙怀攻错，承旧传于弓冶，敢懈钻研〔28〕。钵托元沙，壶倾宝液〔29〕。爱春风之橐籥，乐夏暍之帡幪〔30〕。景提榘于前徽，仰扶轮于大雅〔31〕。感君高谊，广收枯竹焦桐，索我弁言，聊效匏宣瓦奏〔32〕。是为序。

时大清同治九年，岁次庚午，小春月朔。赐进士出身，诰授奉政大夫，钦加同知衔，直隶即用知县，古番愚弟王廷鉴拜撰〔33〕。

校记

1 刻：说陶本作“刻”，傅本作“订”。

2 俸：说陶本作“俸”，傅本作“禄”。

注释

〔1〕象形制器：指模仿自然形态制作器具。　利用：使所制之器物尽其用。鸿宝：本为道术修炼之书。《汉书·刘向传》：“上复兴神仙方术之事，而淮南有《枕中鸿宝苑秘书》，书言神仙使鬼物为金之术。”也用以泛称珍贵书籍。　资：提供。　饷遗：馈赠。

〔2〕秦灰：秦始皇灭六国后为加强统治而采取了一系列经济、军事、思想、文化等方面的措施，焚书坑儒即其在思想文化方面的举措。焚书是因为博士淳于越奏请按殷周之制进行分封，丞相李斯反对并认为“诸生不师今而学古”，以言论惑乱百姓，因此提出禁止私学和焚书的建议，得到秦始皇许可。所烧之书包括秦统一前各国史书及民间所藏的《诗》《书》和诸子百家等。秦国史书及医药、卜筮、种植等书则予以保留。焚书后的第二年又进行了“坑儒”。原因是方士侯生、卢生奉命为始皇寻访仙药，因不满其滥用刑罚而逃亡。儒生四百余人受到株连，被活埋于咸阳。　鲁壁：孔子故宅之壁，在鲁之曲阜，故名。西汉鲁恭王好治宫苑，曾坏孔子旧宅以拓建宫室，在孔宅壁中得古文经书。　三箧：箧，音qiè，箱子。《汉书·张安世传》：“亡书三箧，诏问莫能知，惟安世识（音zhì，记住）之。”　一编：同一篇。古时文字写于竹简之上，用牛皮编串成册，即一篇。

〔3〕晏楹：晏子生病将死，凿楹纳书（遗书）于内，嘱咐其妻待儿子成年

后再给他看。后遂以楹书代称遗言。事见《晏子春秋·内篇杂下》。楹，厅堂的柱子。　唐肆：《庄子·田子方》："彼已尽矣，而女（汝）求之以为有，是求马于唐肆也。"唐肆，唐代陆德明《经典释文》引晋人郭象注："唐肆非停马处也。"今人曹础基、陈鼓应注为空的市场。市场已空，还去买马，必然无所得。

〔4〕茂先《博物》：西晋时人张华，字茂先，撰《博物志》（又名《博物记》）十卷。内容多记奇谈怪闻和神异之物，亦有神话传说。山川地理、飞禽走兽、草木虫鱼、神仙方术、人物传说等无不包罗，充分显示出"博物"的特点。张华，少年孤贫，学识尤博。仕晋，定灭吴之计，吴灭后，封广武县侯，名重一时。　蒐：音sōu，通"搜"，考索。　畴：音chóu，谁。　高密遗书：高密指东汉北海高密（今属山东）人郑玄，经学家。曾游学十余年，兼通经今古文。归乡后聚徒讲学，因党祸事，遂闭门不出，遍注群经。孔融对其十分敬重，乃至请高密令为其特设一乡，称"郑公乡"。郑玄集汉代经学之大成，世称其学为"郑学"。其著作号称"百余万言"，今存有《仪礼注》《礼记注》《周礼注》《毛诗传笺》，另有《周易注》《论语注》等，残缺。

〔5〕昌江：发源于安徽，入浮梁县界为昌江。景德镇即在昌江之南。昌江经景德镇向西南流至鄱阳县，名鄱江。此两名所述可见卷五。

〔6〕兑矢和弓：《尚书·顾命》："兑之戈，和之弓。"孔安国传："兑、和，古之巧人。"　宋斤鲁削：斤，砍柴所用之斧。《说文解字·斤部》："斤，斫木斧也。"段玉裁注："凡用斫物者皆曰斧，斫木之斧则谓之斤。"削，刻削所用之刀，古代在竹简木牍上写字，如需修改，则用刀刮除。《周礼·考工记》："郑之刀，宋之斤，鲁之削，吴、粤之剑，迁乎其地而弗能为良，地气然也。"

〔7〕此句言景德镇陶瓷业给十余省百姓生活带来极大便利。

〔8〕毂击肩摩：极言行人来往拥挤。毂，音gǔ，车轮中心的圆木构件，周围与车辐的一端相连，中有圆孔，用以插轴。亦用为车轮的代称。语本《史记·苏秦列传》："临淄之途，车毂击，人肩摩。"　鳞接：如鱼鳞般紧密连接。　星稠：如繁星般稠密。　江右：江西省的别称。古人地理上以东为左，以西为右，江西在长江下游以西，故名。或以江右泛指长江下游以西地区。

〔9〕郑问谷副车：即郑廷桂。副车，乡试的副榜贡生。　刘克斋明府：即刘丙。明府，汉魏时称太守牧尹为府君，或明府君，省称明府。郡守所居曰府，明为贤明尊高之意。唐以后多用以专称县令。

〔10〕"绘于图""申以说"指本书卷一《图说》。"纪其原""析以条"指本

书卷二至卷六。

〔11〕稽：研习，考察。　邻封：周围地区。　远稽古制：指本书卷五至卷七。邻封、外译指本书卷七《各郡县窑考》及《外译窑考》。

〔12〕笔针墨灸：以笔墨文字进行规劝熏陶。针，规劝。灸，熏陶。　书隽言鲭：隽，音juàn，肥美之肉，美味。鲭，音zhēng，鱼和肉同烧的杂烩。此处比喻余编文字隽永有深意。　杂记：指本书卷八、卷九《陶说杂编》上下，余编指本书卷十《陶录余论》。

〔13〕辞殊夸尚：言辞文字极为赞美推崇。　关：有关，相关。

〔14〕作《贡》尚沿夏后之规：《尚书》中有《夏书》，内含《禹贡》，以大禹治水的传说为基础介绍当时中国的地理状况。记黄河流域的山川、土壤、物产、贡赋等较详，所记长江、淮河流域则相对粗疏。夏后，古史称禹建夏王朝，亦称夏后、夏后氏或夏氏。　《考工》足补《周官》之阙：《周官》，即《周礼》，由天、地、春、夏、秋、冬六官六篇组成。西汉时，“冬官”篇缺佚，河间献王刘德取《考工记》补其缺。《考工记》是中国目前所见最早的手工业技术文献，保留有大量先秦手工业生产及工艺美术等方面的资料。

〔15〕剞劂：音jījué，本指刻刀，后用以泛指书籍刻版。　臬圭：亦作圭臬，比喻准则、规范。圭是测日影的仪器，臬是测日影的标杆。臬，音niè。本句言《景德镇陶录》曾经付印发行，并获得社会认可。

〔16〕逮：音dài，及，到。　枌榆：《史记》载汉高祖初起兵时祷于故乡丰枌榆乡之里社。后世因以枌榆代指故乡。枌，音fén。　梨枣：旧时多用梨木、枣木刻印书版，故以梨枣为书版的代称。

〔17〕蓝仙：指已故的蓝浦。　郑志：指郑廷桂补辑的《景德镇陶录》。　衹，同“只”，恰好。　小同：《后汉书·郑玄传》记郑玄之孙手纹与郑玄相似，遂取名“小同”。此处用此典故说明郑廷桂的补辑符合蓝浦的文意与遗愿。

〔18〕一脔以堪尝：脔，音luán，同“脟”，切成块的肉。《吕氏春秋·察今》：“尝一脟肉，而知一镬（音huò）之味，一鼎之调。”成语“尝鼎一脔”本此。言尝一二而知其余。　双鸱：鸱，音chī，盛酒器。双鸱，两瓶酒。古人借书，还书时需送酒以为酬谢。宋代黄庭坚《闻致政胡朝请多藏书以诗借书目》：“愿公借我藏书目，时送一鸱开锁鱼。”

〔19〕《兰亭》真本，空思萧翼赚来：《兰亭》，即王羲之《兰亭序》。晋穆帝永和九年三月三日，王羲之、谢安等在会稽山阴的兰亭，举行了一次风雅集会。王羲之于酒酣之际，用蚕茧纸、鼠须笔乘兴疾书，写下《兰亭序》。通篇遒媚飘逸，变化无穷。王羲之第七代孙智永，将《兰亭》传于座下弟子辩

才。唐太宗探知此事，遂派御史萧翼从辩才处骗取。又命冯承素、欧阳询、褚遂良、虞世南等临摹，以赐皇亲近臣。太宗死后，真迹陪葬昭陵。　荐福残碑：唐代欧阳询曾摹荐福寺碑记，今已失传，元曲大家马致远杂剧戏文《半夜雷轰荐福碑》中曾叙及宋时范仲淹、张浩、荐福寺长老与此碑之一段旧闻，未知可信否。

〔20〕张少嵒：张少嵒曾校《景德镇陶录》。嵒，同岩。

〔21〕燕公：唐代张说，因请讨太平公主有功，被唐玄宗封为燕国公。文冠一时，朝廷重要文诰多出其手，与许国公苏颋（音tǐng）齐名，并称“燕许大手笔”。　白傅：唐代白居易，文宗时任太子少傅，后来诗文中常省称为白傅。他主张文学应反映现实，“文章合为时而著，歌诗合为事而作”。其诗语言浅近平易，相传每一诗成，必先问于老妪，以求市井百姓皆可听懂，流布甚广。

〔22〕时务：当世之要事。同治、光绪年间，清政府发起“洋务运动”，引进西方军事、工业及科学技术，以“自强求富”。前期侧重于军事技术，自1870年（同治晚期）起，又相继兴办一批民用工矿企业及交通运输业。同时还设立新式学堂，并派遣留学生。后经中法、中日甲午战争的打击，洋务运动终告失败。　廑念：殷切关注。廑，音jǐn。　民依：民之所安。依，音yǐ，指百姓所赖以生存者。

〔23〕爰，音yuán，于是。　鹤俸：亦作鹤料，指微薄的官俸。初指唐幕府官俸，后泛指官俸。　校雠：jiàochóu，即校对。核对并纠正书中错误。一人独校称“校”，二人对校称“雠”。　俾播鸡林：俾，音bǐ，使。播，传播。鸡林，新罗国，在朝鲜半岛。　益：更。　腾：使高。

〔24〕洽闻殚见：洽，周遍，广博。殚，音dān，尽。　曹仓：晋代王嘉《拾遗记·后汉》载：曹曾藏书万余卷，“及世乱……虑其先文湮没，乃积石为仓以藏书”。后代因以曹仓泛指书仓。　洛纸：晋代左思耗十年之功作成《三都赋》，但不为时人所重。及至皇甫谧（音mì）为之作序，张载、刘逵为之作注，卫权为之作略解，张华赞其与班固、张衡之赋相并列，于是豪富之家争相传抄，一时洛阳为之纸贵。

〔25〕殳虫戈鸟：“殳”“虫”，秦书八体的殳书和虫书，泛指古文字。《说文解字·叙》：“自尔秦书有八体：一曰大篆，二曰小篆，三曰刻符，四曰虫书，五曰摹印，六曰署书，七曰殳书，八曰隶书。”殳，音shū。　戈：书法右下斜钩。　鸟：鸟篆，篆体古文字，形如鸟爪印，故名。又有鸟虫书，王莽所定六体书之一，用以书写旗帜符信。　咸登甲库：咸，都。登，登记。甲库，收藏奏钞文件的库房。　月斧星盘：月斧，古代民间传说，月由七宝

合成，常有八万二千户修之。故有修月之斧。　星盘：典出不详。　胥列《酉阳》之俎：胥，音xū，全，都。《酉阳杂俎》，唐代段成式撰，共三十卷。此书分门辑事，举凡鸟兽虫鱼、寺塔建筑、仙佛人鬼、奇闻轶事等，无所不有、无所不异。时而使人发笑，时而使人愤怒，时而使人目眩神骇。鲁迅先生认为它可与传奇小说“并驱争先”。“月斧”即出自此书。俎，音zǔ，切肉或菜时垫在下面的砧板。

〔26〕兆姓：万民，极言其数量之多。　陈座右《豳风》：座右，即座右铭，作铭文置于座右，用为警戒自勉，故名。《豳风》，《诗经》中《国风》的一部分。豳，亦作邠，音bīn，在今陕西咸阳市旬邑县西南，周之旧国，自公刘至太王皆居于此。周公曾遭流言之难，居于此地，思公刘、太王忧劳民事，作诗抒发己志，因有《七月》《鸱鸮（chīxiāo）》之作。周成王读诗后醒悟，迎回周公。周公所作之诗亦被称为“豳国之风”。以《豳风》陈座右，意在提醒自己不忘民事艰难。　鼓铸群伦：陶铸同辈之人。鼓铸，本指鼓风冶炼铜铁，此处用指陶冶人之性情。群，朋辈。伦，同类，同辈。　炉中丹火：道家烧炉炼丹。此处用指修炼自己内心。

〔27〕网罗：搜集。　还合浦之珠光：传说汉代合浦郡不产粮食而多产宝珠。但郡守贪暴无厌，因而珍珠移往别处。后来孟尝为合浦太守，尽除前弊，珍珠复还。事见《后汉书·孟尝传》。后因以“合浦珠还”比喻失而复得。　丰城剑气：传说三国吴未灭时，斗、牛二星间有紫气。灭吴后，紫气更加清楚可见。豫章（即江西）人雷焕擅于观气，指出紫气是豫章丰城宝剑之精气上达于天。尚书令张华因以雷焕为丰城令，命其寻剑。后来雷焕在丰城监狱地基下得龙泉、太阿双剑，紫气亦随之消失。雷焕先用南昌当地泥土擦拭，剑身光芒艳发，后又用华阴好土擦拭，剑光益发精明。事见《晋书·张华传》。

〔28〕识荆：唐代李白《与韩荆州书》：“白闻天下谈士相聚而言曰：‘生不用封万户侯，但愿一识韩荆州。’何令人之景慕一至于此耶！”韩荆州，指韩朝宗，时为荆州长史，喜提拔后进，为时人所重。后因以“识荆”为久闻其名而初次识面的敬词。　慕蔺维殷：慕蔺（音lìn），《史记·司马相如传》：“（司马）相如既学，慕蔺相如之为人，更名相如。”后因以称敬慕贤者为慕蔺。蔺相如，战国时赵国人。因完璧归赵及渑（音miǎn）池之会挫败秦国，以功为上卿，位在大将廉颇之上。廉颇不服，意欲当众辱之，相如以国家为重，再三退避。后廉颇被感动，负荆请罪，二人成为生死之交。维，句中语气词，无意。殷，殷切。　利器：比喻杰出的才能。　夙：平素，旧有的。　攻错：《诗经·小雅·鹤鸣》：“它山之石，可以为错。……它山之石，可以攻玉。”

毛亨传："错，石也，可以琢玉。"后以"攻错"喻借人之长，攻己之短，多指学术上的切磋交流。　弓冶：《礼记·学记》："良冶之子，必学为裘；良弓之子，必学为箕。"善于冶炼之家，其子习见乃父铸金铁使软以补锢破器，故能学为袍裘补兽皮；善于做弓之人，其子日睹乃父使干角挠屈调和以成弓，故能学取柳和软挠之成箕。后因以弓冶、箕裘或弓箕喻父子相承之事业。

〔29〕钵托元沙：元，清朝为避康熙玄烨讳，改"玄"为"元"，此处"元沙"应为"玄沙"，典出唐人撰《云仙杂记》卷二"水松牌"条摘《海墨微言》所记，李白游慈恩寺，寺僧"用水松牌，刷似吴胶粉，捧乞新诗"，诗毕僧献"玄沙钵"。

〔30〕橐籥：音tuóyuè，风箱，用于鼓风吹火。　暍：音hè或音yē。　帲幪：音píngméng，帐幕。

〔31〕景提椠于前徽，仰扶轮于大雅：景，景仰，《诗经·小雅·车舝》："高山仰止，景行行止。"郑玄笺："古人有高德者，则慕仰之；有明行者，则而行之。"　椠，音qiàn，书版。古代削木为牍，用以书写。未经书写者称椠。后亦用以指刻成的书籍。前徽，前人的美德。　扶轮：春秋时晋大夫赵盾外出打猎，遇见饥饿将死的灵辄，将其救活。后来灵辄成为晋灵公卫士。晋灵公贪暴无道，赵盾屡屡谏止，灵公对其极为厌恨。一日灵公宴请赵盾，意欲加害。赵盾中途察觉而逃出，灵公派人追杀。灵辄率先追上，并拼死卫护，赵盾方得以逃脱，后因以扶轮言报恩。事见《左传·宣公二年》及《吕氏春秋·慎大览第三·报更》。　大雅，指德高而有大才之人。

〔32〕枯竹焦桐：枯朽无用之物，此为自谦之辞。　弁言：序言。弁，音biàn，冠。序言置于书首，故名。　聊效匏宣瓦奏：聊，姑且。效，献出。匏，音páo，笙竽类乐器。瓦，埙（音xūn）缶类乐器。本句为自谦之辞，意为自己的序言如枯竹焦桐一样毫无价值，只能算是凑数而已。

〔33〕庚年：古代用干支纪年月日。"甲乙丙丁戊己庚辛壬癸"为十干，亦称天干。"子丑寅卯辰巳午未申酉戌亥"为十二支，亦称地支。顺次以天干配地支，六十年重复一次。　诰授：清制，五品以上官，受帝王封赠者曰诰授。诰，音gào。　加衔：授予官员高于其本职的虚衔，以示尊贵。　直隶：此处当为直隶厅，地方行政机构。清代有直隶厅，设于新设置地区，以同知或通判任行政长官。隶于布政使司，制同府。另有一般散厅，亦以同知或通判为行政长官，隶于府，制同县。　即用：清代任用官吏分六班，其一为即用。凡奉旨即用者，遇缺即可补用。此外，进士朝考后任为知县者亦省称即用。　番：当即鄱阳。

卷一 图说

景德镇〔1〕图

景德镇属浮梁之兴西乡，去城二十五里，在昌江之南，故称昌南镇。其自观音阁〔2〕江南雄镇坊至小港嘴前、后街，计十三里，故又有“陶阳十三里”〔3〕之称。水土宜陶，陈以来土人多业此。至宋景德年始置镇，奉御董造，因改名景德镇。元置本路总管〔4〕，监镇陶。明洪武二年《江西大志》〔5〕作三十五年就镇之珠山设御窑厂〔6〕，置官监督，烧造解京。国朝因之，沿旧名。

注释

〔1〕景德镇：位于江西东北部与安徽交界处，素有瓷都之称。与河南朱仙、湖北汉口、广东佛山并称“四大名镇”。东晋时始于此地设新平镇。唐武德年间就镇设县，称新平县，后曾并入鄱阳。开元时重新置县，改称新昌县，于昌江之北另设治所。天宝元年更名浮梁县，后于1960年撤销。景德镇在宋以前称新平镇，因在昌江南岸，又称昌南镇，另有“陶阳”一称，但未见于正式志书（参见注释〔3〕）。因为景德年间（1004—1007）所造御用瓷器名扬天下，世人咸称“景德镇瓷器”，昌南之名渐隐，后正式更名为景德镇。景德镇原为浮梁县兴西乡的一个市镇，近代与浮梁县隶属关系多有变化，今为省直辖市，称景德镇市。　兴西乡：在浮梁县西南，当时辖里仁、镇市、湖田、长芗四都。　昌江：发源于安徽祁门县，西南流经景德镇，后与乐安江合流，注入鄱阳湖。在近代陆路交通兴盛以前，昌江水系是周围地区向景德镇运送制瓷原料、燃料及镇瓷外销的主要渠道。“江帆日日蔽江来”正是明清时昌江上航运繁忙的写照。

〔2〕观音阁：位于今景德镇市珠山区北端石埭山，明朝建造，其中供奉观

音菩萨。此处面临昌江，山崖层叠，地势显要。

〔3〕陶阳：名见《墨舫杂志》，卷八有引用。郑廷桂《陶阳竹枝词》说："吾昌南镇自唐宋来以其为陶家而有事也，故称'陶阳'。"道光三年（1823）昌南龚钺作《景德镇陶歌》也说："江南雄镇记陶阳，绝妙花瓷动四方。"　十三里：景德镇因被周围小山环抱，地面狭仄，通长仅十三里。此处"里"到底是古代度量单位，还是旧时人口编制的"里甲"制度，研究者有不同解释，编注者暂以长度论之。

〔4〕本路总管：指饶州路总管府总管。

〔5〕《江西大志》：即《江西省大志》，明人王宗沐初撰、陆万垓增修，增修后共八卷，卷七《陶书》记述明代景德镇陶瓷生产情况。关于设置御器厂的时间应从《江西大志》所言，惟该记录乃陆氏所补。洪武二年，朱元璋刚刚建国，局势尚不稳定，他在当时又提出"崇俭"的口号，因此不大可能立即建立用于生产奢侈品的御器厂。另外洪武作为年号只有三十一年，洪武三十五年实为建文四年。朱棣篡位后，为显示正统，抹去建文年号，而沿用洪武纪年。

〔6〕珠山：位于今景德镇市中心，"独起一峰峦，俯视四境"（见《浮梁县志》）。　御窑厂：明代称"御器厂"，专门为宫廷烧造瓷器的官营生产机构。据有关文献及考古资料所示，其建于洪武年间，正式定名则在洪武三十五（即建文四年，1402年）。清朝就明厂址设御窑厂，职能如前。

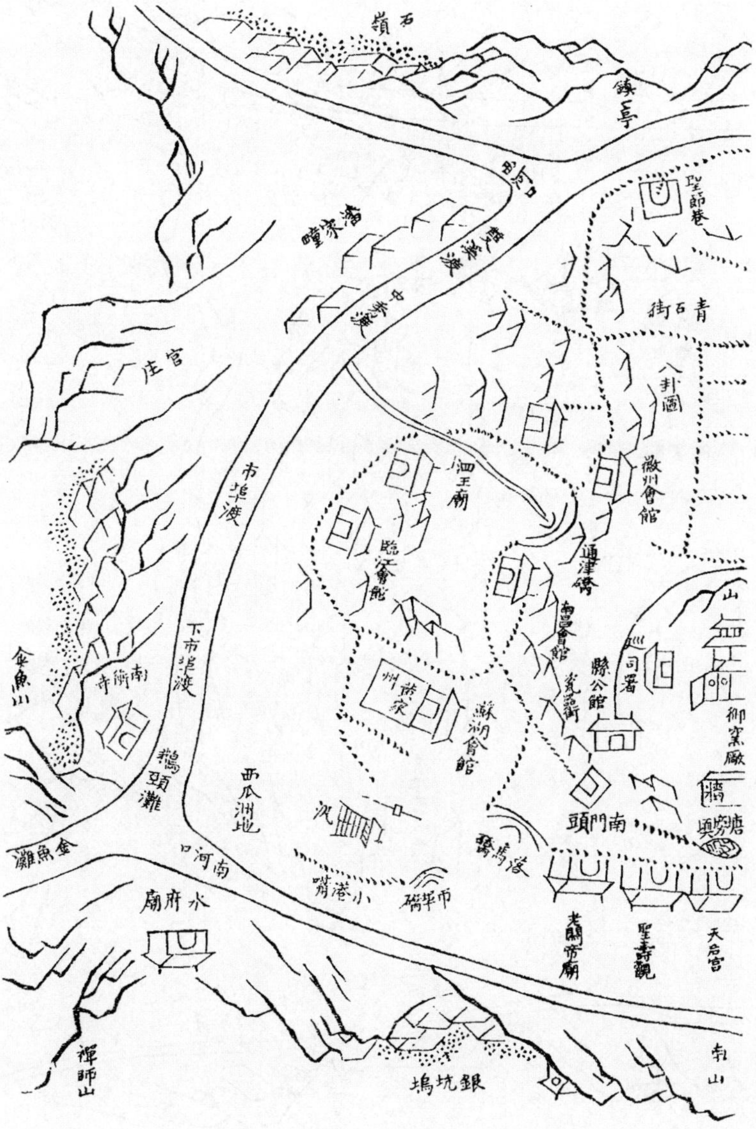
石嶺
青石街
八卦圖
徽州會館
通津橋
南昌會館
瓷器街
縣公館
御窯廠
南門頭
老關帝廟
天后宮
銀坑塢
禪師山
水府廟
金魚灘
南河口
西瓜洲地
蘇湖會館
黃家州
臨江會館
泗王廟
市埠渡
下市埠渡
鵝頸灘
金魚山
官庄

景德镇图(一)

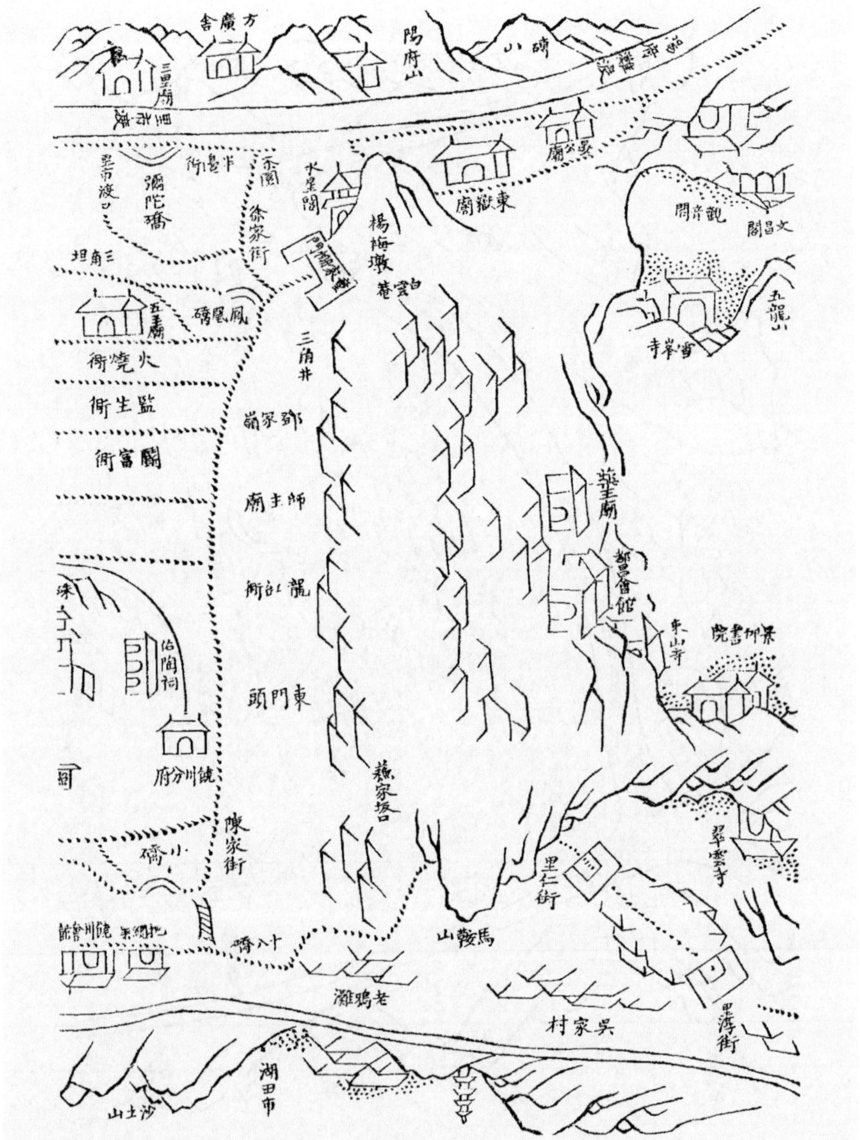
方廣舍
陽府山
磚山
東嶽廟
觀音閣
文昌閣
五龍山
半邊街
彌陀橋
徐家街
火星閣
楊梅墩
白雲菴
三角坦
火燒街
監生街
關富街
三角井
鄧家嶺
師主廟
龍缸街
東門頭
都昌會館
東山寺
饒州府
陳家街
小橋
十八橋
馬鞍山
里仁街
翠雲寺
老鴉灘
吳家村
湖田市
沙土山

景德镇图（二）

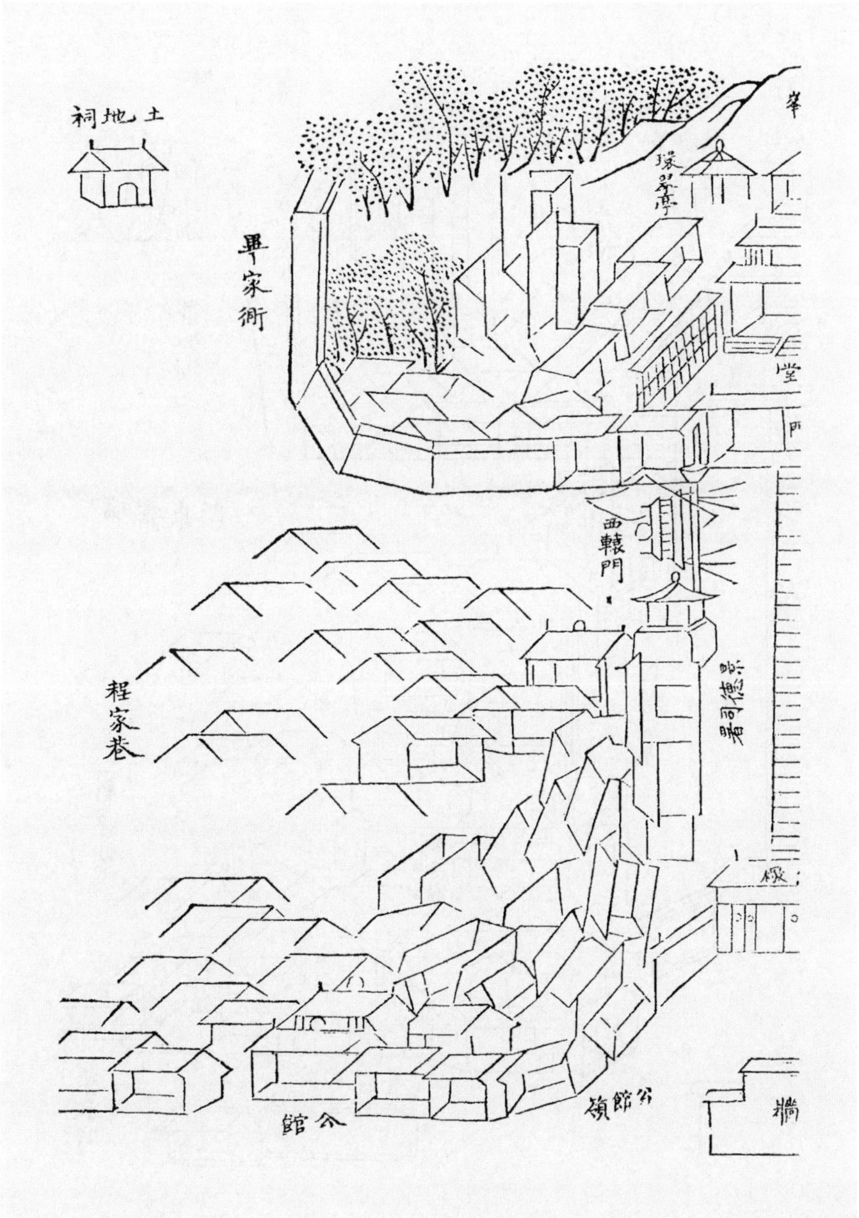

御窑厂图(一)

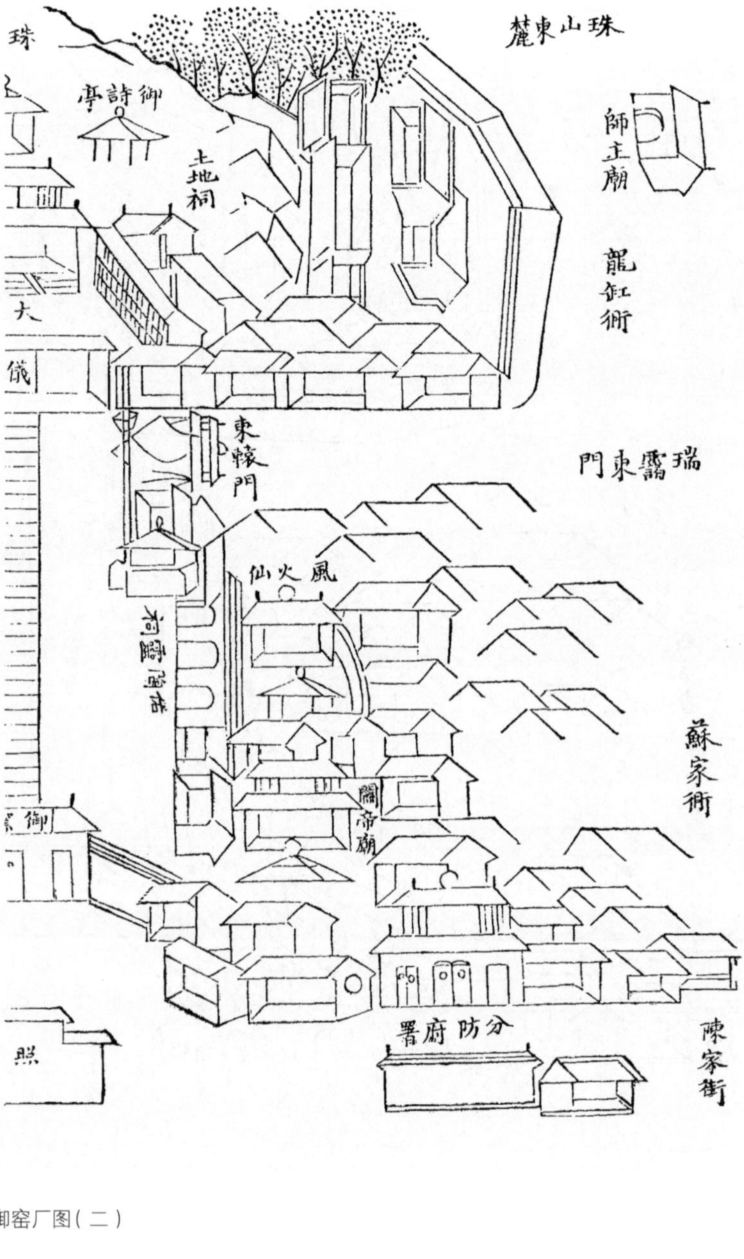

御窑厂图(二)

景德镇昌江水道

御窑厂图

厂跨珠山，周围约三里许。中为大堂，堂后为轩，为寝。寝北有小阜，即珠山所由名，旧建亭其上。堂两旁为东西序[1]。又东迤南，各有门。又东，为官署，为东西大库房，为仪门，为鼓亭，为督工亭，为狱房，今废。为陶务作二十有三[2]：曰大器作；曰小器作；曰仿古作；曰雕镶作；曰印作；曰画作；曰创新作；曰锥龙作；曰写字作；曰色彩作；曰漆作；曰匣作；曰染作；曰泥水作；曰大木作；曰小木作；曰船作；曰铁作；曰竹作；曰索作；曰桶作；曰东碓作；曰西碓作。为窑式[3]六：曰青窑；曰龙缸窑；曰风火窑；曰色窑；烧炼颜色者。曰爁熿窑；窑制大小不一，厂坯上釉，用火爁烘。有漏釉者，再上釉入窑烧。曰匣窑。厂匣皆先空烧，再装坯烧。又前后甃井[4]二，柴房二，窑役歇房二。厂内神祠三：曰佑陶灵祠；曰真武殿；曰关帝庙。厂外神祠一，曰师主庙。[5]厂之西为公馆，东为饶九南巡道行署。今饶州府同知署。头门外树屏墙一，有东西二甬道，通市街。

桂案[6]：《邑志》[7]，厂大堂旧题曰"秉成"，仪门外为厂场。左右四门：东曰熙春，旋改为迎曦；南曰阜安；西曰澄川；北曰待诏。又阜安门外有秉节制度坊。珠山上有朝天阁，有冰立堂，有环翠亭；今并改替。惟厂署规制如旧。环翠亭犹存。

厂供应，旧《志》，拨浮梁县十三里，鄱阳县三十五里，附厂供应正派。后鄱阳县知县徐俊以厂役合派七县，申请还县，惟在镇十三里中供役，其七邑惟听事人答应。

管厂总事一名。副管事一名。档子房听事一名。听事吏一名。书手二名。机兵十六名。门役二名。库役二名。上班众匠役。以水、火、金、木、土五行别役，报开民族轮供。[8]

桂案：此皆旧制。国朝沿革，谨详二卷。

注释

〔1〕东西序：东西两厢。

〔2〕为陶务作二十有三：景德镇御窑厂独特的分工方式，对工艺流程及辅助工种做出精细划分，追求“一其手而不分其心也”的效果。

〔3〕窑式：明清两代窑式分类相仿。青窑与龙缸窑是真正烧瓷的窑，前者烧造除大件龙缸以外的瓷器，后者专烧大龙缸。风火窑是窑的总称。

〔4〕甃（zhòu）井：砖砌的井。

〔5〕神祠：从业者供奉陶瓷业相关行业神祇之处。　佑陶灵祠：俗称风火仙庙，祭祀明代陶工童宾。童宾，景德镇人，又名广利。（事迹参见卷八及注。）　真武殿：《汉语大词典》解真武为玄武，即北方七宿的总称，为北方神名。傅本以为此殿祭北方玄武，欧阳本则认为这是五王庙，是祭祀华光的庙宇。（另见卷八注“华光”。）　师主庙：奉祀晋人赵慨的庙宇。赵慨生于西晋，东晋时为官，先后在福建、浙江、江西等地任职，因受迫害隐居于景德镇。他运用在浙江掌握的越窑制瓷烧造技艺，改进了景德镇的制瓷工艺，对镇瓷发展做出重要贡献，人们尊称他为制陶“师主”。在他死后专门建庙祭祀，把他当成“佑陶之神”供奉。

〔6〕桂案：郑廷桂加的按语。

〔7〕《邑志》：指《浮梁县志》。

〔8〕档子房听事：档案管理人员。　书手：誊写文书的人。　机兵：从本地及附近州县募集来的民兵，保卫官厂安全。亦有解为使用铁机枪的守卫人员。　民族：欧阳本认为“民族”应作“民快”，为民壮快手的简称。

龙珠阁（原御窑遗址）

供奉窑神的场所

取　土

陶用泥土，皆须采石[1]制练。土人设厂采取，藉溪流为水碓舂之。澄细淘净，制如砖式，曰“白不”[2]。以徽州祁门为上，出坪里、葛口二山，开窑采取，剖有黑花如鹿角菜[3]形者佳。此土色纯质细，可制细器。别有“高岭[4]”“玉红”“箭滩”数种，皆以所产之地名。若黄不、釉果[5]，尤作粗瓷者所必需，其采制法同。幅中[6]为开采，为碓舂，大略如是。

注释

〔1〕石：又称瓷石，色灰白或灰青，主要成分包括石英、长石、绢云母和高岭石等，可塑性强，耐火度高，是制作瓷器胎体的主要原料。

〔2〕不（dǔn）：将采集的瓷石经舂洗后拍成的砖状泥块，镇人称之为“不”“不子”。“不”是景德镇土音。

〔3〕鹿角菜：一种生长于岩石上的藻类，状如鹿角。瓷石横断面有无类似鹿角菜的黑纹是判断石质好坏的重要依据。

〔4〕高岭：指景德镇以东四十五公里的高岭山出产的一种白色黏土（可参见卷四）。其主要成分是高岭石，即白云母。此土洁白纯净，耐火度高，与瓷石配合可生产优质瓷器。在瓷石矿脉枯竭后，此土成为烧制瓷器的主要原料。后来凡与此土性状、用途相似的原料，皆称“高岭”。国际上用“Gaolin”（“高岭”音译）作为制瓷原料的代用语，至今已经有两百多年的历史了。

〔5〕黄不：用因含杂质而呈黄色的高岭土炼制的不子，一般用来造粗瓷。　釉果：或称釉石，为坚硬的淡绿或淡灰色石块，瓷釉的主要原料。

〔6〕幅中：原刻本所附版刻画幅内所示。

取土（一）

取土（二）

待舂细淘洗的瓷石。

将用水碓舂细的瓷石粉铲入淘洗池中淘洗。

粗淘过的泥浆。

泥床与沉淀池。

不同水碓棚中已做好的不子。

练 泥

造瓷首需练泥[1]，必以精纯为上。其法：以缸浸泥，用木耙搅翻，摽起渣沈，过以马尾细箩，再澄夹层细绢袋[1]，过泥匣内，俾水渗浆稠。复以无底木匣，下铺砖，细布紧包，更以砖压之。水干成泥，用铁锹翻扑结实。若釉水必炼灰配合[2]，灰出邑南乡。幅中以曲木贯小铁锅耳者，调釉者也。以锹翻扑者，练泥者也。

校记

1 “摽渣沈过以马尾细箩再澄夹层细绢袋”各本断句皆有不同。今用欧阳本断法，其参照清代唐英《陶冶图说》“摽”后加一“起”字，另外唐书“摽”为“漂”。

注释

〔1〕练泥：对泥不进行配合、淘洗、练制的过程，目的在于除去其中的杂质，以提高瓷坯成型质量，并使成品获得所需的纯度、白度、半透明度。

〔2〕釉水：即釉浆，以釉果为主要原料，配以釉灰合成的主要瓷釉熔剂。有所谓“一切釉水，无灰不成”的说法。　灰：即釉灰，是将熟石灰与景德镇一带盛产的狼萁草（又称凤尾草，蕨类植物）堆叠煨烧所得的余灰，主要成分是碳酸钙。釉水与釉灰的调和比例决定着釉质的好坏。

练泥(一)

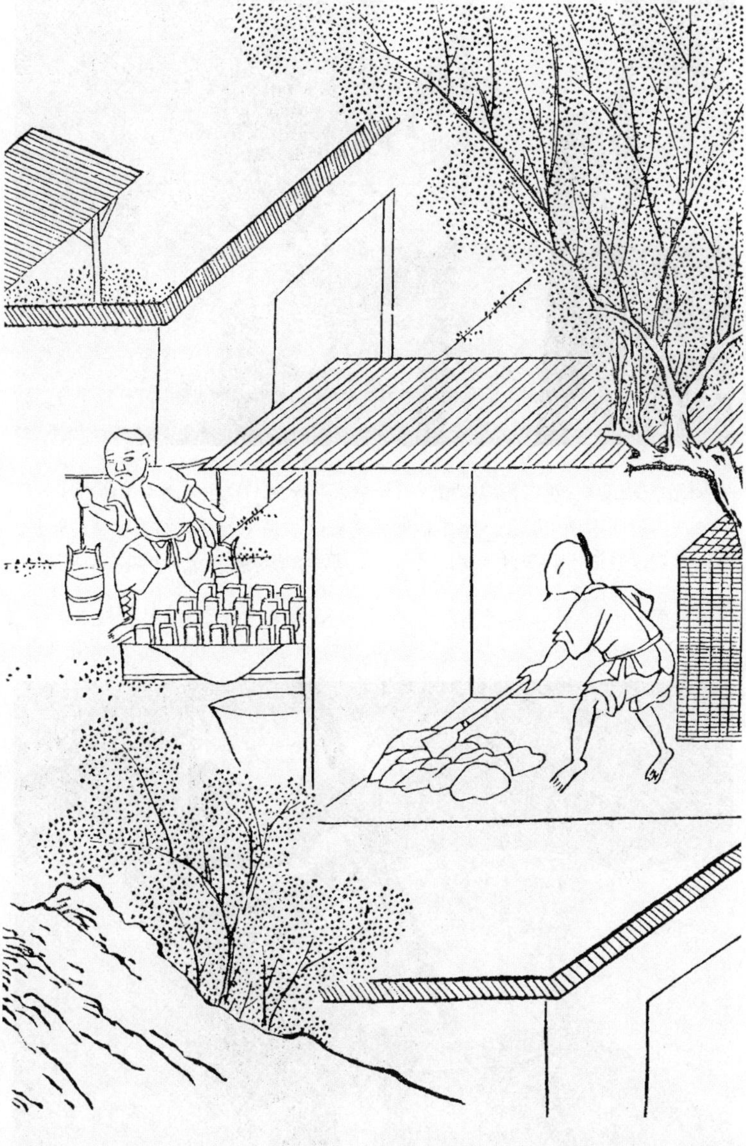

练泥(二)

淘洗泥料时，先于粗桶中盛水，并放入一木栅，按比例将一定数量的原料不子击碎放入木栅中，浸入水中自然化解成浆。由于自然化解过程费时较长，故通常在傍晚进行，浸料过夜，便于次日精淘。精淘时，先取出木栅，将其内较大颗粒杂质排除。

用力往上提铁耙，使泥浆搅拌更匀。

从粗桶中舀泥浆过细目筛入细桶。

将过滤后的泥浆分别注入若干搁泥桶。搁泥桶原为木质，后改为大匣钵。

待泥浆呈浓稠状态后，用手揉起，移入泥房陈腐。

泥房中最好用青石板铺地，没有青石板的地面可铺布单。用泥铲铲泥，用力拍打成“品”字形状。

镀　匣

瓷坯入窑，必装匣烧，方不粘裂，且能免风火冲突、坯有黄黑之患。匣钵[1]亦土作，土出景德镇马鞍山、里村、官庄等处，有黑、红、白三色[2]。更以宝石地[3]所产砂土配合，则入火经烧。其造法用轮车，与拉坯同。土不必过细。匣成，阴干，略镟平正，先入窑空烧一次，再装坯烧，名曰镀匣。若造作，则有厂居，幅中从略。

注释

〔1〕匣钵：用耐火泥烧成的装烧瓷器的工具，圆桶形。始于唐代。有大器（装一件）匣钵与小器（装多件）匣钵之分，窑厂旧有“大器小匣钵，小器大匣钵”的说法。匣钵使用到一定程度时，必须淘汰，否则会因钵体变酥而倒窑。

〔2〕黑土：待考。　红土：由铁质黏土与燧石碎屑组成，俗称“老土”，可增强匣钵的结合力，经久不裂。　白土：硅镁质黏土，可降低匣钵的泥塑性和收缩率，使之耐压不变形。

〔3〕宝石地：在景德镇市西北郊，所产黑黄沙可提高匣钵耐火度。唐英《陶冶图说》中作“宝石山”。

镀匣（一）

镀匣（二）

景德镇古窑房垒叠的匣钵

修　模〔1〕

圆器〔2〕之造，每一器必有一模，大小款式方能画一。其模子必须与原样相似，但尺寸不能计算，大抵一尺之坯，经烧后得七八寸，亦收缩之理然也，故模子必须先修。模不曰造而曰修者[1]，一模必修数次，然后无大小参差之异。镇修模匠另有店居，名手有数，盖必熟谙土性窑火者，乃推能事。幅中情形颇肖。

校记

1 傅本断作“故模子必须先修模，不曰造而曰修者”。

注释

〔1〕修模：圆器生产中，为使器物整齐划一，有先定制模范的工序，对修模匠的技艺要求很高。　模：即印坯模，亦称内范，圆器成型过程中用于器物内壁定型的模范，以山土制成。使用方法参见本卷“印坯”。

〔2〕圆器：圆器、琢器是景德镇陶瓷生产中的专用术语，是最基本的产品分类。圆、琢器的区别主要体现在产品品种与成型工艺上。圆器只限于圆形品种，如盘、碗、碟、杯等；琢器的造型则灵活多样，对工匠的技艺要求也更高。圆器和琢器中的圆形部分都用轮车成型。但圆器坯薄，修坯省工，产量大，故多生产日用瓷。琢器坯厚，修坯工重，产量小，以生产陈设瓷为主。琢器中方锐者，则又需裁切泥板粘合。后又分出雕镶器一类，形制复杂，进一步发展了琢器造型不规则的特性。

修模(一)

修模（二）

将碗反扣在印坯模上定位，以木板拍打坯底，使之紧固，然后用双手拍打坯体外壁，边拍边转动，使整个坯体与模型完全吻合。

洗　料

青料[1]为画瓷之用，而霁青、东青[2]各釉色，亦需料配合。以浙江出者为上，云南、广东及本省各处亦产此。商贩采买，来镇投行发卖。必先自拣选其大而圆者，色以黑黄明亮为最。再以小黄土匣装，入窑炼熟，方可用。其用料之法，研乳极细，调水画坯，罩以白釉，经烧则现青翠。若不罩釉，则见火飞散，亦大奇也。幅中拣洗之事特详。

注释

〔1〕青料：青花钴料，用于釉下彩绘。

〔2〕霁青、东青：蓝釉品种，详见卷四“配合釉料”。

洗料(一)

洗料（二）

做　坯

圆器之制，其方棱者，则有镶雕印削之作；而浑圆之器，必用轮车[1]拉成。大者拉一尺以上坯，小者拉一尺以内坯。车如圆木盘，下设机局，旋转甚便。拉者坐于车上，以小竹竿拨车使疾转，双手按泥随拉之，千百不差毫黍。若琢器[2]，其浑圆者亦如造圆器法，其方棱者则用布包泥，以平板拍练成片，裁方粘合，各有机巧。幅中两拟其状。

注释

〔1〕轮车：也称辘轳、陶车、盘车，手制圆器成型的主要器具。

〔2〕琢器：参见前文“修模”中“圆器”注释。

做坯（一）

做坯（二）

用木棍拨动陶车转动，转速快慢视器物大小而调整。

将泥团摔打在陶车转盘中心，双手蘸水，将泥团包紧，称作“把正”。

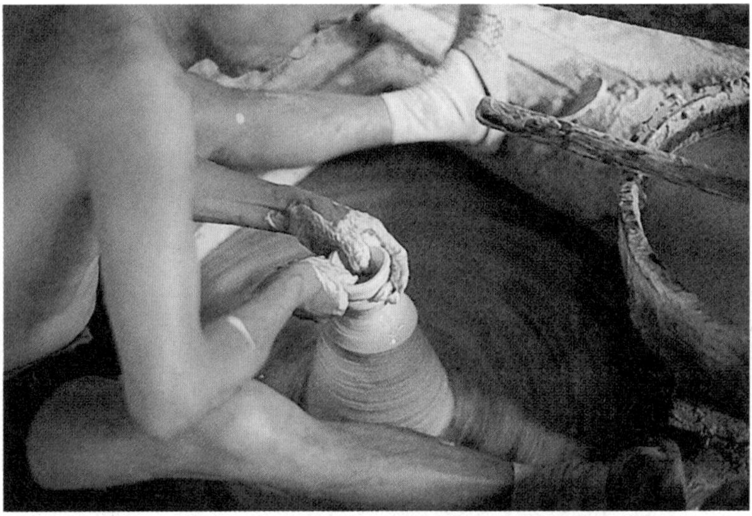

拉坯时双手分别在泥柱上端捏泥，泥量的多少视碗的大小而定，熟练的拉坯工，一般是将把正、拔高连通在一起操作。拉碗时将大拇指从泥柱中心插入并徐徐向两边扩成喇叭状，再一手内一手外按碗壁弧度拉出碗形。

以弧形竹片或牛角片（俗称型板）校正碗壁曲线和口径大小。

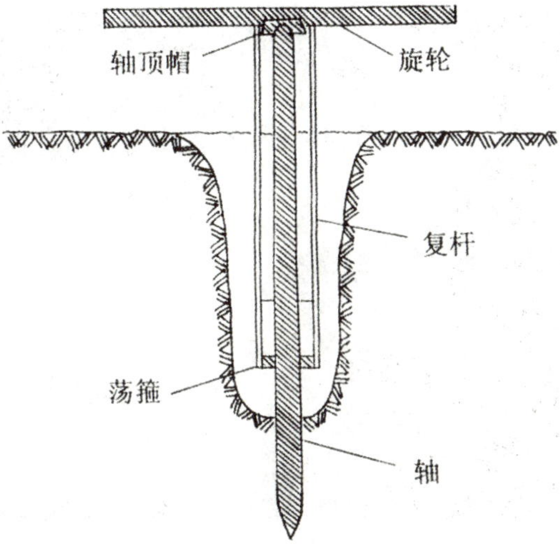

陶车剖面图

琢器制坯时，在泥的两端放置比所需泥板略厚的平整木条，然后用圆木或圆铁管将泥滚压成厚薄一致的泥板。

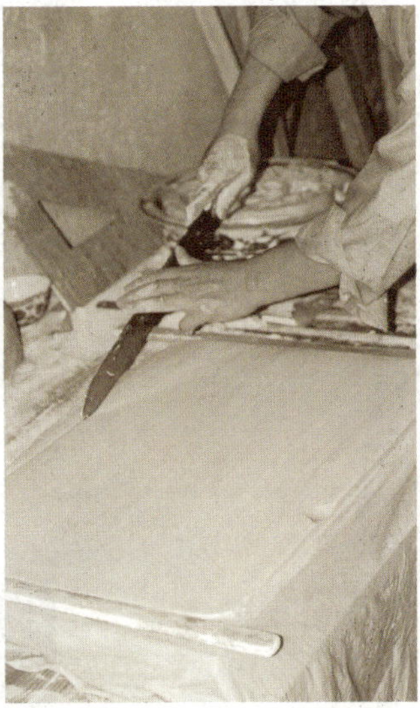

将泥片边缘裁平。

在黏接前最后一次修整泥板。

依次黏接好所需的泥板（较大型的镶器需多人合作），并在封口前将内黏接处的多余泥浆处理干净。

印　坯

圆器拉成坯，必俟阴干，不可令见日色，恐日晒则有坼裂之患，故有印坯[1]一行。坯稍干，则用修就模子，以手拍按，使泥坯周正匀结。其法：以小轮车旋转印拍，褪下模子，阴干，以备镟削[2]。幅中略具其状。又有乳料之工，用矮凳贮料钵，上装直木，安瓷槌乳之。有双手乳者，有左右乳者。疾聱老幼，多资生焉。

注释

〔1〕印坯：俗称拍“死人头”，是对器物内壁进行定型的操作。

〔2〕镟削：或称利坯，即修坯。可使手工拉制的坯体表面光洁、规整一致。参见下文“镟坯”。

印坯（一）

印坯（二）

镟坯

坯之尺寸定于模，而光平必需镟削。镟工亦用轮车，惟中心立一木桩，桩视坯之大小，其顶浑圆，名曰顶钟，裹以丝绵，恐损坯也。将坯扣合桩上，拨轮使转，用刀镟削，则器之里外皆光平矣。拉坯之时，坯足必留一靶〔1〕，长二三寸，便于把握，以画坯蘸釉。工毕始镟去其柄[1]，挖足写款。幅中镟挖并列。

校记

1 傅本作“以画坯，醮釉工华，始镟去其柄”，其中“华”为“毕”之误植。

注释

〔1〕靶：通“把”，即“柄”。

镟坯（一）

镟坯(二)

使用专门修碗工具修坯。

用弯刀挖足。

画　坯

青花[1]画坯，圆、琢器皆有之。一器动累什百，画者则画而不染，染者则染而不画，所以一其手而不分其心也。其余拱锥、雕镂[2]，业似同而各习一家。釉红、宝烧[3]，技实异而类近于画。至如器上之边线青箍，原出镟坯之手，底心之识铭书记，独归落款之工。花鸟虫鱼，写生以肖物为上，宣、成、嘉、万[4]，仿古以多见为精。幅中画染分处，以为画一。

注释

〔1〕青花：亦称“白地蓝花”，英文为“Blue and White”，日语为“染付”，釉下彩品种之一。以氧化钴为呈色剂在坯体上绘画，罩以透明釉，在1300℃的高温下烧成。色彩白蓝相映，素雅清新。其产生年代尚无定论，但元代景德镇烧造的青花瓷已臻成熟，明清时更是成为主流产品。由于所用青料产地不同，各代的青花瓷也形成了不同的风貌。

〔2〕拱锥：又称锥拱、拱花，用铁锥在样坯上锥成花纹，属“锥龙作”专工。　雕镂：用镂刀、捏雕刀等特制工具在坯上雕镂花纹。以上均为陶瓷装饰手法。

〔3〕釉红：即釉里红，也属釉下彩品种。工艺与青花大致相同，以氧化铜为呈色剂。烧成后，白地红花，鲜艳明快，今日可见的最早实物烧成于元代景德镇窑。　宝烧：釉里红的一种，相传以西红宝石末入釉，故得名宝烧。详见卷四“仿古各色釉”条目。

〔4〕宣、成、嘉、万：指明代景德镇御器厂于宣德、成化、嘉靖和万历各年间烧造的瓷器。详见卷五。

画坯（一）

画坯（二）

勾线。

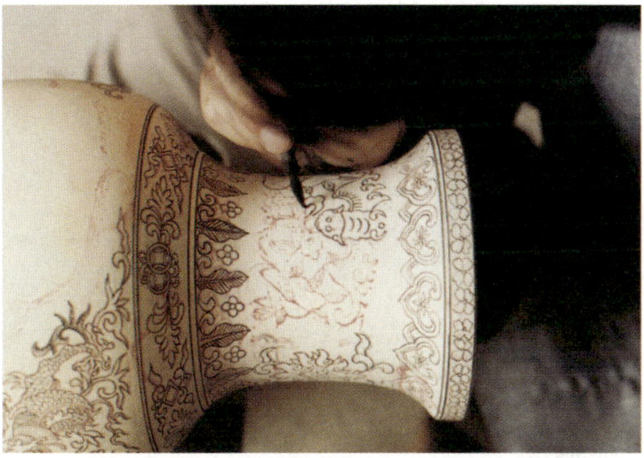

用拇指与食指、中指持笔肚以控制水料的多少，并迅速在花叶上来回移动，形成水浪效果。从图中可清晰地看出画工持特制“鸡头笔”的手法和笔锋带动水头运动的轨迹。

用青花色打箍。

荡　釉[1]

凡青花，与观、汝[2]等器，均须上釉。旧法：长方棱角者，用毛笔拓釉[3]，弊每失于不匀；浑圆之器，俱在缸内蘸釉[4]，弊又失于体重多破，故全器难得。今圆器之小者，仍于缸内蘸釉。其圆、琢大件，俱用吹釉法，以竹筒蒙细纱吹之，俱视器之大小与釉之厚薄，别其吹之遍数，有三四遍至十七八遍者。幅中备著其制。

注释

〔1〕荡釉：以釉浆注入器坯内部，旋荡器坯，使釉浆满布器坯内侧，然后倒出剩余釉浆。

〔2〕观、汝：指宋代官窑、汝窑，详见卷六。

〔3〕拓釉：即涂釉，用毛笔或排刷蘸取釉浆涂布在坯体表面。

〔4〕蘸釉：即浸釉，手持器坯浸入釉浆中，借坯体自身吸水性，使釉浆均匀地吸附于坯体表面。

荡釉(一)

荡釉(二)

舀适量釉注入瓶内。

右手扶住瓶肩，左手托住瓶底，以左手为主做旋转晃动，带动瓶内釉浆在瓶内旋转并均匀覆盖整个内壁。

迅速倒出剩余的釉浆。荡釉需一次性完成，否则会出现釉头和釉层剥落缺陷。

浸釉一般是注浆坯使用的方法，将坯件浸入釉浆中与瓶口齐，取出后即可。

超大型瓶的吹釉。此图为电动吹釉。

满　窑[1]

窑制长圆，形如覆瓮[2]。高、宽皆丈余，深、长倍之。上罩窑棚。其烟突围圆，高二丈余，在窑棚之外。瓷坯既成，装匣入窑，分行排列，中间疏散，以通火路。其窑火有前中后之分，安放坯匣，皆量釉之软硬以定窑位[3]。发火时，随将窑门砖封。留一方孔入柴，片刻不停。有试照[4]者，熟则止火。窨[5]一昼夜，始开。幅中满烧备具。

注释

〔1〕满窑：即装窑。

〔2〕窑制长圆，形如覆瓮：此时窑体显出蛋形窑雏型，已取消了元明葫芦窑体中间的束腰部分，只是窑身尚短。

〔3〕量釉之软硬以定窑位：根据不同制品烧成温度的高低和窑内各区域的温差，合理安排放匣钵。

〔4〕试照：照，又称“照子”。古代烧窑时用以检验火候的一种坯片。使用方法是：烧窑的工匠取破碎的碗坯一片，将它削成上宽下尖形，上端镂一圆孔，施半釉，插于窑炉火口上，当烧到一定程度时，用铁钩将照子勾出，以检验瓷器是否烧熟。经考古发现，宋时各地瓷窑已广泛使用照子。

〔5〕窨：音yìn，指停火后仍将瓷器封存窑内，待其渐渐冷却。

满窑(一)

满窑（二）

景德镇古窑瓷厂松浆窑外景(当代)。

站在烟囱左侧看到的窑背效果。

为使匣柱安稳牢固、空隙一致，在匣柱约与人胸齐高之处用耐火材料将匣钵与匣钵之间挤紧。

两窑眼已泛暗红色，且呈色一致，说明窑内左右温差不大。

开　窑

瓷器之成，窑火是赖。开窑类以三日，其窑中瓷匣尚带紫红色，惟开窑工匠用布数十层制成手套，蘸以冷水护手，复用湿布裹头面肩背，入窑搬匣。瓷器既出窑，热窑安放新坯。因新坯潮湿，就热窑烘焙，可免入水坼漏之病。幅中搬运收理者，为出窑瓷器。肩柴者、收筹者[1]，为现在烧窑。

注释

〔1〕收筹者：专门收筹计算柴担数的人。筹是一种有印的签，是计数的凭证。

开窑(一)

开窑（二）

彩　器

圆琢白器，五彩绘画，摹仿洋彩[1]，须将各种颜料研细调合，必熟谙颜色火候之性，以眼明心细手准为佳。其用颜料法有三：一用芸香油；一用胶水；一用清水[2]。盖油便于渲染，胶便于拓抹，而清水调色则便于堆填。幅中有就桌者，有手持者，有眠侧于低处者，各因器之大小，以就运笔之便。

注释

〔1〕五彩：釉上彩品种之一。在烧好的白瓷上施用红、绿、黄、紫等多种彩料绘画，经“红炉”工艺二次烧成。　洋彩：即珐琅彩。创于康熙年间，雍正以后制作日趋精细，乾隆时有些瓷器的画面完全仿西洋。

〔2〕芸香油、胶水、清水：都是景德镇勾线料的调料剂，有不同的特性。芸香油便于渲染上色，胶水便于轻轻刷拓，清水便于堆填。

彩器(一)

彩器（二）

用朱明料打箍。景德镇的彩绘画桌台上有可抽出的粗细不同的木条。将瓷瓶口套入木条之中，便于打箍和勾线、填色等操作。

极显功力的仿清代粉彩小碗。

大瓶的花卉勾线。

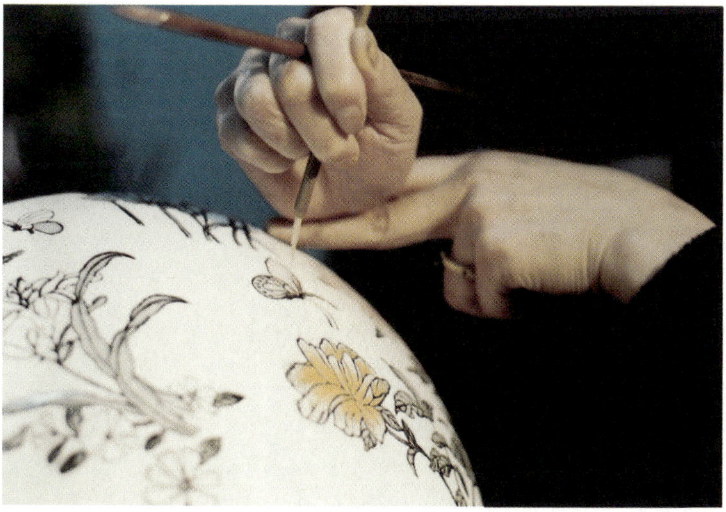

填染红彩时需一手握两支毛笔，一支为含色料的着色笔，一支为不含色料的染色笔，根据需要不断转换使用，以达到方便彩绘的功效。握彩笔的手压在另一手指之上，不仅增加了稳定性，而且不会磨损已画好的部位。

烧　炉

白瓷加彩后，复须烧炼，以固颜色，爰有明暗炉〔1〕之制。小器则用明炉，口门向外，周围炭火，置铁轮其下，托以铁叉[1]，以钩拨轮使转，以匀火气。大件则用暗炉，高三尺，径二尺余，周围夹层贮炭火，下留风眼，将瓷器贮于炉，人执圆板以避火气，炉顶泥封，烧一昼夜为度。幅中形情备悉。

校记

1 铁叉：傅本作“铁乂”。

注释

〔1〕明暗炉：白瓷加彩后，烧炼固色所用炉具。《陶阳竹枝词》有“巧样瓷名尚脱胎，金边细彩暗炉开”之句。

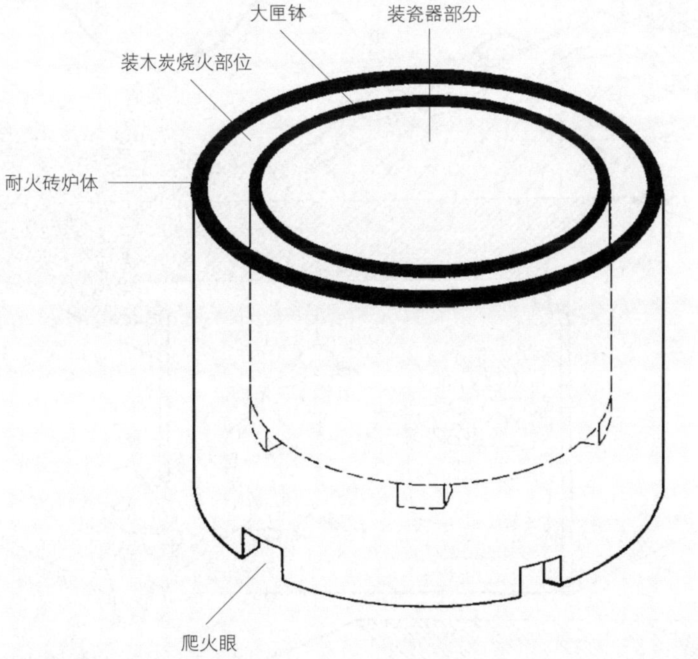

传统木炭烤花炉

烧炉(一)

烧炉（二）

今日景德镇常用的电窑（烤花窑）

以上诸说，多采唐隽公《陶冶图说》。[1]

郑琇蕴山绘。

注释

〔1〕唐隽公：即唐英（1682—1756），“隽公”为其字，一字叔子，晚年号蜗居老人。清奉天（沈阳）人，隶汉军正白旗。先后在景德镇御窑厂经理陶务共计二十余年，不仅督造瓷器极为精美，而且在泥料、釉料、坯胎、火候等方面均有所创造。所仿历代名窑更是无所不精，后人称为“唐窑”。参见卷五。《陶冶图说》：系唐英于乾隆八年奉旨为由其时宫廷画家孙祜、周鲲、丁关鹏合画二十幅《陶冶图》编纂的说明，较为详尽地记叙了“镇瓷”的生产过程。《四库全书》史部《江西通志》只录文字，称《陶冶图编次》。

卷二　国朝御窑厂恭纪

国朝建厂造陶，始于顺治十一年奉造龙缸[1]，面径三尺五寸，墙[2]厚三寸，底厚五寸，高二尺五寸。经饶[3]守道董显忠、王天眷、王瑛等督造，未成。十六年奉造栏板[4]，阔二尺五寸，高三尺，厚五寸。经守道张思明、工部理事官噶巴、工部郎中王日藻等督造，亦未成。十七年巡抚张朝璘疏[5]请停止。康熙十年奉造祭器等项，陶成，始分限解京[6]。十九年九月，始奉烧造御器，差广储司郎中徐廷弼、主事李廷禧来镇，驻厂监督。悉罢向派饶属夫役[7]额征，凡工匠物料，动支正项，销算公帑[8]，俱按工给值。陶成之器，每岁[9]照限解京。二十二年二月，差工部虞衡司郎中臧应选、笔帖式车尔德来厂代督，器日完善，其后渐罢。雍正六年，复奉烧造，遣内务府官驻厂协理，以榷淮关使[10]遥管厂事，政善工勤，陶器盛备。乾隆初，协理仍内务[11]人员。八年，改属九江关使总管，其内务[12]协理如故。五十一年裁去驻厂协理官，命榷九江关使总理，岁巡视，以驻镇饶州同知、景德巡检司[13]共监造督运。今上御极[14]以来，诏崇节俭，每年陶器需用无多，而陶工益裕矣。

注释

〔1〕龙缸：专供皇室使用，上饰龙纹的养鱼瓷缸，件大难烧。

〔2〕墙：指缸壁。

〔3〕饶：饶州府。

〔4〕栏板：欧阳本认为指炕榻上镶嵌的方瓷板，有青花、五彩为饰。

〔5〕疏（shù）：书面向皇帝陈述政见。

〔6〕限：期限。　解：发送，解送。

〔7〕向：先前。　夫役：被调发服劳役或受雇而供役使之人。

〔8〕公帑（tǎng）：国库，公款。

〔9〕岁：年。

〔10〕内务府官：即唐英，时任内务府员外郎，于是年至景德镇御窑厂协理窑务。　榷（què）淮关使：即淮安板闸关使年希尧，当时在任，遥领厂务，而实主窑务者为唐英。

〔11〕〔12〕内务：据上文，当为“内务府”。
〔13〕景德巡检司：应为“景德镇巡检司”。
〔14〕今上御极：今上，当今皇上，此处指嘉庆帝。御极，指帝王登位。

附：厂器岁解运数例

《陶成纪事》载：厂器陶成，每岁[1]秋冬二季，雇觅船只夫役，解送圆、琢器皿〔1〕六百余桶。岁例：盘、碗、钟、碟等上色圆器，由一二寸〔2〕口面，以至二三尺口面者，一万六七千件，其选落之次色，尚有六七千件〔3〕，一并装桶解京，以备赏用。其瓶、罍、罇、彝等上色琢器，由三四寸高以至三四尺高大者，亦岁例二千余件，尚有选落次色二三千件不等，一并装桶解京，以备赏用。

校记

1 岁：傅本作“年”，美术本、欧阳本均作“岁”。

注释

〔1〕圆、琢器皿：圆器、琢器，景德镇专用术语。圆器指可用陶轮拉坯成型的盘、碗等器皿。琢器指不能完全用陶轮拉坯成型的方形、瓜棱形等器皿，或以范模印坯，或镶雕、削印其方瓣棱角，制作较难。可参见卷一。

〔2〕一二寸：欧阳本据《陶成纪事》原文，认为应是“二三寸”。

〔3〕六七千件：欧阳本据《陶成纪事》原文，认为应为“六七万件”。

附：厂给工食人役

九江关总管事一名。九江关幕。内档房书办二名。选瓷房总头目一名，副总头一名。在关办事。头目七名。一名长住，其余十日一轮上宿。玉作二名。帖写一名。画样一名。圆器头一名。雕削头一名。青花头一名。满窑一名。守坯房一名。挑夫一名。听差一名。买办一名。把门一名。

以上二十八名[1]，计工给食。其余工作头目雇倩[2]，俱给工价，于九江关道款内开报。

注释

〔1〕二十八名：上列人数共计二十五名，不知“二十八名”是何之误。欧阳本认为“头目七名”当为“头目十名”，理由是七名无法“十日一轮上宿”，且不合“二十八”之数。但即使依欧阳本改为“头目十名”，其中还有“一名长住”，余下九名仍无法“十日一轮”。实际上“十日一轮”当指每人每次上宿时间为十日。而非每人每次一日，十日需十人轮替。

〔2〕倩：同“请”。

镇器原起[1]

景德器[2]

仿于元，即北宋时镇窑。

注释

〔1〕镇器原起：本部分谈景德镇瓷器仿古的种类及起源。所记窑名，可见卷五至卷七。

〔2〕景德器：指宋代景德年间所烧者，以年号而非地点为名。

青白瓷刻花牡丹唐草纹瓶　北宋

宋 器

仿于明，即景德后之镇窑。曾经内府发器样，故又呼发宋器。

青白瓷唐子唐草纹瓶　南宋

湘湖器

仿于唐窑[1]，本宋之湘湖市窑。

注释

〔1〕唐窑：即唐英督造的御窑产品。

湖田器

仿于明，即元之近镇窑。

青白瓷僧帽壶　元

白瓷唐草纹僧帽壶　明·永乐

洪 器

仿于唐窑，本明之洪武厂器。

青花缠枝牡丹纹玉壶春瓶　明 · 洪武

永乐器

仿于唐窑。

青花花果纹执壶　明·永乐

青花花果纹执壶　清·乾隆

宣德器

仿于年窑[1]。

注释

〔1〕年窑：即年希尧管领陶务时的御窑产品。

青花轮花纹绶带耳葫芦瓶　明·宣德

青花双耳扁壶　清·雍正

成化器

仿于年窑。

斗彩海水海兽纹罐　明・成化

斗彩海水异兽图盖罐　清・雍正

正德器

仿于唐窑。

青花龙穿花纹盘　明・正德

嘉靖器

仿于唐窑。

黄地红彩云龙纹盖罐　明·嘉靖

仿嘉靖黄地红彩云龙纹盖罐　清·乾隆

隆万器

仿于唐窑。

青花团龙纹提梁壶　明·隆庆

五彩镂空云凤纹瓶　明・万历

以上皆明厂器。

欧　器

亦仿于唐窑，即明宜兴欧氏窑。

广　器

仿于唐窑，即广之江阳瓷[1]。

注释

〔1〕江阳瓷：应为“阳江瓷”。

仿钧釉瓶　清

均　器

仿于宋末，即宋初之禹州窑。

玫瑰紫釉葵花式洗　宋

仿钧窑玫瑰紫釉葵花式洗　清·雍正

碎　器[1]

仿于元，即宋之吉州分窑[2]。

注释

〔1〕碎器：指釉面开片如碎纹的瓷器。

〔2〕吉州分窑：即卷六“碎器窑”。蓝浦认为“本吉安之庐邑永和镇另一种窑”，实际上应为吉州窑的一个发展阶段。

紫金釉器[1]

仿于明厂窑[2]。

注释

〔1〕紫金釉器：见卷三“仿古各釉色”条。

〔2〕明厂窑：欧阳本认为指明直隶厂官窑。无名氏《南窑笔记》“厂官窑”条记：“其色有鳝鱼黄、油绿、紫金诸色。出直隶厂窑所烧，故名‘厂官’。多缸、钵之类，釉泽苍古，配合诸窑，另成一家。今仿造者用紫金杂釉白土配合，胜于旧窑。”

紫金釉地描金环耳瓶　清·嘉庆

官古器

此镇窑之最精者，统曰官古，式样不一，始于明。选诸质料，精美细润，一如厂官器，可充官用，故亦称官。今之官古，有混水〔1〕青者，有淡描〔2〕青者，有兼仿古名窑釉者。若疑为宋之汴、杭官窑〔3〕，则误。

注释

〔1〕混水：青花瓷器绘画手法，亦名“分水”。出现于清代康熙年间。青花的绘制有勾线与染色的分工。画面勾线后，用混有料水的青花料染色，根据需要，可调配成不同浓淡，形成丰富变化的层次，使瓷器具有立体感和表现力。有“青花五彩”之称。

〔2〕淡描：青花瓷器绘画手法。以淡雅的青料勾描图案，不作渲染，具有设色清淡与线条纤细的特点。明代天启年间已出现，清代康熙、雍正时流行。

〔3〕宋之汴、杭官窑：指北宋末在汴京所设官窑和宋室南迁后在临安（杭州）所设新窑。

假官古器

始于明，亦非仿汴、杭官窑[1]，乃镇瓷之貌为精细，而假充官古式者。质料不及官古器，花式〔1〕则同。有专造此种户，所谓充官古也。

校记

1 仿汴、杭官窑：美术本、欧阳本均如此，傅本作“仿宋汴、杭官窑”。

注释

〔1〕花式：即品种，种类。

上古器

始于明，镇窑之次精者，统称上古。质料、工作颇佳。其曰古者，以时尚古器，非仿宋代器式。或曰，精细似过于景德窑。

中古器

明以来镇窑，统曰中古，精而又次之器也。质料不及上古，故云中，其称古，意则同前。

釉古器

此假中古器，近今所造，花式、釉色不异中古，而质胎不美。自有釉古器，而真中古遂贵。

常古器

镇窑稍粗器也，统曰常古。质料、工作无可品，但供日用之常。其以古称，别乎饭、冒等器耳。釉古器户、常古器户，皆互兼造。

小古器

此镇窑专造小圆器者，如盏、杯、碗、碟等类。质料、工作如中古，较之常器又高一筹，俗亦古之云尔。

饭　器

镇器最粗下者。厚实其质，拙略其工，统呼饭货。人以渣、冒等字目之。

子法器

有专作此器户。大小毕有，精粗各具，内兼梨式。所谓子式，上宽直而下锐平。法式口微撇，宽折而下直。子式势稍长，法式势稍扁。

子梨器

今镇子法器，有改子梨器者，大小精粗皆造。子即子式。所谓梨式，口平而势圆，样微似梨，又或兼磬式。

脱胎器〔1〕

镇窑专造此者，有半脱胎，极薄。有真脱胎，更如纸薄，为最精美器。所谓脱胎，脱去胎质，纯以釉成也。

注释

〔1〕脱胎器：胎体极薄的瓷器。明清两代白瓷多有应用。明代永乐时所产白瓷已达到半脱胎程度，能够光照见影。因其胎薄釉莹，给人“甜”的感受，故又被称为“甜白”。又因薄如蛋卵内膜而被称为“卵幕”。到成化时期，白瓷之薄，几乎已到脱胎的地步。脱胎瓷的制作，以修坯为最艰难、最细致、最重要的一环。在修坯过程的关键时刻，少一刀则嫌厚，多一刀则坯破器毁，一个大的喘息都会导致前功尽弃的后果。其制作之难由此可见一斑。

薄胎粉彩碗　景德镇现代制品

填白器〔1〕

此种器与脱胎皆昉〔2〕1于明厂，工作亦分精粗。所谓填白，盖纯白器可填画彩者。古作甜白，殆甜净之意。

校记

1 昉：傅本作“仿”，美术本、欧阳本均作“昉”。

注释

〔1〕填白器：亦作“甜白器”。明代永乐年间景德镇御窑厂创烧。因釉色甜润如白糖，故名。

〔2〕昉：起始。

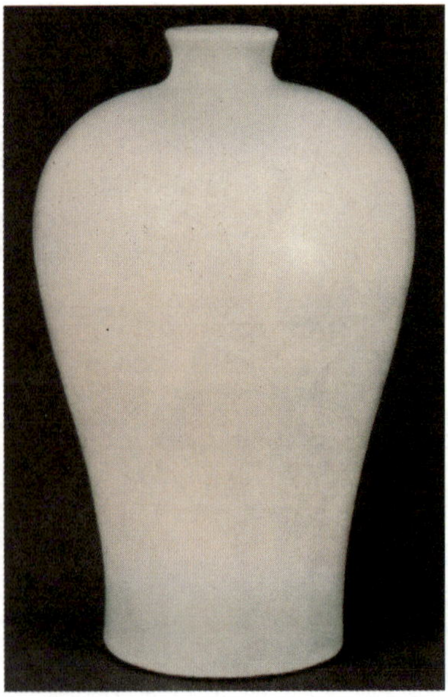

甜白莲花纹梅瓶　明·永乐

洋　器

洋器专售外洋者，商多粤东人，贩去与洋鬼子载市。式多奇巧，岁无定样。

洒蓝开光五彩花卉西洋式壶　清·康熙

东青器〔1〕

镇窑专仿东青户，亦分精粗，有大小式。惟官古户兼造者尤佳。或讹冬青，或讹冻青，要其所仿釉色则一。

注释

〔1〕东青器：指仿北宋东窑釉色者，东窑瓷釉色淡青，又有称“董窑”及“青冬器”。

霁红〔1〕器

陶户能造霁红者少，无专家，惟好官古户仿之。

注释

〔1〕霁红：瓷器釉色名。又名“祭红”“际红”。釉质光洁莹润，红色深亮，如雨止后天空所现红霞之色，故名。以明代宣德窑所产最为精美。

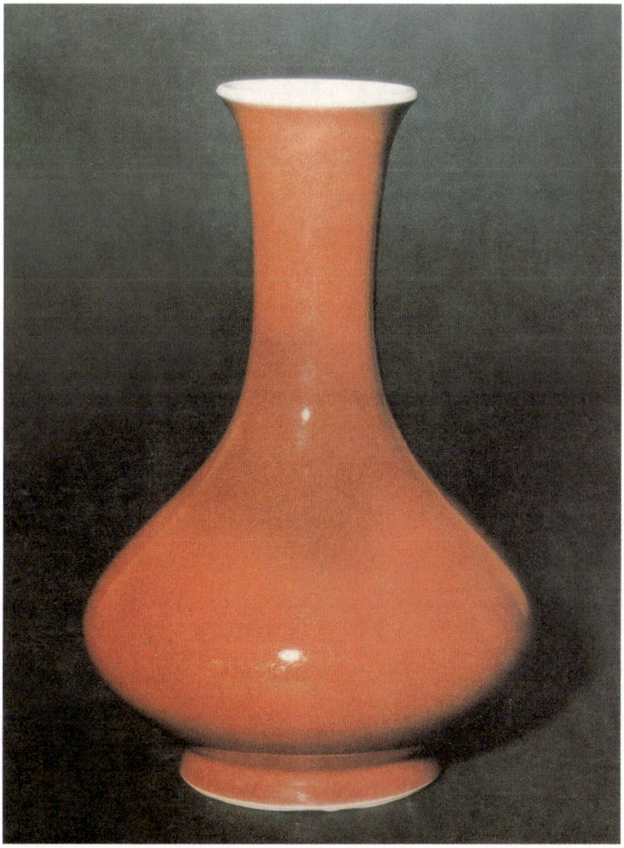

祭红釉瓶　清·雍正

霁青〔1〕器

亦官古户兼仿造，镇陶无专作霁青器者。得其精美，可推上品，俗与好霁红并重。今讹作济青。

注释

〔1〕霁青：瓷器釉色名。又名“霁蓝”“祭蓝”。元代景德镇创烧的一种高温蓝釉。色调深沉浓艳、光亮细腻。明清两代时数量增多，水平也日臻完善。永乐蓝釉，色泽纯正，釉面光润肥厚。宣德时，技术水平达到高峰，釉面凝厚，色泽美艳，犹如蓝宝石，被称为“宝石蓝”，列为上品。以后水平下降，直至清代康熙、雍正时，技术才有所提高。

龙泉器

镇初有专造龙泉器户，今惟官古中仿之。碎器户亦仿龙泉釉。然无论专造兼仿，皆具精粗、大小、浅深色。

仿龙泉釉双鱼纹盘　清·乾隆

白定器

陶户专仿白定者，盗[1]、碗、杯、碟等具外，又[1]多小件玩器，精粗各在造户为之。亦有青花。

校记

1 又：傅本、欧阳本均作“又”，美术本作“及”。

注释

〔1〕盗：段玉裁《说文解字注》解释为“拭器也”，是“可以刷之器，若今之刷子之类”。

汝　器

镇陶官古、大器等户，多仿汝窑釉色，其佳者俗亦以“雨过天青[1]”呼之。

注释

〔1〕雨过天青：本用于描述柴窑釉色。

仿汝釉双耳壶　清·雍正

官窑器

自来有专仿户，今惟兼仿，碎器户亦造。若厂仿者尤佳。

青瓷贯耳瓶　南宋

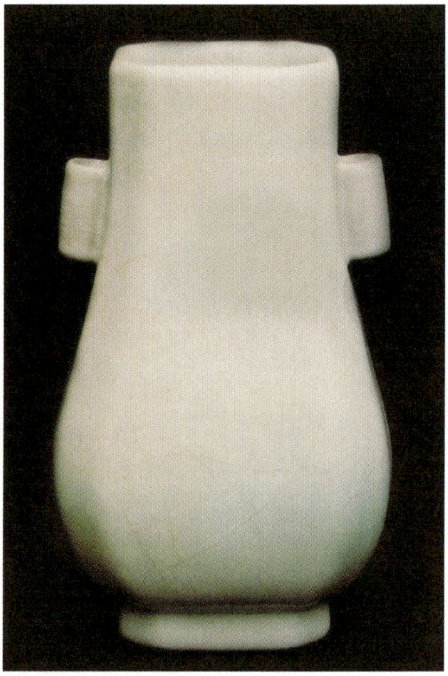

大观釉贯耳方瓶　清·乾隆

哥　器

镇无专仿者，惟碎器户兼造，遂充称哥窑户。以前户能辨本原，今仿哥者只照式仿造，究不知哥何由称矣。

贯耳长颈瓶　宋

仿哥釉贯耳长颈瓶　清·雍正

卷三　陶务条目

陶有窑[1]

俗呼曰烧窑，统名风火窑。

烧柴窑。或囫烧，或搭烧。

烧槎窑。有囫烧，亦有搭烧。[2]

包青窑[3]。惟烧柴窑厂器，尽搭此等窑烧，民户亦有搭烧者，亦或自造烧。

大器窑。有自造烧者，有搭他户坯烧者。

小器窑。有自造烧者，亦搭他户坯烧。

注释

〔1〕陶：即陶瓷业。从《陶录》表述看，此处的“窑”可能更多地指向与“官窑”相对的“民窑”业。　风火窑：原为明朝官窑名目之一，也是窑的统称。景德镇窑在宋以前是“龙窑”，元是“折腰窑”，明后期发展出一种容积较小的“葫芦窑”，同时还有当时被称为“龙缸窑”的“马蹄窑”。清前期出现“瓮窑”，其规制后又渐渐稳定，最终保留下了一种窑身呈卵形的“镇窑”。景德镇人习惯称之为“柴窑”，并一直沿用至20世纪50年代。

〔2〕烧槎窑：景德镇陶工称以松木为主要燃料的窑为“柴窑”，而烧狼鸡草和松枝等的窑为“槎窑”。因柴窑温度高，容量大，故多烧大器、细器，槎窑反之。但在民窑烧粗瓷方面槎窑可能较普遍且大量，以至为了组织槎源，中介槎柴交易，还成立了“保槎公所”，对槎柴市场施以管理。景德镇明嘉靖、天启、崇祯年间的陶瓷烧造最高峰的到来与其时镇周茂密松林所提供的大量优质燃料密不可分，清后由于就近燃料减少须到外埠采进，增加了制作难度和成本，也加速了清末景德镇陶瓷烧造业的衰落。　囫烧：自家造坯件且自烧造者。　搭烧：提供自家的一些窑位给别家坯户烧造，《陶录》下文亦称“搭

户”。这与景德镇制坯、烧造二者分工相应独立有关。

〔3〕包青窑：即指保证所搭烧器皿质量为“青品”的窑。“青”为行话，指瓷器成色很高。此类窑在明清时更重要的是完成官窑的生产任务，所谓“官搭民烧”便是指搭烧于“青窑”。

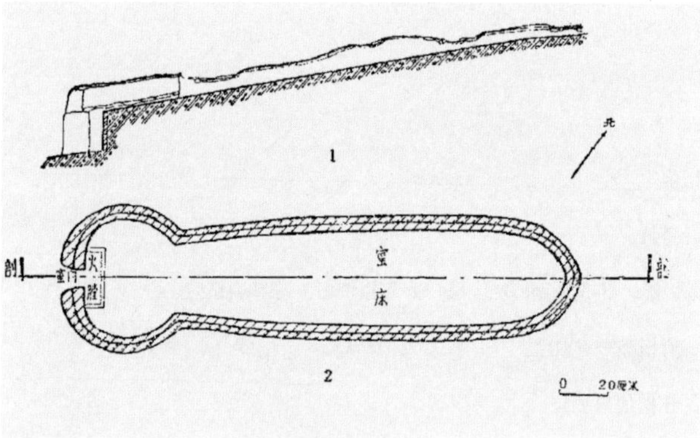

南河北岸元代后期瓷窑平、剖面图

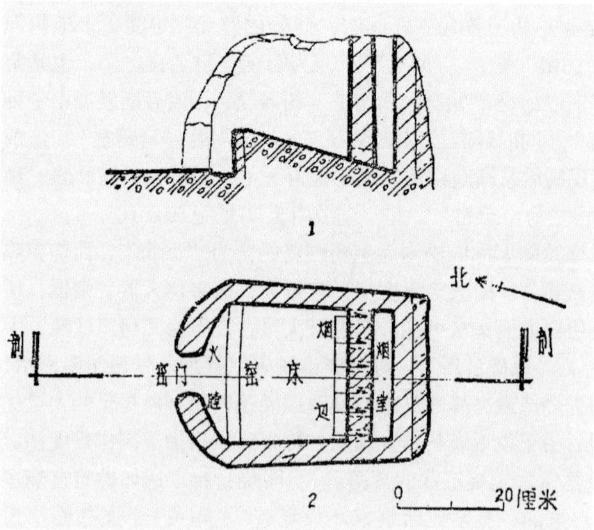

明中期马蹄形残窑平、剖面图

（引自刘新园、白焜《景德镇湖田窑考察纪要》，《文物》1980年第11期）

窑有户

俗统呼曰窑户[1]。

烧窑户。有烧柴窑，有烧槎窑，又号叫坯窑户。

搭坯窑户。或搭柴窑，或搭槎窑。

烧囵窑户。即自烧自造户，或自造烧，亦搭一二他户坯烧。

柴窑户。有烧户、搭户、囵窑户。

槎窑户。亦有烧户、搭户、囵窑户。

注释

〔1〕窑户：是明清时对烧窑业老板的叫法，其中也包括有窑房又有坯作的大型准工商业者。窑户多属都昌县人，明中期后他们从搬运白土、补窑等起家，慢慢集资建设乡籍馆舍、书院，并以冯、余、江、曹四姓联合张、王、刘、李、邹、段、侯等姓推选领头人，形成景德镇三大行帮之首的“都帮”。清代起，该帮便逐步实现了对瓷器制造业的垄断地位，其中最突出的是对柴窑、圆器、下脚瓷器、满窑、窑砖、瓷篾、挛窑业的控制。

户有工[1]

列纪各工，人数不一，外有挑货工及管债人，皆不列入。

淘泥工[2]。即兼练泥工。

拉坯工。俗呼做坯。[3]

印坯工[4]。俗呼拍模。

镟坯工。俗呼利坯、挖坯。[5]

画坯工。[6]

舂灰工。或兼合灰。

合釉工。有配灰者，有合色者。

上釉工。有蘸上者，有吹上者。

挑槎工。柴窑不用，惟槎窑有之。

抬坯工。又呼挑坯。

装坯工[7]。装坯入匣，重叠待满。

满窑工[8]。有满窑工，满窑则召之，不在常佣内，开窑又有出窑工。

烧窑工。俗呼把庄，然分三手，有事溜火[9]者，事紧火者，事沟火[10]者。

开窑工[11]。有外伴专业此务，开窑则召来者，有管债人兼作此务者。

乳料工。

舂料工。

砂土工。

彩之工[12]。

附：

乳颜料工。

画样工。

绘事工。

配色工。

填彩工。

烧炉工。

注释

〔1〕工：有长年工也有临时工，若细分，窑房、坯房各自有相区别的工种，柴窑、槎窑还有不同，圆、琢、雕镶各户另有小异。分工的精细正是景德镇陶瓷业与众不同之处。行文上看“工”多数从事坯件制作和一定的初步图绘。

〔2〕淘泥工：有论者将其归入“打杂工”类。因为“打杂工”在坯房中主要从事杂务，如淘泥、练泥、揉泥、试照子，为做坯师傅当下手、晒坯、收坯、整坯，甚至包括做菜、烧水、打扫卫生等。

〔3〕做坯：乃坯房最重要也是技术性最高的一个工种。坯房里的工头一般由其担任，位于坯房第一间“琢车”——陶车辘轳上，整座坯房的成型工艺即由此开始。

〔4〕印坯工：坐在“做坯工”后坯房第二间内的竹椅上，将做好的坯扣印在用山土制成的模范上，以期使坯件的规格统一。

〔5〕利坯工：坐在第三间的“干车”上，用专门工具使器物表面光洁、形体连贯、一致，是陶瓷成型中极为重要的工序，最终会确定器物的形状。“镇瓷”制造讲究“内外修坯”。利坯工不仅需要熟识泥料性能，器物造型的直、曲线变化，烧成时各部位留泥、收缩情况，还要首先学会磨制种类、大小繁多的铁质利坯工具。　挖坯：应指用弯刀挖足，有论者将其归入“剐坯工”类，程序是：切泥、取釉、雕泥、隔坝子、扒泥、补水、打箍，坐在第五间的“干车”上。

〔6〕画坯工：在第六间的画桌上工作，大约三人，两人画坯，一人混水填青花料色，完成后的坯件称为“花坯”，由“刹合坯工”管理。除画坯外还要负责写底款。“画坯工”之前应有：补内水、荡釉、补外水、蘸釉、触釉、打箍等六道工艺。有将其归入“刹合坯工”类者，坐在坯房第四间的“码头”

上，主要是在坯件外初上一层釉使其光滑。“码头”是做坯、印坯、剎合坯工人为便于放置坯板盛坯等而近身的一个木制架子。

〔7〕装坯工：用类似平放木梯的“花凳”将坯件或已烧成的瓷器装入匣钵内抬入或抬出窑房。故“花凳”亦称作“开窑凳”。

〔8〕满窑工：专门负责将做好的坯件装入匣钵并入窑码放。　烧窑工：又称“把庄”“庄头”“把桩师傅”，他们是烧窑时的指挥者，相当于今之“炉长”，为烧窑工中最主要的技术负责人，要求对烧窑技术全部通晓。通常由窑主雇定，其他烧窑工又由“把庄”雇来。一般烧窑工直接由窑主雇请，又分柴窑帮和槎窑帮，互不往来。而满窑工则另又相应组织，为首的叫“满窑头”，每到要“满窑”的那天便按窑户老板与“满窑店”的定约聚集在窑房工作，将装好坯件的匣钵根据不同的烧成需要放置入窑室内的不同“窑位”，满完后回“店”，他们是不能临时随便乱叫的，即便人手不够也须由“满窑店”出面另请，否则就会产生“掺行”纠纷。这里的“满窑店”即是为柴、槎窑专门管理满窑青壮劳动力的与窑户有着多年“宾主制”关系的准中介组织。

〔9〕溜火：指初烧时采用短柴浅烧，拖长低温时间，使窑内火力平衡。　紧火：溜火之后，逐步使火转入高温，火力加大，又称“赶余堂”。

〔10〕沟火：指因窑两旁及窑尾的温度不够，须用拨火的手段将火焰引导至烧不到的地方。

〔11〕开窑工：将烧好的瓷器从窑中搬出。

〔12〕彩之工：特指烘制釉上彩时的各类工匠。

拉坯工在扩口至成型。

镟坯工修好上段口部后，将瓶身整体做一次精修。

较小口的瓶类制品只能用长条刀进行内修。内修坯基本上靠手的悬力控制用刀的轻重，不仅腿成为手肘的支撑部位，还以长刀的另一端贴紧脸部，以增加刀的稳定性。

青花画坯工。

上釉工（吹釉）。

这种最传统的用挑坯架挑碗坯的情景已越来越少见。

工有作

作者，一户所作器也，各户或有兼作，统名曰作[1]。

官古器作。

上古器作。

中古器作。

釉古器作。

小古器作。

常古器作。

粗器作。

冒器[2]作。

子法器作。

脱胎器作。

大琢器作。

洋器作。

雕镶作。

定单器作。

仿古作。

填白器作。

碎器作。

紫金器作。

注释

〔1〕作：即作坊，小为家庭手工业，大为封建社会手工工场。此处十八“作”均以其所造器皿及器之大小命名，这样的分类法与明清两代御窑厂的分工称谓有着较大的不同，民间的分工明确地反映着陶瓷烧造，而御窑厂则可能还从事旁的如髹漆等工作。明代御窑厂分二十三作：大碗作、碟作、盘作、印作、钟作、酒钟作、锥龙作、写字作、画作、匣作、泥水作、色作、大木作、小木作、船木作、铁作、竹作、漆作、索作、桶作、染作、东碓作、西碓作，清代在承袭明“二十三作”基础上略有小变：大器作、小器作、仿古作、雕镶作、印作、画作、创新作、锥龙作、写字作、色彩作、漆作、画作、染作、泥水作、大木作、小木作、船作、铁作、竹作、索作、桶作、东碓作、西碓作。不过，这种御窑厂并不专司瓷器烧造的现象在元代景德镇的“浮梁瓷局”便已然可见了，当时正九品的瓷局里还“漆造马尾棕藤笠帽等事”。到了清末民初，这样的划分已不常见，取而代之的是简洁笼统的琢器、圆器、雕镶器三种，但民国时的生产分类却更加庞杂，那时称“作”为“业”。

〔2〕冒器：有盖之器。

作有家

凡精粗分画，各有家数[1]，曰家。

青花家。

淡描家。

各彩家[2]。

注释

〔1〕家数：指从事釉上、釉下彩绘装饰的专业师傅。　家：即为家庭手工业，亦或单干，景德镇俗称“红店”，从事彩绘工作的女性被称为“画红”，而烧制釉上彩的窑炉称作“锦窑”，或“锦炉”“红炉”。

〔2〕各彩家：指绘制五彩、斗彩者。这里的“家”与“彩之工”有重叠，他们都从事着釉上彩绘工作。纵观景德镇瓷器发展，尤其是釉上彩绘瓷的成熟颇晚，五代、宋时以青瓷、青白瓷为主导，元代有卵白釉及青花、釉里红，元以后基本是青花称雄，直至明洪武、成化年间官窑彩绘瓷才初具规模，民窑则更要晚到明中期的正德年间。所以，清代早期编写的《陶录》留下这样的分工描述，恐怕也是与彩绘瓷的逐步沿变有关。彩绘崛起为一项更具现代陶瓷艺术意义的专业性操作分工也正是于如此的时代背景下展开的。同时，尽管本卷后半部分有大量的釉色描述，但彩绘者仍极稀缺，这也反映出清早期彩绘瓷的一部分真实情况。

陶所资各户〔1〕

柴户。

槎户。

匣户。

砖户。

白土户。

青料户。

篾户。

木匠户。

桶匠户。

铁匠户。

修模户。

盘车户。

乳钵荡口户。

打篮户。

炼灰户。

镟刀户。其刀如“目”字、“已”字形。〔2〕

注释：

〔1〕陶所资各户：即现代所谓的“辅助业”“服务行业”，或“关联产业”。这是景德镇陶瓷生产的又一特色——“第三产业”发达。按照现代研究者的划分方式，它们主要是：满窑店、挛窑店、窑砖户、匣户、颜料店、细金店、下脚瓷器洲店、瓷篾店、打络子店、白土行、窑柴行、瓷行瓷庄、汇色茭草把庄三行头、模型店、坯刀店、瓷用毛笔店、船行船帮、灰渣店、车盘店。

〔2〕匣户：专门制造匣钵的作坊，细分还有砖山、大器匣、小器匣三行。匣钵是主要的窑具，制造方法与拉坯制瓷相似，只是不像瓷器那样讲究，原料产自乐平及景德镇市内的山土，因为装有坯件的匣钵往往在窑内叠摞放置，所以要求好的匣钵遇强火时不能松垮、倒塌。　砖户：一般是由居住在十八渡的都昌人生产的砌造窑炉用的红土砖。　白土户：专门经营瓷土原料的商行。明清之际，它们主要是另有官府许可证并缴纳“牙税”的中间商。　篾户：又分花篾帮、瓷篮帮、瓷篾帮，前两者制造装挑坯件、瓷器等用的竹篾器皿，后者则专司破削竹子制篾条。　修模户：这主要是服务圆器坯户的行当，人数不多，但对于要求坯件规格统一的圆器业而言仍十分重要，当地人俗称“模型店”。　盘车户：专业生产车盘辘轳。因为车盘是传统制瓷工艺的不可缺少的生产工具，所以其生产也分外讲究，景德镇的车盘有干车、湿车两种，湿车做坯，干车利坯。所谓“干、湿”是指车盘木料的含水程度，干车料含水低不易变形。　乳钵荡口户：指研磨彩绘颜料者。　炼灰户：经营釉灰者。　镟刀户：专门锻造利坯刀者，他们基本上都是铁匠，以宋、熊、游、张、孙姓居多，手艺仅传子，民国时期他们还曾组织过“坯刀职业工会”，会址在瑞州会馆。

陶余资用

陶中所余物，有可资于用者。

窑砖。

窑槎。

窑煤[1]。

注释

〔1〕窑煤：松柴所制的木炭，亦称“乌煤”。

镇瓷花式

官古式。

上古式。

中古式。

釉古式。

小古式。

常古式。

子式。

法式。

梨式。

炉式。

擞式。

宫式。

冒式。

锅式。

宋式。

兰竹式。

白器式。

盗式。

盖式。

湖窑式。

古式。

三级式。

折边式。

花桶式。

大琢式。

宣德民器式[1]。

匙托式。

正德民器式。

套器式。

雕镶小器式。

以上各器式，又分多式。其为某式，则有某式之花样，未另列。

校记

1 宣德民器式：傅本作“宣德民”，美术本作“宣德民器式”，欧阳本作“宣德民式”。

珐琅彩黄地兰石图碗　清·雍正

素三彩云龙折沿盘　清·康熙

青花唐草纹六角贯耳瓶　清·乾隆

粉彩人物图套杯（俯视）　清·道光

粉彩人物图套杯十件（侧面）

炉钧釉盖碗　清·乾隆

仿古各釉色[1]

铁骨大观釉[2]。有粉青、月白、大绿三种。

铜骨无纹汝釉。有人面洗色泽[3]。

铁骨哥釉。有米色、粉青二种。

铜骨鱼子纹[4]汝釉。

白定釉。有粉定、土定[5]，厂止仿其粉定一种。

均釉。有玫瑰紫、海棠红、茄花紫、梅子青1、骡肝马肺、新紫、米色、天蓝、窑变十种[6]。

宣窑霁红釉。有鲜红、宝石红[7]二种。

宣窑霁青釉浓红釉[8]。有橘皮、棕眼[9]。

厂官窑釉。有鳝鱼黄、蛇皮绿、黄斑点[10]三种。

龙泉釉。有浅深二种。

东青釉。有浅深二种。

湘窑宋釉。有米色，粉青二种。

油绿釉。色如窑变，如碧玉，光彩中斑驳古雅。

炉均釉[11]。色如东窑、宜兴挂釉之间[12]，而花纹流淌变化过之。

欧窑釉。有红纹、蓝纹二种。

广窑釉。青点一种。

月白无纹釉。有浅深二种，微类大观釉，系白泥胎器。

宣窑宝烧釉。有三鱼、三果、三芝、五福[13]四样。

龙泉釉宝烧。新制有三鱼、三果、三芝、五福四种。

翡翠釉[14]。有素翠、青点、金点三种。

吹红釉、吹青釉[15]。

永窑脱胎、素白、锥拱等器皿。

万、正窑[16]五彩器皿。

成窑五彩器皿。

宣花黄地器皿。

法青釉[17]。系新试得。较霁青、浓红、深翠等釉，无橘皮棕眼。

西洋雕铸像生器皿。画法渲染，悉仿西洋笔意。

浇黄、浇绿[18]、锥花器皿。

浇紫器皿。有素花、锥花二种。

锥花器皿。有各种釉色。

抹红、彩红[19]等器皿。

西洋黄色器皿、紫色器皿。

抹银、抹金[20]器皿。

彩水墨[21]器皿[2]。系新制。山水、人物、花卉、翎毛，仿笔墨浓淡意。

宣窑填白器皿。有厚薄、大小不等。

嘉窑青花、成窑淡描青花。

米色釉。有浅深二种，与宋米色不同。

釉里红器皿。有通用红釉绘画者，有青叶红花者[22]。

紫金釉[23]。有红、黄二种。

浇[3]黄五彩[24]器皿。系新试得。

浇绿器皿。有素地、锥花二种。

洋彩器皿。新仿西洋法琅画法，山水、人物、花卉、翎毛，无不精细入神。

拱花[25]器皿。各种釉色俱有。

西洋红色、绿色器皿。

乌金釉[26]。有黑地白花、黑地描金二种，系新制。

西洋乌金器皿。系新制。

东洋抹金、抹银器皿。

校记

1 梅子青：傅本、美术本均作“梅一青”，欧阳本作“梅子青”。

2 器皿：傅本、美术本均作“器”，欧阳本作“器皿”。

3 浇：傅本作“浅”，美术、欧阳本均作“浇”。

注释

〔1〕仿古各釉色：本条所列釉色，多见于卷五至卷八。

〔2〕铁骨大观釉：即北宋官窑釉色。胎色灰黑泛紫，似铁色，故名铁骨。

〔3〕人面洗色泽：汝窑釉色淡青。人面洗是一种文具，并非专有釉色名。

〔4〕鱼子纹：指瓷器开片中纹路交错，形成许多细眼者。因状如鱼子，故名。

〔5〕粉定：定窑器胎、釉皆白，釉面有下垂如泪痕者。　土定：定窑器质粗而微黄者。

〔6〕十种：欧阳本据《陶成纪事碑记》，认为当作“九种”。蓝浦把“骡肝马肺”误为两种釉色，故称十种。所列釉色多以其类似之色命名。　新紫，高温紫色釉，色呈紫红。

〔7〕鲜红、宝石红：均为铜红釉。鲜红始于明代永乐年间，呈色红艳鲜亮，被时人视为珍宝。宝石红色泽深沉，明亮如红宝石，始于明代宣德年间。

〔8〕霁青釉浓红釉：欧阳本据《陶成纪事碑记》“仿宣窑霁青，色泽泛红”，认为当为“霁青泛红釉”，是指所仿宣窑霁青釉色泛红，而非另有浓红釉。

〔9〕橘皮、棕眼：亦作桔皮、鬃眼。釉面的细小凹坑。烧造时釉中气泡上升到表面破裂形成。

〔10〕鳝鱼黄、蛇皮绿、黄斑点：均为茶叶末釉的变种。因烧成温度和冷却速度等的影响而产生的釉色变化。鳝鱼黄色调偏黄，蛇皮绿色调偏绿，黄斑点则为暗绿色地上闪烁黄色星点。

〔11〕炉均釉：仿钧窑紫红斑而成的低温颜色釉品种。有“素炉钧”与“浑炉钧”两钟。素炉钧釉面呈蓝绿相间的麻点纹，浑炉钧釉面呈红绿相间的麻点纹。清代雍正、乾隆两朝的景德镇制品最精。

〔12〕色如东窑、宜兴挂釉之间：欧阳本据谢旻所修雍正《江西通志》及无名氏《南窑笔记》，并结合釉色比较，认为“东窑”应为“广东窑”之误。广东石湾窑的广均器与宜兴的宜均器同属钧窑花釉品种，两者都是先在胎上施黑色底

釉，再施白釉，烧成时两种釉色发生化学反应形成蓝色的乳光釉区。炉均釉亦为仿钧花釉，不同处在于，它的底釉为紫色，面釉则为绿色，二者相交的稀薄之处呈紫蓝色，有乳光。正可在广东窑与宜兴挂釉之间。而东窑则烧青釉，相去甚远。

〔13〕三鱼、三果、三芝、五福：均为吉祥纹样。三鱼为三条鳣鱼，是官位高升之兆；三果为石榴、桃、柿，多子之征；三芝是三种瑞草，所指不一，食之可长生不死；五福即五只蝙蝠，“蝠”与“福”音同，多福之谓。

〔14〕翡翠釉：又名法翠釉、孔雀绿釉。一种以铜为呈色剂的低温色釉。最早见于宋代磁州窑。釉色有深浅两种。深色翠绿，釉内有细碎开片纹，衬以酱白釉底，釉色鲜明艳丽；浅者主要在彩釉中配合使用。明代以前，所有绿釉均呈色深暗，明代翡翠釉则烧成了似孔雀羽毛般碧翠雅丽的色泽。烧成方法有二：一是直接在素胎上挂釉烧造，釉面易脱落；二是在白釉上罩釉烧成，釉面不易剥落。明代正德时烧制达到鼎盛，清代康熙年间最为盛行。

〔15〕吹红釉、吹青釉：即以吹釉法施于器表的红、青色釉。吹釉法流行于明、清两朝。以一端蒙有细纱的小筒蘸釉后，通过吹气使釉浆经细纱孔布于器表，釉层厚薄由吹的遍数控制。多用于琢器及大件圆器。景德镇至今仍在使用吹釉法。

〔16〕万、正窑：分指万历及正德窑，按时间顺序当为“正、万窑”。

〔17〕法青釉：一种低温青釉，釉面平整光滑。

〔18〕浇黄、浇绿：以浇釉法施于器表的黄、绿色釉。浇釉法是把釉浆浇于坯体表面的施釉方法。效率高且釉面平整光滑。

〔19〕抹红、彩红：抹红，瓷器釉色名。属低温红釉，创于明。清代康熙时成就最突出。釉料刷抹于坯体，故名。釉层不均匀，并有刷痕，但色泽清丽温润。彩红，不明待考。

〔20〕抹银、抹金：一种装饰工艺，在烧成的青花瓷器上用银或金粉涂抹于纹饰以外的地方，再入火经低温焙烧而成。

〔21〕彩水墨：即墨彩，釉上彩品种之一。以艳墨和矾红烩制的釉上彩。经炉火烘烧后，白地上呈现幽雅朴素如同水墨的画面效果。另：此条文字原分为“彩水墨器。系新制”。及“新制山水……浓淡意”两条，欧阳本认为第二条内容并非仿古釉色器皿，系传抄之讹，故并为一条。今从其说。

〔22〕青叶红花：指青花釉里红产品。

〔23〕紫金釉：又名酱色釉，一种以铁为着色剂的高温釉。北宋定窑所烧酱色釉称“紫定”。明代宣德时所产釉面肥厚莹润，有桔皮纹。嘉靖时色泽较浅，釉面有的光亮，有的晦暗。清代景德镇御窑厂所产习称为紫金釉。以顺治、康熙、乾隆时为流行。康熙以后，在酱地上装饰金彩，模仿古铜器，成为

瓷器装饰新品种。

〔24〕浇黄五彩：瓷器装饰技法。欧阳本认为是颜色釉与彩绘相结合的瓷釉，在浇黄釉地子上施以彩烩，再入火焙烧而成。

〔25〕拱花：又称锥拱、拱花，用铁锥在各样坯上锥成花纹。可参见卷一。

〔26〕乌金釉：亦称铁黑釉，高温颜色釉品种之一。釉色漆黑光亮，无开片和流釉现象，为黑釉中最莹亮者。系清代康熙时景德镇窑的创造。

配合釉料

紫金釉。用罐水、炼灰、紫金石[1]水合成。

翠色釉。用炼成古铜水、硝石[2]合成。

金黄釉。用黑铅末、碾赭[3]石合成。

矾红釉。用青矾炼红，加铅粉、广胶[4]合成。

紫色釉。黑铅末加石子青、石末[5]合成。

浇青釉。用釉水、炼灰、石子青合成。

浇绿釉。用炼过黑铅末加古铜末、石末合成。

豆油釉。用豆青油水、炼灰、黄土合成。

纯白釉。用釉水、炼灰合成，即纯白器。

浇黄釉。用牙硝、赭石合成。

霁红釉。用红铜条、紫英石合成，兼配碎器不[1]、宝石、玛瑙。

霁青釉。用青料配釉合成。

东青釉。用紫金釉、水合成[2]。

龙泉釉。用紫金釉微掺青料合成。

炉均釉。用牙硝、晶料配釉合成。

碎器釉。用碎器不出三宝棚[6]者，细淘则成碎器，粗淘则成大纹片。

校记

1 碎器不：傅本、欧阳本均如此，美术本无“不”字。

2 用紫金釉、水合成：傅本、欧阳本均如此，美术本作“用紫金釉微掺青料合成”。

注释

〔1〕紫金石：即紫金土，含铁量较多的粘土。呈土黄、土红、暗红等色，除用作紫金釉料外，还用来配制粉青、梅子青等釉。

〔2〕硝石：又称焰硝、钾硝石等。主要成分为氧化钾，无色、白色或灰色结晶状，有玻璃光泽。可用于配制孔雀绿釉，还可用作五彩、粉彩的颜料。

〔3〕黑铅：以熔化的铅液加石末砂匀，再掺入牙硝炒拌，之后使融成铅钾玻璃，最后粉碎成末。可用于配制低温颜色釉和作釉上颜料的熔剂原料。　赭石：即赤铁矿。结晶质呈铁黑至钢灰色。隐晶质或土状、粉末状者呈赭红色。可用作茶叶末釉、乌金釉及浇黄釉的着色剂。

〔4〕青矾：矾土有青、白、土粉三种，青矾为浅绿色结晶体，易溶于水。　铅粉：白色粉末状，具有润滑性，是低温釉的主要的助熔剂。　广胶：一种颜料调制剂。

〔5〕石子青：亦名石青、无名子、釉子，钴土矿的一种。明代嘉靖后取代乐平陂塘青成为造瓷重要颜料。以江西上高所产者为最佳。　石末：石英粉。

〔6〕三宝棚：亦作三宝篷，在景德镇东郊。所产瓷石为带淡褐色的白粒岩，可塑性强。除用以配合大件、厚胎及某些上等胎骨外，还用于配制各种类型的纹片及铜红等色釉。

陶彩需用色料

铅粉。

焰硝。

青矾。

黑铅。

松香。

黛[1]。

白炭[2]。

金箔。

古铜。

赭石。

乳金银[3]。

石子青。

紫金石。

五色石英。

注释

〔1〕黛：一种青墨色颜料。

〔2〕白炭：即普通所用之炭。

〔3〕乳金银：研制极细的金银粉。

卷四　陶务方略

景德镇陶业，俗呼货料，操土音登写器物花式，字多俗省。其不见于字书字，如砶音又，俗当泑字、埞音笃，俗指坯足之类。其见于字书而俗借用者，如靶《字典》[1]音霸，辔革也。俗借为柄靶用、琢《字典》音捉，治玉也。俗借为瓶罍器名、不《字典》岸入声，《说文》[2]，巘同蘖，木曲头不出也。俗借釉不，音近敦字，上声之类。他如饭作反，撇作丿，同作冂，盌作才，壶作乎，圾[3]作件之类，虽土著犹参问乃得也。

镇陶字样又有通用者，如缸或作堈、鎠等字，窑或作窰、窨等字；泑或作釉、砶、油等字。群书杂记，亦多互见。

在镇陶作，器质粗细不一。有用官古不者，有用上古不者，有用中古不者，有用滑石[4]者，有用釉果配高岭者，有用滑石配白石者，有用余干不配高岭者，有用黄泥不者，有用捡渣者，各视所造器采用。

瓷土自来以麻仓为著，俗呼麻村。窑里，又呼洞里，属邑东乡，明末土竭，后复出。造成釉果，则大坞岭为上。性硬，白而微汗，造瓷不挫，古器中多用作骨胎。他处亦有硬白土，或不免有油，又或白而性软耳。

釉果，凡佳器全用作质，次品亦半用之，粗器则止和水合灰，以当水釉[5]。嘉庆三年，邻邑乐平亦出此。为婺人起厂舂造，块式大于窑里所造，陶户试用颇不低。先是，造户装至南港口，贿邑东人驾东港船接装入镇埠，货充窑里釉果[1]。今则明货[6]于陶家矣。

高岭，本邑东山名，其处取土作不。初止土著汪、何、冯、方四姓业此，今则婺邑多充户。然必假四姓名号，刻印高岭块上，如曰何山玉，曰汪某、方某者。近邑西李家田大州上，亦出土可用，不大下于东土。但造佳瓷者必求东埠出者[7]耳。

高岭，上者麻布口，次者糖口，最下磁器口[8]。何谓磁器口？试照擘验土块，口如破磁片，滑平无纹而不糙，若刀切然，此土必无健性，造坯经烧必软挫。旧有红高岭，出邑东方家山，块色粉红，经烧则仍白色。后其姓以土竭迈祖茔，遂请禁绝。

高岭遗迹石刻

景德镇水碓

高岭，不用碓[9]舂，取土起棚，不过淘练成泥，印块而已。若釉不土，虽亦名土，实则取石。必先洗去石上浮土，再用锥碎成小块，然后杵臼一昼夜成土，始淘练印造。大约上春水大，每棚碓可全舂。下年水小力微，必减几支碓舂。水急力匀[2]，舂土稠细；水缓力轻，舂土稍粗，故所出不釉。上舂者佳，作坯亦比下年者胜。

同一不也，而有红、黄、白之分。红、白不皆器之细者用。黄不则惟粗器用之。然有一种淡黄带白色者颇佳，又不止粗器用也。

黄不，土块大而坚，舂之杵舂亦必坚大。白不，土稍松细，碓式亦次于舂黄不者。邑东王港以上有二十八滩，每滩皆有水碓，舂土作不。昔舂黄不户半于白不，今则舂造黄不者只五、六处，余俱改舂白不。

不之绝佳者，惟寿溪坞所产，他处载来镇市，必曰我寿溪不，亦多可用。

瓷土，洪家坳旧出者与金家山所产同妙。后因与祁邑连界，属一势宦祖茔来脉，兴讼永禁。

坪里土、葛口土，皆祁门县所产。自余干土出，而坪里、葛口之土用者少矣。近邑南有小里土亦可用。舂户多合用之，然不及余干土也。

不之名类不一，而玉红、提红二种为上。然二种不性软，必多合高岭方可用。余干不性颇健，少以高岭配合便可用。近日高岭所出已不如前，陶户遂多用余干不。

水釉号为百家货，陶户用罩坯外，惟兰、宋、白、饭、砂、宫[10]等坯不用，惟研合釉果，和水罩外。大抵槎窑粗器，多以釉果当水釉。

滑石作器胎，惟质佳耳。所衬出釉色，反不如不泥上釉，尤莹泽耐看。故官古不多用，洋器半用，惟雕镶小琢器肯用。然滑石瓷器画作，亦不及好官古。

捡渣作质，顶粗之器，如冒宫、冒饭、冒盂、冒令、莲子大碗、大草撇、砂古大砂炉二及小雕削禽鱼人物之类。捡渣者何？盖大窑户所淘泥不，倾去粗沉之土渣也。凡用捡渣户，雇工收捡于外，复加淘汰，练成泥方可用。

青料以黑绿而润泽有光色者为上品，仿霁青器必用之。若青花淡描用青之法，先定花样画坯上，然后罩上釉，水干入窑烧，陶成遂现青翠色。若不用釉罩，其色仍黑。或先上釉，再画釉外，则料多烧飞[11]。

镇有彩器[12]，昔不大尚。自乾隆初，官民竞市，由是日渐著盛。俗呼红店，其自称曰炉户。皆不用古法明暗炉[13]之制，但以砖就地围砌如井样，高三尺余，径围三两尺，下留穴，中置彩器，上封火而已。谓之烧炉，亦有期候。若问以明炉暗炉，多不知为何。

凡器之高大件，最难烧造。如二尺四大盘、顶皮大碗、千圾五百圾大地瓶、五百圾大缸、三百圾花桶等器，口面既大，圾数又高，造时必倍其坯，式较劣，取优者送窑，经烧难保不有跷[14]、扁、损、挫之患。

脱胎器薄，起于永窑。永窑尚厚，今俗呼半脱胎。另有如竹纸薄者一式，俗以真脱胎别之。此种真脱胎，起自成窑，暨隆、万时之民窑。但隆、万尚蛋皮式，止一色纯白者，不似今多画青花，其净白尤浇美过之也。

上古、中古器，昔无琢类，不造小圆器，止有大碗、宫碗、七寸、五寸、四大器[15]之称。今则小圆式亦造矣。

洋器有滑洋器、泥洋器之分。一用滑石制作器骨，工值重，是为滑洋器；一用不泥作器质，工值稍次，是为粗洋器。

小琢器户亦呼雕削。如造汤匙、挂瓶、茶托[16]等具，画青花淡描等花，或兼仿东青器。近闻仿造东青，新试得一法，用釉果作质，陶成则釉色益[3]衬出，而美过于前仿东青器。

满窑[17]一行，另有店居。凡窑户值满窑日，则召之至，满毕归店。主顾有定，不得乱召。俗传：先是乐平人业此，后挈鄱阳人为徒，此康熙初事。其后鄱邑人又挈都昌人为徒，而都邑工渐盛，鄱邑工所满者反逊之。今则镇分二帮，共计满窑店三十二间，各有首领，俗呼

绿地粉彩开光山水图诗句壁瓶　清·乾隆

为满窑头。凡都、鄱二帮，满柴、槎窑，皆分地界。

窑内各有把庄头，亦为烧夫。烧夫中又分紧火工、溜火工、沟火工。火不紧洪，则不能一气成熟；火不小溜，则水气不由渐干，成熟色不漂亮；火不沟疏，则中、后、左、右不能烧透，而生甒〔18〕所不免矣。烧夫有泼水之法〔19〕4，要火路周通，使烧不到处能回焰向彼，全恃泼水5手段。凡窑皆有火眼，照来焰泼去，颇为工巧。

柴窑多烧细器，槎窑多烧粗器。前代厂制，一窑兼用柴、槎，四六配烧。今悉搭民窑〔20〕，分柴、槎为二帮，故有柴窑、槎窑之称。其中又分大器窑、小器窑、包青窑诸号。

五曹〔21〕，满器五行之名，都邑人呼为五乎。几曹几乎，皆行路之数。又传五乎实四担，坯匣共计三十二藳〔22〕，亦有论柱数〔23〕烧者。

烧窑户搭烧坯瓷，其满烧之规：当窑门前一二行，皆以粗器障搪〔24〕怒火，三行后始有细器。其左右火眼〔25〕处，则用填白器拥燎搪焰。正中几行，则满官古、东青等器。尾后三四行，又用粗器拥焰。若窑冲〔26〕，惟排砖靠砌而已。

自烧自造者，谓之烧囵窑。或不搭他户烧，或亦搭一二户烧。窑门前用空匣满排以障火，如昔厂官窑满法者。三行后始用坯器，尾后亦满粗器，以搪火焰。

厂昔有大匣窑，专满空匣，今悉入民窑先烧，惟包青窑乃可搭烧。何谓包青？盖凡搭坯入其窑，必陶成皆青品，有苦窳〔27〕不青器6，则另偿包烧者。不独厂官器搭如此，即诸户搭烧亦然也。

瓷器固须精造，陶成则全赖火候。大都窑干、坯干、柴干，则少坼裂、色晦之患，土细、料细、工夫细，则无粗糙、滓斑之虞。

结砌窑巢〔28〕，昔不可考。自元、明来，镇土著魏姓世其业。若窑小损坏，只需补修。今都邑人得其法，遂分业补窑一行。然魏族实有师法薪传。余尝见其排砌砖也，一手挨排粘砌，每粘一砖，只试三下，即紧粘不动。其排泥也，双手合舀一拱泥，向排砌一层砖中间两分之，则泥自靠结砖两路流至脚，砌砖者又一一执砖排粘。其制泥，稠如糖浆，亦不同泥水工所用者。

渣饼[29]有平正细白者，是白不造成，有粗样者，是泥土打成。大小视坯足为度。凡坯装匣内，必用渣饼垫足。经烧后，其垙乃不粘匣底。又有用黄砂渣垫垙，亦不粘匣者。五代周烧柴窑器，所谓足多粗黄土盖此。

陶户收买釉、不，先于船中提少许捏成块，上划各土客字号。烧窑日置之火眼内，待烧熟，用铁钩探出，验辨货色，谓之试照。

本烧户亦有自试火照之法。盖坯器入窑，火候生熟，究不可定，因取破坯一大片，中挖一圆孔，置窑眼内，用钩探验生熟。若坯片孔内皆熟，则窑渐陶成，然后可歇火。

陶户坯作人众，必用首领辖之，谓之坯房头，以便稽查口类出入雇人。其有众坯工多事，则令坯房头处平。有惰工坏作，亦惟彼是让。

坯房发给人工：其为地下印、利、做坯等工，则皆四月内给值，十月找满，年终再给少许。其为画作上工，则按五月端节、七月半、十月半及年竣分给。至供饭一例，则阖镇皆三月朔起，有发市钱。

窑砖[7]，旸阜滩沿河所造。其法，埏埴泥土，用方木匣印成，长七八寸，阔三四寸，先贮窑烧熟[8]，方可用。初烧者为新砖，烧数次者为老砖。老砖结窑佳[9]。

俗有估堆之说。凡陶户提同口[30]有剩下零瓷，或稍茅损[10]色杂者，则另堆聚一处，新旧大小不等，有此路行家，觅户估买。昔多有估堆致富者，今则有外佳内窳弄巧者矣。俗谓做堆。

商行买瓷，牙侩[31]引之议价批单，交易成，定期挑货，必有票计器数为凭。其挑去瓷器，有色杂茅损者，亦计其数载票，交陶户换补佳者，谓之换票。其瓷票、换票，皆素纸为之，或印行号、户号，加写器数，字或全用墨写。

商雇茭草[32]工扎瓷，值有常规，照议如一。其稻草篾片[11]，皆各

扎瓷

瓷器街

行长雇之茭草头已办。稻草出吾邑者好用，而邑北尤佳。篾则婺界所析，今里村、镇市亦有。

把庄一行，凡诸路客至，必雇定把庄头，挑收窑户。瓷器发驳，则把庄头雇夫给力送下河。又有类色头[33]，汇清同口，包纸装桶，茭草根凳[34][12]，皆有定例，俗又呼油灰行。

磨补瓷器，镇有勤手之徒，挨陶户零估收聚，茅糙者磨之，缺损者补之，俗呼为磨茅堧店。

过光瓷器，皆暗损未坏者，此诈伪之流，贱市而涂固之。然沾热汤即破，只可盛干冷物，俗呼为过江器。

黄家洲苏湖会馆，近河洲地，为小本商摆瓷滩所一大聚场也。面河距[13]市中，方广约二里许，遍地皆瓷器摊，任来往乡俗零买，不拘同口个数。

瓷器街颇宽广，约长二三百武[35]，距黄家洲地半里余。街两旁皆瓷店张列，无器不有，悉零收贩户整治摆售，亦有精粗、上中下之分。

潘家疃，在镇之中秀渡对岸，疃内多潘姓。自国初已陶，然只坯坊陶窑多处，陶户仍居镇中，时至疃内省视烧造。其窑则皆烧槎，其坯亦有由镇载入疃窑烧者，亦有疃坯载送镇窑烧者。故中渡口一带河中，多有陶户装坯船、装瓷器船。

镇又有小本旅伴，手提大篮，采贩陶户诸瓷器，走黄家洲上及觅趁各瓷行零卖。其器稍有茅疵，亦或时得佳器，俗呼为提洲篮者。

校记

1 窑里釉果：傅本作“窑里”，美术本及欧阳本均作窑里釉果。
2 匀：傅本作“均”，美术本及欧阳本均作“匀”。
3 益：傅本无此字，美术本及欧阳本均有此字。
4 泼水之法：傅本作“泼水之法”，美术本及欧阳本均作“泼火一法”。
5 泼水：傅本作“泼水”，美术本及欧阳本均作“泼火”。
6 苦窳不青器：美术本及欧阳本均如此，傅本无“器”字。

7 窑砖：傅本、欧阳本均如此，美术本无“窑”字。

8 先贮窑烧熟：傅本、欧阳本均如此，美术本作“须先贮窑烧熟”。

9 老砖结窑佳：傅本、欧阳本均如此，美术本作“老砖结窑、寸窑佳”。

10 损：傅本作“惊”，美术本作“损”，欧阳本据美术本改为“损”。

11 篾片：傅本、欧阳本均如此，美术本作“片篾”。

12 跟凳：傅本、欧阳本均作“跟凳”，美术本作“根凳”。但傅本认为当从美术本作“根凳”。

13 距：傅本作“踞”，美术本及欧阳本均作“距”。

注释

〔1〕《字典》：即《康熙字典》。

〔2〕《说文》：即《说文解字》。不：此句解释了景德镇民俗中用“不”字的来由。按《说文解字》的讲法，“櫱”是“伐木余也”，其本字是“𣎵”，即“不”字，“从木，无头”。到了段玉裁为《说文》作注时，“櫱”字已写成“蘖”，而对“不”字的解释则是“谓木秃其上而仅余根株也”。这似乎能让我们联想到树墩与制瓷坯泥之间的声形关系，民间怕是借用了“不”之意，“墩”之声来指代块状泥胎。至于《康熙字典》中的发音，其引用了多部字书，但均无一处与“不”的发音相近者。“岸，入声”的全文应该是《集韵》《韵会》中对“不”的注音，“牙葛切，从岸，入声”。清人钮琇《觚賸·粤觚·说字之异》解为“截木作垫”可为一旁证。朱琰《陶说》中则直陈为“敦，上声。凡造瓷泥土，皆从此名，盖景德土音也”。

〔3〕坺：用同“件”。计量单位。坺数越高越难烧成。可见卷十第七条。

〔4〕滑石：一种矿物。具有良好的耐热性、滑润性等优良特性。系由富含镁的岩石经变质而成。纯白、具有润滑性与附着性的滑石粉料可用于陶瓷制作，但景德镇所用滑石含氧化镁不多。

〔5〕水釉：用釉果和釉灰合成配制成的白釉浆。

〔6〕明货：明目张胆地卖。

〔7〕东埠出者：即高岭土。东埠与高岭相距很近，且高岭土由此转运，故又名“东埠高岭”。

〔8〕上者麻布口，次者糖口，最下磁器口：景德镇瓷工鉴别高岭土耐火度的标准。以不同高岭土样所制火照置窑中试烧，观察其断面形态。若断口粗糙，呈麻布口，则说明土未烧结，耐火度高，适于造细瓷；若断口有发汗现象，呈糖口，则说明部分烧结，耐火度适中；若断口平滑无纹，则说明几乎完全烧造，耐火度低，不宜于制胎。

〔9〕碓：指水碓。以水流为动力的粉碎装置。景德镇水碓结构巧妙，经水碓加工的瓷石原料远胜于现代化机械所加工者。

〔10〕兰、宋、白、饭、砂、宫：即卷三“镇瓷花式”条兰竹式、宋式、白器式、宫式等。

〔11〕烧飞：可见卷一“洗料”条。

〔12〕彩器：指釉上、釉下彩绘瓷器。

〔13〕明暗炉：可见卷一“烧炉”条。

〔14〕跷：指瓷器在窑内扭曲变形。

〔15〕七寸、五寸：又称炉寸器，为盘碟类器。　四大器：指正德大碗、正德宫碗、鲜花大碗、鲜花宫碗四种大件瓷器。

〔16〕挂瓶：一面随形起伏，另一面平坦，可贴挂在墙上的瓶状器皿。　茶托：用以托垫茶盏的器皿。

〔17〕满窑：关于满窑技术的传授，一说最早由里村童姓传给都昌人，遂为都昌人垄断；另一说为一开始就是都昌人专业满窑，后来传给鄱阳人。

〔18〕甗(shuǎng)：陶、瓷类未烧透。

〔19〕泼水之法：清代龚轼《景德镇陶歌》：“窑火如龙水似云，火头全仗水头分，羡他妙手频挥泼，气满红炉萃晓氛。”又注云：“烧窑发火须通火路，有溜火、紧火、沟火，火不到处泼水引之，如游龙然。”

〔20〕今悉搭民窑：明朝御窑厂每年所产瓷器数有一个定额，但在定额之外，还会有临时加烧的任务。嘉靖后，加烧数量激增，御窑厂则开始将任务散搭于民窑烧造。清代康熙以后，形成固定制度，御窑厂只管制坯，烧造交由包青窑完成。

〔21〕曹：《景德镇陶歌》有“窑中呼一路为一曹”，又“坯路看清满五曹”。“曹”盖指行数言。

〔22〕蘖：当为计量单位。

〔23〕柱数：当为窑柱之数。窑柱是焙烧瓷器时承托装好坯件的匣体和叠烧钵件的器具。以耐火粘土制作，圆柱形。使用方法有两种，一是有秩序地排列在窑床上，上面搭铺一层耐火砖，砖上叠摞匣钵；二是直接承放叠烧的坯件。窑柱可使火焰与烟气流畅，还可调节窑温，利于瓷器烧成。

〔24〕障搪：障、搪意义相同，均为阻挡。

〔25〕火眼：窑炉组成部分。烧窑时，火焰由火膛进入火道，经火眼才能进入窑室。

〔26〕窑冲：指窑背的穹窿顶。

〔27〕苦窳(yǔ)：器物粗劣。

〔28〕结砌窑巢：即砌建、修葺瓷窑。

〔29〕渣饼：亦名“垫饼”。烧瓷器的垫烧工具。形状似饼，故名。垫于瓷器与匣钵之间，以防二者粘接。多用粗质粘土做成，颜色因含铁量的不同而有灰、黑之别，也有用高岭土的。明清时期的景德镇窑，渣饼多为白色。

〔30〕提同口：挑选产品并成套包装。同，行话，碗、盘、碟等十个为一同。

〔31〕牙侩：即牙商，在市场中为买卖双方说合交易并抽取佣金的中间人。

〔32〕茭（jiāo）草：竹、苇之类编制的绳索。运输瓷器，细器用桶包装，粗者用茭草包扎。

〔33〕类色头：专管质量把关的人。

〔34〕根凳：又名“跟凳”，茭草工五人一组工作，称一条凳。

〔35〕武：六尺为步，半步为武。

卷五　景德镇历代窑考

陈

至德元年，诏镇以陶础[1]贡建康[2]。

注释

〔1〕础：柱子下面的石礅。

〔2〕建康：陈朝国都，今南京。

唐

陶　窑[1]

唐初器也。土惟白壤，体稍薄，色素润。镇钟秀里[2]人陶氏所烧造。《邑志》[3]云：唐武德中，镇民陶玉者载瓷入关中，称为“假玉器”，且贡于朝，于是昌南镇瓷名天下。

注释

〔1〕陶窑：与下文霍窑均尚未发现遗址。

〔2〕里：古代居民区名，是一种户口编制。

〔3〕《邑志》：即《浮梁县志》。

霍　窑

窑瓷色亦素，土墡[1]腻，质薄，佳者莹缜如玉。为东山里人霍仲初所作，当时呼为“霍器”。《邑志》载：唐武德四年，诏新平民霍仲初等制器进御。

注释

〔1〕墡（shàn）：白土。《广韵·狝（xiǎn）韵》：“墡，白土也。”

青釉碗　唐

宋

景德窑〔1〕

宋景德年间烧造。土白壤而埴〔2〕，质薄腻，色滋润，真宗命进御。瓷器底书“景德年制”四字，其器尤光致茂美。当时则效，著行海内。于是天下咸称景德镇瓷器，而昌南之名遂微。

注释

〔1〕景德窑：此处专以年号为窑名，与今日所习称之景德镇窑不同。

〔2〕埴（zhí）：制作陶器的粘土。

青白釉注子、钵　北宋

附：湘湖窑[1]

镇东南二十里外，有湘湖市，宋时亦陶。土塥埴[2]，其体亦薄，有米色、粉青二色。蒋《记》[3]云：器雅而泽，在当时不足珍。然唐公《陶成记事》则曰：厂仿米色、粉青宋釉二种，得于湘湖故窑款色。盖其地村市尚寥落有存窑址，自明已圮[4]。

注释

〔1〕湘湖窑：窑址主要有两处：一在窑前山，制品胎骨坚致，多灰胎青釉；一在窑栏山，制品有胎骨细腻洁白、釉面匀净的白瓷器及影青器。或认为即宋代景德镇的代名，是当时影青器的制造中心。

〔2〕塥（gé）：土地坚硬贫瘠。《管子·地员》："沙土之次曰五塥。五塥之状，累然如仆累，不忍水旱。"

〔3〕蒋《记》：元代蒋祈所著《陶记》，是我国最早的一部瓷器专著，记录了景德镇制瓷许多方面的内容。包括税收、销售、器形、装饰、原料产地、制作分工及市场竞争等情况。

〔4〕圮：毁坏。

元

改宋监镇官为提领。至泰定后，又以本路总管监陶。皆有命则供，否则止，税课而已。故惟民窑著盛，然亦无多传名者。蒋《记》云："景德镇埏埴[1]之器，洁白不疵。"据此，则元瓷尚白可知。又云："江、湖、川、广器用青白，出于镇之窑者也。"据此，则元瓷俱有青白色。又云："印花、画花、雕花之有其技。"据此，则元瓷已工巧画镂矣。又云："窑有尺籍，私之者刑。"据此，又非税课之一证乎？蒋公，名祈，元人也。

注释

〔1〕埏埴：埏（shān），和水、土以制陶。埏埴，指把粘土和水中制作陶器。

青白瓷贴花玉壶春瓶　元

枢府窑〔1〕

元之进御器，民所供造者，有命则陶。土必细白埴腻，质尚薄，式多小足、印花，亦有戗金〔2〕、五色花者。其大足器则莹素。又有高足碗、薄唇[1]、弄弦等碟、马蹄盘、要角〔3〕盂各名式[2]，器内皆作“枢府”字号。当时民亦仿造，然所贡者，俱千中选十,百中选一，终非民器可逮〔4〕。

校记

1 薄：傅本作“薄”，美术本及欧阳本均作“蒲”。

2 各名式：傅本作“各式”，美术本及欧阳本作“各名式”。

注释

〔1〕枢府窑：旧称专指元代景德镇专为官府枢密院烧制有“枢府”款卵白釉瓷的窑场。窑址在今景德镇湖田。器形多为碗、盘、高足杯等。胎体较厚（本书言“质尚薄”恐误），多为白胎，釉色白中带青，多呈乳浊色，颇似鹅蛋青，故又称卵白釉。装饰手法以印花为主，另有刻花、划花，纹样多缠枝花卉，还有龙凤、云雁、游鱼等。款识除“枢府”外，还有“太禧”“福禄”等。枢府类型的瓷器在元代宫廷用瓷中占第一位，民间亦广泛使用，大约在明代中叶枢府瓷器才停止生产。

〔2〕戗金：亦作“枪金”，又名“镂金”，本是漆工艺技法之一，后被制瓷工艺借用。其法为：在瓷胎上用针或刀尖刻划出细花纹，再洒上金箔细粉，揩擦后即于刻痕中留下金粉。另于熨斗中烧灰，在坩锅内熔锻，烘烤贴上，再用玛瑙棒或砂石等打磨光滑。另有“戗银”“戗红”等，方法同此，仅色料不同。

〔3〕要角：亦作倭角，即折角。

〔4〕逮：比得上。

卵白釉印花缠枝莲纹盘　元

卵白釉镂空折枝花高足杯　元

附：湖田窑[1]

镇河南岸口有湖田市，元初亦陶。土埆垆[2]，质粗，多黄黑色，即浇白者亦微带黄黑。当时浙东西行之，器颇古雅。蒋《记》云："淛[3]东西之器尚黄黑，则出于昌水南之湖田窑者也。"今窑市已墟[4]，湖田村落尚在，其窑器犹有见者。

注释

〔1〕湖田窑：窑址在景德镇市东南竟成乡湖田村。始烧于五代，至明代中期结束。五代时烧造灰胎青瓷和白胎白瓷，以白瓷最精。宋代创烧影青瓷，多以刻花、印花为饰，釉色与纹样相衬，艺术效果极佳。元代创制了釉里红和卵白釉器（枢府器）等，并为青花重要产地。明代只有青花和白瓷两类，青花多用苏麻离青为彩料，早期多大盘，纹饰繁缛；晚期纹饰趋于简洁疏朗，器型有高足杯、折腰碗等。

〔2〕埆（què）垆：指黑色而坚硬的土。

〔3〕淛（zhè）：即浙。

〔4〕墟：成为废墟。

青白瓷刻花龙涛纹瓶　元

明

洪　窑

洪武二年，设厂于镇之珠山麓，制陶供上方〔1〕，称官瓷，以别民窑。除大龙缸窑外，有青窑、色窑、风火窑、匣窑、爁熿〔2〕窑，共二十座。至宣德中，将龙缸窑之半改作青窑，厂官窑遂增至五十八座，多散建[1]厂外民间。迨正德始称御器厂。

洪器，土骨细腻，体薄，有青、黑二色，以纯素为佳〔3〕。其制器，必坯干经年，重用车碾薄上釉，候干入火。釉漏者，碾去再上釉，更烧之。故汁水莹如堆脂，不易茅篾〔4〕。此民窑所不得同者。若颜色器中，惟青黑戗金壶、盏甚好。

校记

1 建：傅本作“见”，美术本及欧阳本均作“建”。

注释

〔1〕上方：即朝廷。

〔2〕爁熿（lànhuáng）：爁，用火焚烧；熿，火光明亮。

〔3〕体薄……以纯素为佳：从考古资料看，洪武瓷胎体多数较厚重，装饰较丰富。

〔4〕茅篾：茅指瓷器边口破损，篾指器身出现裂缝损伤等。明代曹昭著、王佐增补《新增格古要论·古窑器论》：“凡窑器有茅、篾、骨出者价轻，盖损曰茅，路（通‘露’，裸露）曰篾，无油（通‘釉’）水曰骨”。明代刘侗、于奕正《帝京景物略·城隍庙市》谓：“（瓷器）久用口不茅，身不篾焉。”

青花竹石灵芝纹盘　明・洪武

永 窑

永乐年厂器也。土埴细，质尚厚，然有甚薄者如脱胎，素白器彩锥拱样始此。唐氏《肆考》[1]云：永器有压手杯[2]，中心画双狮滚球为上品，鸳鸯心者次之，花心又次之。杯外青花深翠，式样精妙。若后来仿制者殊差。永器鲜红最贵。

注释

〔1〕唐氏《肆考》：指清代乾隆年间嘉定（今属上海）人唐秉钧所著《文房肆考图说》，其书卷三有《古窑器考》。

〔2〕压手杯：明代永乐年间由景德镇御窑厂创烧，专供进御的一种杯式。造型为撇口、弧腹、圈足，足底外沿凸起一条棱线，沙足滑底。顺口沿而下，胎骨渐厚。执于手中时，器口恰合于拇指指节，又因胎体自上而下逐渐增厚，托于手中又有凝重感，故名。此杯是明代瓷器中的杰作，后世仿造甚多，但佳品寥寥。

青花缠枝莲纹压手杯　明·永乐

红釉高足碗　明·永乐

宣窑

宣德间厂窑所烧，土赤埴壤，质骨如朱砂。诸料悉精，青花最贵。色尚淡，彩尚深厚，以甜白〔1〕棕眼为常，以鲜红为宝。器皆腻实，不易茅篾。唐氏《肆考》云：宣厂造祭红〔2〕红鱼靶杯〔3〕，以西红宝石为末入釉，鱼形自骨内烧出，凸起宝光，汁水莹厚。有竹节靶罩盖卤壶、小壶甚佳，宝烧〔4〕霁翠尤妙。又白茶盏光莹如玉，内有绝细龙凤暗花，花底有暗款“大明宣德年制”，隐隐鸡、橘皮纹。又有冰裂鳝血纹〔5〕者，几与官、汝窑敌。他如蟋蟀澄泥盆〔6〕，最为精绝。按宣窑器无物不佳，小巧尤妙，此明窑极盛时也。祭红有两种，一为鲜红，一宝石红。唐氏所记乃宝石红，概以祭红言之，似误。宣青是苏泥勃青〔7〕，故佳，成化时已绝。皆见闽温处叔《陶纪》，今宣窑瓷尚有存者。

注释

〔1〕甜白：即甜白釉。明永乐年间景德镇御器厂烧制的一种半脱胎白瓷的釉色。具有甜润的白糖色泽，故名。永乐甜白釉瓷坯胎中掺入大量白高岭土，很大地提高了釉的白度，此外釉料中也加有钾长石等助熔剂，亦增强了釉的白度。

〔2〕祭红：又名“霁红”。以铜为着色剂，经1300℃左右高温烧成的红釉，釉色均匀凝厚。明代永乐、宣德时已烧制红釉瓷，至清代康熙、雍正、乾隆三朝尤为盛行。为与明代及同时的郎窑红釉相区别，故称为霁红或祭红。

〔3〕靶杯：即“把杯”，亦称“高足杯”。撇口弧腹，下承高足似把柄，故称把杯。元明清三朝十分流行，许多窑场大量烧造。

〔4〕宝烧：以宝石末为釉烧成。

〔5〕冰裂鳝血纹：冰裂，亦称“开片”，瓷器釉面的一种自然开裂现象。开裂原因有二：一是成型时坯胎沿一定方向延展，影响了釉层的分子排列；二是坯、釉膨胀系数不同所致。原是瓷器烧制过程中的缺点，但后来有意利用，反成为瓷器的一种装饰，以宋代哥窑产品最为著名。开片釉的制作方法大致有两种：一是在烧成的釉裂纹中填充着色剂，使裂纹呈现一定色彩；一是在焙烧

后的底釉上覆盖一层颜色釉，再次焙烧呈现裂纹，露出底釉色彩。所谓“冰裂鳝血纹”，是指开片的线条呈鳝血色。

〔6〕蟋蟀澄泥盆：明宣宗爱斗蟋蟀，当时所造蟋蟀盆十分精美。澄泥：精淘细滤的瓷土。

〔7〕苏泥勃青：亦称“苏麻离青”，元末明初景德镇青花瓷器所用的一种外来青料。含钴较多，含锰较少，与国产含锰量大的青料有明显不同。用它绘画的瓷器，蓝色浓艳，色性稳定，但有银黑色结晶斑。

青花海水龙纹瓷扁瓶　明

釉里红三鱼高足瓷杯　明·宣德

青釉蟋蟀罐　明·宣德

成　窑

成化厂窑烧造者。土腻埴，质尚薄，以五彩[1]为上。青用平等青料[2]，不及宣器，惟画彩高1轶[3]前后，以画手高，彩料精也。郭子章《豫章[4]陶志》云：成窑有鸡缸杯[5]，为酒器之最，上绘牡丹，下画子母鸡[6]，跃跃欲动。五彩蒲萄撇口扁肚靶杯，式较宣杯妙甚。次若人物莲子酒盏、草虫小盏、青花纸薄酒盏，名式不一，色深浅莹洁而质坚，五采齐箸2[7]。小碟、香盒、小罐，皆精妙可人。唐氏《肆考》云：神宗尚食[8]，御前有成杯一双，直钱十万。明末已贵重如此。按昔论明瓷者，首宣、次成、次永、次嘉，然宣彩未若成彩，其点染生动，有非丹青家[9]所能及也。

校记

1 高：傅本作“尚”，美术本及欧阳本均作“高”。

2 齐箸：傅本作“齐箸”，美术本及欧阳本均作“齐著”。

注释

〔1〕五彩：釉上彩品种之一，在烧成的白瓷器上施以红、绿、黄、褐、紫等多种彩料绘画，再入火二次烧造而成。创烧于明代，盛于清代康熙时期。明代五彩实际是釉下青花与釉上彩相结合的斗彩，先在坯体上用青花钩绘花纹轮廓，施釉焙烧后，再用釉上彩料填于轮廓线内，经入火二次烧制而成。

〔2〕平等青料：陶瓷青花料之一种，亦称“陂塘青”，产于江西乐平。含铁量少，呈色淡雅。成化青花后期多用平等青料，呈色蓝中泛灰青。

〔3〕轶：超越、超过。

〔4〕豫章，范围有大小不同，或为江西省别称，或仅指今南昌市。

〔5〕鸡缸杯：明成化斗彩杯之一种。饮酒器。器形较矮，敞口，浅腹，卧足。杯身绘以雌雄鸡及雏鸡，辅以牡丹、兰草等，故名。描画精工，瓷质莹洁坚细。清代仿制甚多，尤以康熙、雍正时所仿最佳。

〔6〕上绘牡丹，下画子母鸡：上、下分指釉上、釉下。

〔7〕齐箸：明代高濂《遵生八笺》作“齐筯”。《玉篇·竹部》：“筯，匙

箸，与箸同。”或言齐箸指盛放酱醋等的碟子。但下文亦为小碟，故嫌重复，恐非是。箸，当同著，言小碟具备五彩。

〔8〕神宗尚食：神宗，指明神宗朱翊（yì）钧。尚食：指御膳。

〔9〕丹青家：即画家。

斗彩鸡纹杯　明・成化

斗彩花蝶纹壶　明・成化

青花斗彩葡萄纹高足杯　明·成化

正　窑

正德中厂器。土埴细，质厚薄不一，色亦分青、彩，惟霁红尤佳。嗣有大珰[1]镇云南，得外国回青[2]，价倍黄金，知其可烧窑器，命用之，其色古菁，故正窑青花多有佳品。按回青以重色为贵，当日厂工恣为奸利，出售民埏[1]。迨嘉靖间，邑令朱景贤设法调剂[3]，其弊稍息。霁红即鲜红、宝石红两种。

校记

1 埏：傅本作“陶”，美术本及欧阳本均作“埏”。

注释

〔1〕大珰：指当权的宦官。珰：汉代宦官充武职者的冠饰。《后汉书·舆服志下》：“武冠，一曰武弁大冠，诸武官冠之。侍中、中常侍加黄金珰，附蝉为文，貂尾为饰。”因中常侍是宦官，故后以“珰”代称宦官。

〔2〕回青：明代青花瓷所用的一种从南洋或西域输入的上等色料。此料呈蓝中透紫的浓重色调。迄今所知最早记载回青的是明代王宗沐《江西大志》，由此书记录亦可知当时回青并不单独使用，而是与石青配合使用，比例的不同也会造成不同的呈色效果。

〔3〕调剂：调治，治理。

青花灵芝纹阿拉伯文罐　明·正德

嘉 窑

嘉靖中厂器。土墡埴，质腻薄。时鲜红土绝，烧法亦不如前，仅可造矾红[1]色，惟回青盛作，幽菁可爱。故嘉器青花亦著，五彩略备，然体制较之宣、成器则远甚。郭《纪》云：世宗经箓醮坛[2]用器，有小白瓯，名曰坛盏，正白如玉，绝佳。唐氏《肆考》亦载：嘉窑青尚浓，其厂器如坛盏、鱼扁盏、红铅小花盒子，足为世玩。

注释

〔1〕矾红：陶瓷低温颜色釉之一，是以铁为呈色剂的釉上红，亦称“铁红”“红彩”“虹彩”，呈不透明大红色。宋代磁州窑系的产品已有与绿彩相配使用，为釉上多种彩的前驱。明清两代景德镇窑加以发展，将其与多种彩色相配。明代嘉靖时，御器厂以之取代铜红釉。

〔2〕经箓（lù）醮（jiào）坛：僧人或道士诵经祷祀的道场。

青花矾红鱼藻纹盖罐　明·嘉靖

隆万窑[1]

穆宗、神宗年间厂器也。土埴坟[2]，质有厚薄，色兼青、彩。制作益巧，无物不有。汁水莹厚如堆脂，有粟起若鸡皮者，有发棕眼若橘纹者，亦可玩。唐氏《肆考》云：明瓷至隆、万时，回青已绝，不及嘉窑青花，麻仓土亦告竭，饶土渐恶，器质较前多逊。又以淫巧为务，其秘戏器[3]一种，殊非雅品，镇匋作俑[4]自此。惟祭红器尚有佳者，然亦非鲜红、宝石红之祭红矣。

注释

〔1〕隆万窑：指明代隆庆、万历年间的窑场。

〔2〕坟（fèn）：土质肥沃。《广韵·吻韵》："坟，土膏肥也"。

〔3〕秘戏器：装饰男女猥亵图样的器物。

〔4〕作俑：俑，古代殉葬所用的偶像。《孟子·梁惠王上》记："仲尼曰：'始作俑者，其无后乎？'"后以"作俑"言恶劣风气的创始者。

青花凤凰纹壶　明·隆庆

五彩龙纹出戟尊　明·万历

龙缸窑

明厂有龙缸窑，称大龙缸窑，亦曰缸窑。窑制前宽六尺，后如前，饶[1]五寸，入身六尺，顶圆。鱼缸大样、二样者，止烧一口，瓷缸三样者，一窑给砌二台，则烧二口。缸多画云龙或青花，故统以龙缸窑名之。烧时，溜火七日夜。溜，缓小也，如小滴流，缓缓起火，使水气渐干渐熟，然后紧火二日夜。缸匣既红，而复白色，前后通明亮，方止火封门。又十日，窑冷方开。每窑约用柴百三十杠[2]，遇阴雨或有所加。有烧过青双云龙宝相花[3]缸、青双云龙缸、青双云龙莲瓣大缸、青花白瓷缸、青龙四环戏潮水大缸、青花鱼缸、豆青色瓷缸[4]等式。

注释

〔1〕饶：多。

〔2〕杠：扁担之类的粗棒，此处用作量词。

〔3〕宝相花：传统吉祥纹样的一种，又称“宝仙花”。隋唐时最为盛行，相传是寓有“宝”“仙”之意的图案。其构成一般以某种花纹（牡丹、荷花等）为主体，进行艺术处理，使之变为装饰化的花朵纹样，往往显得富丽堂皇。常被用于金银器、织锦、刺绣和瓷器之上。

〔4〕瓷缸：据李亮《明代嘉靖朝龙缸考》一文，龙缸当是一类外壁主要绘饰龙纹的大瓷缸，个别见有狮子等其他纹样。依高、阔比例不同，大体分为鱼缸（深腹型）和瓷缸（浅腹型）两类。据其体量大小，又各自分出“大样”“二样”“三样”3种。其中尤以大样鱼缸为极致——高2.8尺，阔3尺（明营造尺），容积粗估在现代522.8—583.3升之间。制作上费工耗时，造坯约需30天，入窑烧造需19天，单口造价明后期记为白银55两。其始烧于明洪武朝的景德镇官窑，置大龙缸窑32座。此外，至少还有北京的琉璃窑亦曾涉烧，以供给光禄寺用。到嘉靖时，龙缸盛作，一度成为最重要、地位最高的瓷器品类。仅据《江西省大志·陶书》，嘉靖间景德镇所产龙缸2150口，釉色几乎都是青花。而万历时产量骤减，不过此阶段还催生出童宾跳窑成缸的传说，并可能促成了本地陶瓷行业“风火神”崇拜，更有《龙缸记》《龙缸歌》等文学作品流传。入清，顺治、康熙等朝，同样汲汲于龙缸烧造，最晚至道光间，

地方文献中依然可见龙缸身影。至于目前所见存世明代龙缸，中国境内约9口，英国和日本等博物馆2口。而东南亚各沿海各国，尤其是印度尼西亚、泰国传世及海捞者，初步推估当尚存约10口，惟未能详知是否全为明时制作。至于龙缸的可能功用，见有养鱼、种莲、装酒等。另，万历定陵中出土了3口嘉靖年制青花大龙缸，其内盛油，供点长明灯，此亦显示了龙缸作为祭祀祭品的用处。

青花应龙纹大缸　明·宣德

崔公[1]窑

嘉、隆间人，善治陶，多仿宣、成窑遗法制器，当时以为胜，号其器曰“崔公窑瓷”，四方争售。诸器中惟盏式较宣、成两窑差大，精好则一。余青、彩花色悉同，为民陶之冠。

注释

〔1〕崔公：指崔国懋。

周　窑[1]

隆、万中人，名丹泉。本吴门籍，来昌南造器，为当时名手，尤精仿古器。每一名品出，四方竞重购之，周亦居奇自喜。恒携至苏、松、常、镇间，售于博古家，虽善鉴别者，亦为所惑。有手仿定鼎及定器文王鼎炉与兽面戟耳彝，皆逼真无双，千金争市[2]，迄今尤传述云。

注释

〔1〕周窑：周丹泉，名时臣，字丹泉，或认为名秉忠，字时臣，号丹泉，苏州人。隆庆、万历年间常往景德镇仿烧古器，逼真莫辨。尤精于妆塑，并曾烧造印章。可参看卷八。吴门，苏州的别称。

〔2〕市：买。

壶公[1]窑

神庙[2]时烧造者，号壶隐道人。其色料精美，诸器皆佳。有流霞盏、卵幕杯[3]两种最著。盏色明如朱砂，杯极莹白可爱，一枚才重半铢[4]，四方不惜重价求之。亦雅制壶类，色淡青，如官、哥器，无冰纹。其紫金壶带朱色，皆仿宜兴时、陈[5]样壶，底款为“壶隐老人”四字。相传为昊十九，而籍不可知矣。李日华[6]赠诗云：“为觅丹砂斗市廛[7]，松声云影自壶天[8]，凭君点出流霞盏，去泛兰亭九曲泉[9]。”

注释

〔1〕壶公：姓吴，名为，行号昊十九，自号壶隐道人。景德镇人，约生活于明代嘉靖、隆庆、万历三朝。能诗书，书法类于元代赵孟頫，但隐遁于陶瓷工匠中，所造瓷器妙绝精巧。

〔2〕神庙：指明神宗朱翊钧。

〔3〕流霞盏、卵幕杯：流霞盏，文人相聚清玩，以诵诗饮酒为乐。往往在溪水之畔，以酒盏置水中漂流，停于何人面前，则此人饮酒并诵诗。据传杯呈五彩流霞之色，或为朱红色。　卵幕杯：指体小胎薄有如蛋卵之内膜者。

〔4〕铢：重量单位，一两的二十四分之一。

〔5〕时、陈：指明代宜兴紫砂陶名家时朋、时大彬父子及陈仲美等。

〔6〕李日华：明代文学家。字君实，浙江嘉兴人。能书画，并善于鉴别。所作笔记，清秀隽永，富有小品意致，与其诗歌一样表现出文人士夫闲适散逸的情调。著有《紫桃轩杂缀》《味水轩日记》等。

〔7〕市廛（chán）：指商店集中的地方。

〔8〕壶天：中国古代神话传说中，多有对壶中天地的描写。如传说东汉费长房曾见一卖药老翁悬壶于商店檐下，散市后即跳入壶中。第二天费长房再次拜谒老翁，并与之一同进入壶中。壶内殿堂华丽，美酒珍馐用之不尽，宴毕而出。事见《后汉书·方术列传》。再如传说仙人施存亦有一壶，内有天地日月，自号“壶天”，人称“壶公”。李日华诗在此处借用壶天来指代吴为及其高超技艺。

〔9〕兰亭九曲泉：兰亭，即王羲之《兰亭序》之兰亭，位于浙江省绍兴

市西南兰渚山下。现存建筑和园林为明代嘉靖时重建。有溪水流经此处，称曲水。临溪有流觞（音shāng，即酒杯。） 兰亭，亭内有王羲之祠，并有墨华池、墨华亭，廊壁嵌有历代书法家临王羲之书法的石刻。流觞亭后有御碑亭，立康熙手书兰亭碑一块。亭前有鹅池，传“鹅池”二字为王羲之手迹。

附：小南窑

镇有小南街〔1〕，明末烧造。窑独小，制如蛙伏，当时呼“虾蟆窑”。器粗整，土埴黄，体颇薄而坚。惟小碗一式，色白带青，有青花，花止兰朵、竹叶二种。其不画花，惟碗口周描一二青圈者，称“白饭器”。又有撇[1]，坦而浅，全白者仿宋碗。皆盛行一时，国初犹然。

校记

1 撇：疑为“瞥”。“撇”古字为“擎”，恐与“瞥”形近致误。

注释

〔1〕小南街：“街”疑为“窑”之误。

国　朝

陶至今日，器则美备，工则良巧，色则精全，仿古法[1]先，花样品式，咸月异岁不同矣。而御窑监造，尤为超越前古，谨录其特著者。

注释

〔1〕法：效法。

康熙年臧窑[1]

厂器也，为督理官臧应选所造。土埴腻，质莹薄，诸色兼备，有蛇皮绿、鳝鱼黄、吉翠、黄斑点四种尤佳。其浇黄、浇紫、浇绿、吹红、吹青者亦美。迨后有唐窑，犹仿其釉色。唐公《风火神传》[2]载：臧公督陶，每见神指画呵护于窑火中，则其器宜精矣。

注释

〔1〕臧窑：臧应选奉旨于康熙二十二年（一作二十年）至二十七年在景德镇御器厂与徐廷弼、李延禧、车尔德等督造瓷器。后人称其任内烧造的瓷器为臧窑。所烧瓷器诸色兼备，除本书所记外，尚成功仿烧宣德、成化官窑青花、五彩，描金、洋彩、鲜红瓷等亦精妙入神。此外还创造了瓷胎画珐琅器，即俗称古月轩瓷器。

〔2〕唐公《风火神传》：唐英所撰。记陶工童宾事。童宾，明代万历年间景德镇制瓷工匠。万历二十七年（1599），江西矿税使太监潘相兼理景德镇窑务，督造龙缸。因多次烧造不成而酷责工匠。司火匠童宾愤而投火自焚，以示反抗，而龙缸竟自此而成。他的死激起镇民抗暴达四年，于万历三十年烧毁御窑厂，赶走潘相。后人立庙祀之，奉为风火仙。以身赴火而铸器始成的例子和传说在我国还有很多，并不限于陶瓷生产，如著名的干将莫邪剑就是一例。

豇豆红合子一对　清·康熙

五彩描金莲花鸳鸯图瓶　清・康熙

雍正年年窑〔1〕

厂器也，督理淮安板闸关年希尧管镇厂窑务，选料奉造，极其精雅。驻厂协理官每月于初二、十六两期解送色样至关，呈请岁领关帑〔2〕。琢器多卵色圆类，莹素如银，皆兼青彩，或描锥、暗花、玲珑〔3〕诸巧样。仿古创新，实基于此。《文房肆考》云：雍正初，楚抚严公希尧烧造厂器。以年为严，又称楚抚，殆误。《邑志》载年公《重修风火神庙碑记》，碑尚存。

注释

〔1〕年窑：清雍正四年（一说五年）年希尧被命管理淮安税务，兼遥领景德镇御器厂总理，实主瓷务者为唐英。年希尧领窑务直至雍正十三年（一说乾隆八年）乃止，此期间的官窑习称为年窑。从传世的雍正瓷器看，年窑瓷器釉色丰富，达一二十种之多，且水平很高，尤以胭脂釉最为著称。器物胎骨极薄，内施白釉，外敷胭脂釉，呈粉红色。此外，年窑仿汝、官、哥、龙泉、钧、影青、宣德青花、成化斗彩等都具有很高水平，珐琅彩瓷也得到发展。

〔2〕岁领关帑：岁，年。　关，板闸关。　帑，钱物，尤指公家的钱帛。

〔3〕玲珑：瓷器的一种雕镂装饰技法。在坯体上透雕出米粒状孔眼组成的花纹，并用釉填满，之后通体施釉经高温一次烧成。烧成后孔眼内充满透明釉汁，花纹玲珑剔透，清晰可见。这一技法产生于明代早期，晚期兴盛，至清仍有烧造。

乾隆年唐窑[1]

厂器也，内务府员外郎唐英督造者。唐公以雍正戊申来驻厂协理，佐年著美[2]。迄乾隆初榷[3]淮，八年移理九江钞关[4]，皆仍管陶务。公深谙[5]土脉火性，慎选诸料，所造俱精莹纯全。又仿肖古名窑诸器，无不媲美。仿各种名釉，无不巧合。萃工呈能，无不盛备。又新制洋紫、法青、抹银、彩水墨、洋乌金、法琅画法洋彩、乌金、黑地白花、黑地描金、天蓝、窑变等釉色器皿。土则白壤而埴，体则厚薄惟腻，厂窑至此，集大成矣。既复奉旨恭编《陶冶图》二十页，次第作图说进呈。临川李巨来先生序公集云："独斟酌华实间，有得于心。"而龙缸、均窑，追绝业，复古制。翡翠、玫瑰，更出新奇。是公之陶，即公之心为之也。

注释

〔1〕唐窑：习惯上指唐英于乾隆二年（一说为元年）总理景德镇御器厂瓷务至乾隆十九年（一说为二十一年）这段时间内的官窑产品。他督理御窑厂期间，对瓷器生产进行了总结，包括精冶原料、配制胎泥、釉料、造型、彩绘、火候等均有深入了解。对以往名窑，无所不仿，亦无所不工，所烧造的象生瓷及镂空、转心、玲珑透雕等技艺均达到很高水平，尤以珐琅彩最为精美。

〔2〕佐年著美：佐，辅佐。年，年希尧。著美，著，完成。《广韵·御韵》："著，成也。"美，此处指督造瓷器。

〔3〕榷：征税。乾隆元年，唐英受命督理淮安板闸关。

〔4〕钞关：收税的关卡。

〔5〕深谙：熟悉。

青花缠枝番莲纹花觚　清·乾隆

封建时代景德镇名窑

（五—1）

朝代	窑名	烧造者	特点
陈朝	至德窑	新平民烧	巧而弗坚。
隋朝	大业窑	昌南民烧	烧绿瓷，但大件入窑即裂。
唐朝	陶窑	陶玉烧造	色素，有假玉器之称。
	霍窑	霍仲初造	色素，质薄莹缜如玉。
	石虎湾窑	昌南民烧	胎灰，釉青带黄（艾色）。
	杨梅岭窑（即胜梅亭）	昌南民烧	青釉与石虎湾窑近似。
	洪州窑	昌南民烧	色褐（黄黑色）。
	琉璃窑	昌南盛姓烧	色绿有绿玉之称呼。
宋朝	景德窑	民烧供御	土白、质薄、色润，光致茂美。
	湘湖窑	浮梁民造	胎洁白，釉匀，有米色、粉青二色。
	湖田窑	浮梁民烧	釉白带浅湖色，创造影青瓷。
	南山窑	鄱阳民烧	胎厚釉白，制作在湘湖窑下。
	枢府窑	民烧供御	色青深浅不一，淡者号月下白。
	柳家湾窑	浮梁民烧	釉白质粗。
	牛屎岭窑	浮梁民烧	白釉影青瓷。
	三宝蓬窑	浮梁民烧	影青刻花。

（续表）

朝代	窑名	烧造者	特点
	南市窑	浮梁民烧	釉白、开片影青瓷。
	宁村窑	浮梁民烧	釉白，开片。
元朝	枢府窑	民烧供御	质薄，式多小足，印花、戗、金五彩。
	林捷隆窑	林捷隆造	印花、雷文。
	枫湾窑	浮梁民烧	影青粗瓷。
明朝	洪武窑	官窑烧造	体薄，有青黑二色，以纯素为佳。
	永乐窑	官窑烧造	质尚厚，担忧脱胎器。有白器彩器，锥拱始此。
	宣德窑	官窑烧造	质骨如朱砂，以祭红著，青料用南洋料，青花图案丰富，成就大，器形亦多样化。
	成化窑	官窑烧造	质尚溥，五彩最胜。
	弘治窑	官窑烧造	多素白，浇黄最有名。又有剔花绿云龙一格。
	正德窑	官窑烧造	质厚薄不一，青花与嘉靖、万历之回青有别，与祭红俱佳。
	嘉靖窑	官窑烧造，部分由民窑搭烧	质薄腻，矾红代替鲜红，青用回青。
	隆庆窑	官窑烧造，部分由民窑搭烧	土渐劣，质不及前，青花五彩，间有佳品。

（续表）

朝代	窑名	烧造者	特点
	万历窑	部分官烧，大部分搭民窑烧	质有厚薄，五彩发达，制作日巧，大件造形日行拙重。
	崔公窑	崔国懋造	仿宣，成作品，为民窑之冠。
	周窑	周丹泉造	仿定最精，作古鼎、古印章甚佳。
	壶公窑	吴为造	以卵幕杯、流霞盏为著。凸雕浇黄器亦佳。
	小南窑	景镇小南街	体薄而坚，花色有兰朵竹叶两种，又仿民窑烧宋碗。
	陈仲美窑	陈仲美作	精仿古器，善制玩具。
	吴明官窑	吴明官作	作器不多，但以造瓷名家。
清朝	臧窑	官搭民烧	色以蛇皮禄、鳝鱼黄、吉翠最著，青花五彩较明宣成更胜。
	郎窑	官搭民烧	以宝石红为最著，又创瓷胎画珐琅及素三彩。
	年窑	官搭民烧	琢器多卵色，圆器莹素如银，以胭脂水釉为最著。
	唐窑	官搭民烧	创釉色五十七种兼仿西洋东洋。
	吴窑	吴麟绘制	山水学黄子久，仿秘色。
	六十四瓷雕	六十四监雕	所制神像，奕奕有神采。
	魏氏结窑	浮梁魏氏	结砌窑巢，实有师法，不同泥水。
	官庄窑	浮梁民烧	粗瓷青花。

（引自《景德镇陶瓷史稿》）

卷六　镇仿古窑考

定　窑[1]

宋时所烧，出直隶定州。有南定器、北定器[2]。土脉细腻，质薄，有光素、凸花、划花、印花、绣花[3]诸种，多牡丹、萱草、飞凤花式。以白色而滋润为正，白骨而加以釉水有如泪痕[4]者佳，俗呼粉定，又称白定。其质粗而微黄者低，俗呼土定。东坡《试院煎茶诗》云，定州花瓷琢红玉。蒋《记》云，景德镇陶器有饶玉[5]之称，视真定红瓷足相竞。则定器又有红者。间造紫定、黑定，然惟红白二种当时尚之。唐氏《肆考》云：古定器以政和、宣和间窑为最好，色有竹丝刷纹。其出南渡后者为南定，北贵于南，划花最佳，光素亦好。昌南窑仿定器，用青田石粉为骨，质粗理松，亦曰粉定。其紫定色紫，黑定色若漆，无足重也。

注释

〔1〕定窑：宋代名窑之一。窑址在今河北曲阳县涧磁村及东西燕山村一带。创烧于唐，时属定州，故名。宋代有很大发展，延烧至金元。唐代受邢窑影响，已开始烧造玉璧底碗、注壶等白釉瓷器。至宋代形成风格，烧制碗、盘、盏、盒、枕、壶、瓶等。以白釉器为主，亦有黑釉、酱釉、绿釉、白地褐花等品种。白釉器胎白质坚，胎体很薄，釉色白中泛牙黄，釉面有泪痕。器口因覆烧而形成无釉的芒口，多以金、银、铜等镶补，称“釦器”，是其特点。装饰往往以刻、印、划花等手法表现婴戏、龙凤、牡丹、莲花等题材。北宋时一度为宫廷及官府烧造瓷器。其窑址也出土了上刻“官”“新官”“尚食局”等款识的器物。黑釉器釉黑似漆，但胎体细白而薄，与别处窑场所产不同。定窑

的印花白瓷及覆烧方法影响广远，形成以其为中心的定窑系，山西介休、霍县，四川彭县，江西景德镇等均有仿烧。

〔2〕南定器、北定器：最早提出“南定”概念者，为明代田艺衡《留青日札》：“色有竹丝刷纹者曰北定，南定有花者出南渡后。”关于北定，一般认为即曲阳本窑所产者；但关于南定，则因不明“南渡后”所指是南宋王朝还是占据北方的金朝而无法统一认识。

〔3〕绣花：以针剔刺者曰绣花。

〔4〕泪痕：瓷器缺陷之一。一般认为是由于器表釉层较厚，入窑烧制时，釉汁垂流所致。垂流下的釉汁在器物下部凝成蜡泪状突起，通称为泪痕。这是宋代定窑的重要标志。

〔5〕饶玉：饶，即饶州。唐代景德镇称新平（或昌南），属鄱阳县、饶州郡，宋真宗景德年间改称景德镇，属饶州府。故景德镇窑又称饶州窑。唐代武德年间，（唐高祖李渊，618—626），镇钟秀里陶玉以瓷进贡，号“假玉器”。东山里霍仲初也造瓷进御，所造“莹缜如玉”。后因以“饶玉”名之。

柿釉金银彩牡丹纹碗　北宋

白瓷印花鹿纹唐草纹盘　金

白瓷刻花牡丹唐草纹梅瓶　北宋

汝　窑[1]

汝亦汴京[2]所辖。宋以定州白器有芒不堪用，遂命汝州建青器窑。土细润如铜，体有厚薄，色近雨过天青[3]，汁水莹厚若堆脂，有铜骨无纹、铜骨鱼子纹二种。《格古要论》[4]云："汁中棕眼[5]隐若蟹爪者尤佳。"《辍耕录》[6]云："河北唐、邓、耀州悉效之，而汝窑为魁。"底有芝麻花细小挣钉[7]，当时珍尚。

唐氏《肆考》云："汝器土脉质制，较官窑尤滋润，薄者为贵。屑玛瑙为油[8]，如哥而深，微似卵白，真所谓淡青色也，然无纹者尤好。"

注释

〔1〕汝窑：宋代名窑之一。窑址在今河南宝丰清凉寺。烧造时间当在北宋后期哲宗元祐年间至徽宗崇宁年间的二十余年内。从出土物及传世品看，汝窑主要为宫廷烧造御用青瓷。它采用北方青瓷及南方越窑釉色，参以北方定窑印花瓷，创造了北方印花青瓷。主要器物有盘、碟、洗、瓶、碗、盏托等。汝窑器物胎体坚薄细腻，呈香灰色，修坯精细不苟。釉以天青色为主，另有卵白、卵青、粉青、豆青、虾青等。釉面莹厚，匀净滋润，状似堆脂，有细小开片。烧造方法多用满釉裹足支烧，故器底有支烧痕迹。由于汝窑烧制时间短，制品精而少，故十分难得。明代前期景德镇御窑曾有仿烧，清雍正、乾隆二朝亦大量仿制，但多数只仿釉色，不仿器形。

〔2〕汴京：今河南开封，北宋都城。

〔3〕雨过天青：五代后周柴窑器釉色。参见本书卷七"柴窑"条。

〔4〕《格古要论》：明代曹昭撰，本为三卷，后经王佐增订为十三卷，易名为《新增格古要论》。此书内容分为古铜器、古字画、古琴、古砚、古窑器、古漆器、锦绣、奇木、异石等十三门。

〔5〕棕眼：即“鬃眼”，亦作“针孔”“猪毛孔”。釉面呈现出鬃毛孔大小的凹孔。是由于釉料所含杂质较多，在高温烧制时发生化学反应所致。这是明代永乐、宣德瓷器釉面的显著特征之一。

〔6〕《辍耕录》：亦名《南村辍耕录》，元代陶宗仪撰，三十卷。作者元末避乱松江，自耕自食。每每在辍耕休息时，坐于树荫下，“抱膝而叹，鼓腹而歌”，杂采前人著述及自己亲见亲闻之事，记于树叶上，写完后放于瓮中。十年内积满十几瓮，将之整理成书，共得数百条。《辍耕录》对元代典章制度、社会掌故等记述详细；对小说、戏剧、诗词、书画等也有议论，是现存元人笔记中内容最丰富的一种。

〔7〕底有芝麻花细小挣钉：因烧造瓷器时以支钉支烧，故器底会留有支钉钉尖痕迹，即所谓“挣钉”。汝窑制瓷所用支钉细小，釉面所留痕迹小如芝麻粒，被称“芝麻挣钉”。本书称“芝麻花”，“花”字疑衍。

〔8〕屑玛瑙为油：以玛瑙末掺入釉中。据《宋史·食货志》所证，汝州产玛瑙。近年考古发现也证明该地确有玛瑙矿。

青瓷三足香炉　北宋

官　窑[1]

宋大观、政和间，汴京自置窑烧造，命曰官窑。土脉细润[2]，体薄，色青带粉红，浓淡不一。有蟹爪纹，紫口铁足[3]。大观中，釉尚月白、粉青、大绿三种。政和以后，惟青分浓淡耳。

案南渡时，有邵成章提举[4]后苑，袭旧京遗制，置窑于修内司[5]烧造，曰内窑，亦名官窑。澄泥为范，极其精制，釉色亦莹澈，为当时所珍1。后郊坛[6]下别立新窑，亦曰官窑，式制不殊。比之旧窑、内窑，大不侔矣。

唐氏《肆考》云："古官器，其妙处当在体质油色。色带白而薄如纸者，颇亚于汝。伪者，皆龙泉所造，无纹路。南宋余姚秘色瓷[7]，今人率以官窑目之，不能别白[8]，间见乱真。"

校记

1 珍：傅本、美术本均作"珍重"，欧阳本作"珍"。

注释

〔1〕官窑：官窑之名，始自北宋。但据南宋时人顾文荐《负暄杂录·窑器》，可知"宣、政间京师（汴京）自置（窑）烧造，名曰官窑"。"宣、政间"，即宋徽宗政和至宣和年间（1111—1125）。叶寘《坦斋笔衡》也说："政和间京师（汴京）自置窑烧造，名曰官窑。"两书均未言及大观时（1107—1110）有官窑。宋室南迁后，在都城临安（今杭州）建修内司及郊坛下官窑。北宋汴京官窑及南宋修内司官窑遗址至今尚未发现。但从传世品看，汴京官窑

所产器物形制与烧造工艺与汝窑多有共同之处。其器形多仿古，釉色为粉青、月白色，釉质晶莹润泽，釉面有开片，并有文献所记之“紫口铁足”特征，底有支烧痕。

〔2〕自“土脉细润”至“紫口铁足”：据《格古要论》所述乃修内官窑。但三处窑址实际一脉相承，北宋汴京官窑旧制仍被南京两处官窑沿袭模仿，故相差应不会太大。

〔3〕紫口铁足：由于胎土含铁量高，在瓷器烧制过程中发生化学反应而使胎呈黑色。底足无釉处显露胎色，称“铁足”。口沿处釉层较薄，泛紫色，称“紫口”。

〔4〕提举：掌管。

〔5〕修内司：官署名。宋、金、元皆置，掌宫中营造事。北宋设勾当官，以内侍充任。元丰改制后，隶将作监。金大定七年亦置，设使、副使总领司事，下设直长、部役官、受给官等职。元代设于世祖中统二年，隶大都留守司，置提点、大使、副大使各一员。

〔6〕郊坛：祭天之坛。祭天曰郊。郊坛窑址在今杭州乌龟山一带。从考古发掘所得，可知其主要产品有盘、碗、碟、洗及仿古代铜器、玉器等的器物。胎土呈黑灰或黑褐色，胎体薄而施釉较厚，釉色有粉青、月白、米黄等。釉面有开片，并有冰裂纹。

〔7〕秘色瓷：晚唐五代越窑青瓷中的特殊品种。秘，意为中秘，或可引申为入贡；色，意为品种，种类。秘色，即入贡的品类。自晚唐至宋初，秘色瓷一直享有盛誉，系上林湖越窑官监民烧的贡品，但一般官、民所得已为贡余之物。五代吴越时期曾大量烧造，对早期龙泉窑的发展产生过影响。1988年陕西扶风法门寺地宫曾出土十三件秘色瓷，多为青绿、湖绿色，匀净精良，极为精致。

〔8〕别白：分辨明白。

青瓷弦纹瓶　北宋

东　窑[1]

北宋东京民窑也，即今开封府陈留等处。土脉黎细，质颇粗厚。淡青色，亦有浅深。多紫口铁足，无纹，比官窑器少红润。唐氏《肆考》误以为董窑，又云，核之董窑似官，其不同者，质粗欠滋润。盖东、董声相近，唐氏半采《格古要论》，乃传闻之讹也。

案，古东器虽有紫口铁足，无蟹爪纹，不逮官窑多矣，唐氏何得云似？《陶成记事》亦称东窑，载东青有浅深二种。唐氏于东青色则书冬青，何不自知东之讹董也？且今所仿东青器，并无紫口铁足，或更加彩矣。

注释

〔1〕东窑：据《宋会要》，"东"盖以窑场在汴京城内方位言。但其窑址迄今尚未发现。

青瓷牡丹纹凤凰口水注　11世纪

龙泉窑〔1〕

宋初处州府龙泉县琉田市所烧，土细墡，质颇粗厚，色甚葱翠，亦分浅深，无纹片。有一等盆，底有双鱼，盆外有铜掇环。器质厚实者，耐摩弄，不易茅篾，第工匠稍拙，制法不甚古雅耳。景德镇唐窑有仿龙泉宝烧一种，尤佳。《格古要论》以为亦有薄式。

唐氏《肆考》云："古龙泉器，色甚葱翠，妙者可与官、哥争艳，但少纹片，紫骨铁足耳。"

注释

〔1〕龙泉窑：古代重要青瓷窑，在今浙江西南部龙泉县。现已发现窑址三百余处，其中尤以大窑、金村两地窑址最多，烧瓷质量最精。它的烧瓷时间从宋（一说五代）至清延续不绝。北宋时瓷器生产初具规模，窑场多为依山而建的龙窑式（窑炉形式之一。体形细长如龙，故名），产品以碗、盘、盆、钵、执壶等为主。胎呈灰或浅灰色，圈足高而规整，釉层薄，有流釉及开片现象，釉色多青中泛黄，不够稳定。常见纹饰有团花、莲花、缠枝牡丹等。南宋为龙泉窑发展期，形成独特风格，器形丰富，有各式瓶、炉、盒、盏、碗、渣斗、文具、塑像等。装饰盛行单面刻、划花，以刻花为主。常见纹饰有鱼、雁、云气、水波、凤鸟、莲花、蕉叶纹等，釉层加厚，釉色纯正，尤以粉青和梅子青釉的烧制成功为青釉史上的高峰。胎色出现黑白两种。白胎居多，胎体、施釉均较黑胎者为厚，装饰多浮雕、出筋、贴花；黑胎器釉面多有开片，紫口铁足，亦被理解为乃龙泉仿官或龙泉官窑的产品。至元代，技术更加纯熟，多大件器物且不变形，碗、盘、杯、盏、洗、炉、瓶等具有鲜明时代特征，纹饰有云龙、牡丹、荷叶及福、禄、八思巴文等。装饰手法有模印贴花、露胎、褐斑

装饰等。这一时期瓷器开始大量外销。至明代早期仍有大量烧造，许多器物与江西景德镇青花类似，菊瓣碗与历史故事印花碗较具特色。明晚期瓷业渐衰。龙泉窑青瓷影响广远，不仅国内许多地区仿烧，形成龙泉窑系，在泰国、日本、朝鲜半岛亦有仿烧。

翠青釉里红凤凰碗　清・雍正

青釉红斑洗　元

青釉双鱼纹洗　元

哥　窑[1]

宋代所烧，本龙泉琉田窑，处州人章姓兄弟分造。兄名生一，当时别其所陶曰哥窑。土脉细紫，质颇薄，色青，浓淡不一。有紫口铁足，多断纹，隐裂如鱼子。釉惟米色、粉青二种，汁纯粹者贵。

唐氏《肆考》云，古哥窑器质之隐纹如鱼子，古官窑质之隐纹如蟹爪，碎器纹则大小块碎。古哥器色好者类官，亦号“百圾碎”[2]，今但辨隐纹耳。又云汁油究不如官窑。案哥窑在元末新烧，土脉粗燥，色亦不好，见《格古要论》。旧呼哥哥窑，亦取土于杭。

注释

〔1〕哥窑：又称哥哥窑、哥哥洞窑。宋代文献并无记载，最早见于元人记述，但语焉不详。中经明初，直到明代中后期，记述内容逐渐血肉丰满，形成章生一、章生二兄弟两人在龙泉烧窑的传说。生一为兄，所烧称“哥窑”，又名“琉田窑”；生二为弟，所烧称“弟窑”，又名“龙泉窑”。哥窑烧制釉面满布开片纹的青瓷，弟窑则生产无开片的龙泉青瓷。从传世品及考古出土物来看，哥窑器造型及釉色与南宋郊坛下官窑相近。胎色较深，施浅灰色青釉，色极浅者近于白，釉质肥润，器身光素，通体开片。其开片纹是由于胎体与釉层冷热缩胀系数不同所致，俗称“百圾碎”。但因胎釉结合极佳，故除出现碎纹外，釉层并无脱落，毫不妨碍使用。对于哥窑窑址及章氏兄弟的生平等的探寻，考古工作多年来一直在进行。曾在龙泉的溪口、瓦窑墙等地发现类似哥窑器特征的窑址，近年则在杭州老虎洞发现有可能是哥窑的窑址，但章氏兄弟的真实性仍未发现可靠证据。

〔2〕百圾碎：圾，即“件”。烧制瓷器，件数愈多愈难烧，因其易倒塌破碎。百圾易碎，故有此名。

双耳三足炉　宋

章龙泉窑

即生一之弟章生二所陶者，仍龙泉之旧，又号章窑，或曰处器、青器。土脉细腻，质薄，亦有粉青色、翠青色，深浅不一。足亦铁色，但少纹片。较古龙泉制度，更觉细巧精致，至今温、处人尤称为章窑。

唐氏《肆考》云："兄弟二窑，其色皆青，有浓淡，皆铁足。旧闻有紫足，少见。惟哥窑有纹，弟章窑无纹为别。"《春风堂随笔》云："章窑所陶青器，纯粹如美玉，为世所贵，即官窑之类。"案，白壤所造，外涂釉水，翠浅露白痕者真。明初，窑移处州，青器土垩火候，渐不及前矣。

青瓷凤凰耳瓶　南宋

均　窑[1]

亦宋初所烧，出钧台。钧台宋亦称钧州，即今河南之禹州也。土脉细，釉具五色，有兔丝纹[2]，红若胭脂朱砂为最，青若葱翠、紫若墨者次之。三者色纯无少变杂者为上，底有一二数目字号为记者佳。若青黑错杂如垂涎，皆三色之烧不足者，非别有此样。俗取梅子青、茄皮紫、海棠红、猪肝、骡肺、鼻涕、天蓝等名。蒋《记》云："近年新烧，皆砂土为骨，釉水微似，制有佳者，俱不耐久。"

唐氏《肆考》云："均窑始禹州，禹州昔号钧台，均合书钧，今通作均，沿写已久。此窑惟种菖蒲盆底佳甚。他如坐墩[3]、垆、合、方瓶、罐子，多黄沙泥坯，则器质不佳。案唐说特就古均器言之耳，若今镇陶所仿均器，土质既佳，瓶、炉尤多美者。

注释

〔1〕均窑：宋代名窑之一。亦称“钧窑”“钧州窑”。窑址在今河南禹州八卦洞、钧台、神垕镇一带。传说“夏启有钧台之享”(《左传·昭公四年》)，故禹州自金代即称钧州，窑亦因以名之。钧窑烧瓷始于唐代(一说始于北宋初)，延烧至金元。器形有花盆、盆托、洗、炉、钵等。胎质坚实细腻，份量较重。釉为以氧化铜为着色剂的乳浊釉，通称为钧釉，颜色有天蓝、月白、玫瑰紫、海棠红等。尤以窑变釉最具特色，釉面上彩斑或浓或淡，或聚或散，打破了单纯的色调，形成钧瓷斑斓多彩、尽态极妍的绚烂效果。釉面有蚯蚓走泥纹或兔丝子纹，也是其特点。盆、托、尊等做工精致，且底部刻有一至十的数目字，或为进御器。

〔2〕兔丝纹：颜料与釉汁没有完全融和，经火出现离合状态，呈色彩交错的兔毫纹样。

〔3〕坐墩：亦名“绣墩”“鼓墩”“座墩”，为功能与凳子相同的家具，有木、陶、瓷等不同质料。多为鼓形，一般还要模仿鼓面蒙皮的铆钉等，宋代还有覆盂形等式样。明、清时最为盛行，明代宣德窑、万历窑名品很多。但明代多为凸面，清代则为平面。

月白釉红斑瓶　金

玫瑰紫釉葵花式花盆　宋

仿钧窑双耳瓶　清·乾隆

碎器窑

南宋时所烧造者，本吉安之庐邑永和镇另一种窑。土粗坚，体厚质重，亦具米色、粉青样。用滑石配釉，走纹如块碎，以低墨土赭搽薰，既成之器，然后揩净，遂隐含红黑纹痕，冰碎可观。亦有碎纹素地加青花者。

唐氏《肆考》云："吉州，宋末有碎器，亦佳。今世俗讹呼哥窑，其实假哥窑，虽有碎纹，不同鱼子，且不能得铁足。若铁足则不能有声，惟仍呼碎器为称〔1〕。"案，所谓紫口铁足，今镇陶多可伪设，即鱼子纹，亦不必定属汝、哥类，凡圆琢小件，皆有精仿者矣。

注释

〔1〕称：音chèn，相称。

卷七　古窑考

东瓯陶

瓯越[1]也，昔属闽地，今为浙之温州府。自晋已陶，其瓷青，当时著尚。杜毓《荈赋》[2]所谓“器择陶拣，出自东瓯”者是也。陆羽《茶经》[3]云：“瓯越器青，上口唇不卷，底卷而浅，受半斤以下。”

注释

〔1〕瓯越：亦称东瓯。古越族的一支。传为越王勾践的后裔。秦汉时分布于今浙江南部瓯江、灵江流域一带。楚汉之争时，其首领摇曾助汉攻楚。汉惠帝封摇为东海王，都东瓯（今浙江温州）。至汉武帝时迁居江、淮一带。后世因以东瓯或瓯越为温州及浙南一带的别称。早在汉代，瓯江北岸的永嘉就已开始生产原始青瓷和青瓷（文中说“自晋已陶”，误），但直至三国、西晋，技术水平仍不高，瓷胎尚不能完全烧结，釉色虽基本为淡青，但有时会有青黄色，还不够稳定，此外还有剥釉现象。到东晋时烧造技术才有了明显提高，胎质细密，釉色趋于纯正的淡青色。瓯窑瓷胎色较白，胎质细腻，釉色淡青，透明度较高，时称“缥瓷”。晚唐前后，釉色纯青或青黄，滋润如玉。五代、宋、元继续烧造。产品多以褐彩为饰，东晋为点彩，唐、五代为褐斑，宋元为彩绘，时代风格明显。其器形种类，大多与越窑相同，且注重艺术造型，晚唐时有仿花、果造型的碗、盘、壶等，活泼可爱。

〔2〕杜毓《荈赋》：杜毓，即杜预，西晋时人，司马昭妹婿。任官期间，损益万机，朝野称美，号“杜武库”。后因攻灭东吴，受封为当阳县侯。晚年埋首经籍，自称“《左传》癖”，著《春秋左氏经传集解》《春秋释例》等，成一家之学。荈（chuǎn），茶的老叶，即粗茶。考唐代欧阳询《艺文类聚》引文，为“器泽陶简，出自东隅”。

〔3〕陆羽《茶经》：陆羽，唐代人，字鸿渐，性诙谐。以嗜茶名于时，旧

时被尊为茶神。《茶经》三卷，对茶的性状、品质、产地、种植、采制、烹饮、茶具等均有论述。其声名地位之影响，竟致于茶商会在卖茶具时附送其瓷塑像，但若生意不好，则又会灌注塑像以示不满，即所谓“买十茶器必得一鸿渐。市人沽茗不利，辄灌注之”。

青瓷瓜棱执壶　五代

关中窑

元魏[1]时所烧，出关中，即今西安府咸阳等处。陶以供御。

注释

〔1〕元魏：南北朝时期北方的魏朝，因孝文帝迁都洛阳，改其本姓拓跋为元，故称元魏。

洛京陶

亦元魏烧造，即今河南洛阳县也。初都云中，后迁都此，故亦曰洛京。所陶皆供御物。

寿　窑[1]

唐代所烧，江南之寿州也。瓷色黄，《茶经》以寿瓷为最下，云黄则茶色紫，不相宜。

注释

〔1〕寿窑：即寿州窑。唐代民间瓷窑。窑址在今安徽淮南上窑镇、马家岗、高塘湖等地。唐代属寿州，故名。隋代为淮南窑所在地，以管家嘴窑为代表，烧造青瓷，器形有小口罐、四系瓶、高足盘等。瓶、罐上往往有贴花、印花或划花装饰，有的仅用一种装饰，有的兼而有之。唐代改烧黄釉瓷，以余家沟窑为代表。器形有碗、枕、盏、杯等，尤以碗为多。一般胎体厚重，上施化妆土，多平底器。釉有蜡黄、鳝鱼黄、黄绿等色，釉层透明，釉面光润，有细小开片纹。陆羽《茶经》评其为唐代六大瓷窑之一，但又说“寿州瓷黄，茶色紫”，“不宜茶”，故将其列为最下。这是仅从饮茶清赏的角度做出的评价，并不能因此而说寿州瓷质量不高。

黄釉注子　唐

洪州窑〔1〕

洪州烧造者，亦见唐代。洪州，今南昌府。《格古要论》云：“江右〔2〕洪州器黄黑色。”《茶经》云：“洪州瓷褐，令茶色黑，品更次寿州。”陆羽曰，（瓷）褐（茶）色黄黑[1]。

校记

1 褐色黄黑：傅本作“褐色黑”，美术本、欧阳本均作“褐色黄黑”。

注释

〔1〕洪州窑：古代重要青瓷窑。窑址在今江西丰城市赣江一带，面积广大。丰城，唐代属洪州，故名。烧瓷时间始于东汉末（或说为南朝末），终于晚唐（或说五代）。东晋南朝时逐渐进入兴盛期，器形种类增多，流行博山炉、盏盘、冥器等。已开始使用匣钵，釉面光洁。隋代广泛使用模印装饰，盘心、碗、钵外印多种花叶纹，并较多使用化妆土，但与釉面结合不牢，常有剥釉现象。初唐多大碗、盘口壶、杯等，装饰比隋代简化，多重环纹和小花纹。盛唐至中唐达到顶峰，杯的造型丰富，有的仿金银器形制，胎色较深，施化妆土，釉色较深而呈褐色。此外还有一种青绿釉瓷，色调较深，灰青明亮。

〔2〕江右：江西省的别称。古人地理上以东为左，以西为右。盖自江（长江）北视之，江西省在长江之右，故名。

青瓷莲纹碗　隋

越　窑〔1〕

越州所烧，始唐代，即今浙江绍兴府，在隋、唐曰越州。瓷色青，著美一时。《茶经》云："碗，越州为上。其瓷类玉、类冰。青而益茶，茶色绿，邢瓷不如也。"陆龟蒙〔2〕诗云："九秋风露越窑开，夺得千峰翠色来。"孟郊〔3〕诗云："越瓯荷叶空。"顾况《茶赋》云："越泥如玉之瓯。"观此，越窑亦唐时韵物〔4〕矣。

唐氏《肆考》云，越窑实为钱氏秘色窑之所自始。

注释

〔1〕越窑：我国烧瓷史上最早的瓷窑之一，是唐、五代时最著名的青瓷窑场和青瓷系统。所烧青瓷代表当时青瓷最高水平。主要窑址在今浙江余姚上林湖一带，唐代属越州，故名。后来逐渐扩展到上虞、绍兴、诸暨、镇海等地，形成一个庞大的越窑系统。越窑青瓷自东汉创烧，中经六朝，至唐达到极盛，形成独特风格。器物种类有执壶、耳杯、盏托、唾壶、瓶、碟、玉璧底碗等，造型丰富秀美，釉色莹润纯净，吸引了许多文士的赞誉。如唐代陆羽曾赞美越窑青瓷"类玉""类冰"，绝非过誉。这一时期的器物以造型和釉色为胜。胎体多光素无纹，少量有活泼优美的刻、印花装饰，亦有相当部分釉色青中带黄。五代多瓜棱形壶和花瓣口碗、盘，器表仍以光素为主。入宋后，釉层透明度提高，刻、划装饰手法更加流行，划花线条纤细流畅，多蝴蝶、龙凤、游鱼纹等。器形以壶、碗、盘、洗、盏托、香炉等为多，碗底并刻有铭款。晚唐时，越窑青瓷已开始贡御，特优者称"秘色瓷"，入宋，逐渐衰落。此外，自唐代起，越窑青瓷已开始出口，在亚、非、欧许多国家均发现过唐、宋时期的越窑瓷器。

〔2〕陆龟蒙：唐代苏州人，字鲁望。与同时代诗人皮日休合称“皮陆”。擅诗文，诗以七绝最为爽利，文胜于诗，尤以小品文抒写闲情逸致，自成一家。后隐居松江甫里（今江苏苏州市吴中区角直），号甫里先生、江湖散人等。有《唐甫里先生文集》。本文所引出自其《秘色越器》诗：“九秋风露越寒开，夺得千峰翠色来。好像中宵盛沆瀣，共嵇中散斗遗杯。”

〔3〕孟郊：唐代诗人，字东野。亦曾做官，但因不苟同流俗而屡屡受挫，一生穷困，时称“寒酸孟夫子”。诗风朴质，多寒苦之音，颇得韩愈赏识，与贾岛并称“郊寒岛瘦”。有《孟东野诗集》。本文诗句引自其《凭周况先辈于朝贤乞茶》诗。

〔4〕韵物：风雅之物。

五瓣花口碗　唐

褐彩如意云纹罂

鼎　窑

唐代鼎州烧造，即今西安府之泾阳县也。陆羽《茶经》推鼎州瓷碗，次于越器，胜于寿、洪所陶。

黑釉塔式盖罐　唐

婺　窑〔1〕

亦唐时婺州所烧者，今之金华府是。《茶经》又以婺器次于鼎瓷，非寿、洪器所能及[1]。

校记

1 能及：傅本、欧阳本均如此，美术本无。

注释

〔1〕婺窑：婺，音wù，在今浙江金华一带。该地隋代即属婺州，后虽名称数次改动，但唐代乾元元年（758）仍复为婺州，窑亦因而名之，是唐代一大青瓷产地。东汉时已烧制出瓷器，唐代又创烧乳浊釉，并延至宋、元。唐代以茶碗著名，陆羽作《茶经》，品评天下茶具，婺州青瓷茶碗名列第三。可见其在士人心中的地位。

青瓷瓶　隋

岳　窑〔1〕

湖南岳州府，唐代亦陶。瓷皆青。《茶经》谓又次于婺瓷[1]。然青固宜茶，茶作白红之色，悉胜于寿州、洪州者。

校记

1 瓷：傅本作“州”，美术本及欧阳本均作“瓷”。

注释

〔1〕岳窑：湘阴窑在唐、五代称岳州窑。窑址在今湖南湘阴的窑头山、白骨塔、窑滑里一带。湘阴在唐初即属岳州，故名。产品以青釉为主，东汉已开始烧造青釉器。隋代有较大发展，至唐，胎体变薄，胎质仍较粗松，釉色以青绿居多，亦有青黄色，釉层薄并有剥釉现象。一度曾流行印花装饰，但后被素面取代。《茶经》评论说：“碗，越州上，鼎州次，婺州次，岳州次，寿州、洪州次。”“越州瓷、岳瓷皆青，青则益茶。”

青釉刻莲瓣纹小口瓶　五代

蜀　窑

唐时四川邛州[1]之大邑所烧。体薄而坚致，色白声清，为当时珍重。《杜少陵集·韦处乞大邑瓷碗》诗云：大邑烧瓷轻且坚，扣如哀玉锦城传。君家白碗胜霜雪，急送茅斋也可怜。"[2]首句美其质，次句美其声，三句美其色，蜀窑之佳，已可想见。案《辍耕录》引《笔衡》载有续窑，疑"续"即"蜀"误。唐氏[3]又以大邑瓷隶越窑下，说尤误矣。

注释

〔1〕邛（qióng）州：南朝梁已置，隋废，至唐乾元元年复为邛州，大邑即其隶属。

〔2〕杜少陵：即杜甫。唐代襄阳（今属湖北）人，生于巩县（今属河南巩义），字子美。曾居长安少陵，自号少陵野老，世称杜少陵。唐玄宗天宝年间，结识李白。安史之乱，筑草堂于成都浣花溪。肃宗时曾入剑南节度使严武幕府，表为检校工部员外郎，世称杜工部。其诗多反映时代社会现实，被称为"诗史"，有《杜工部集》。与李白齐名，并称"李杜"。本文所引诗原题为《又于韦处乞大邑瓷碗》。　哀玉：形容玉声凄清。　锦城，亦作锦里、锦官城，四川成都的别称。故址在今成都南。成都旧有大城、少城。少城古为掌织锦官员之官署，因名锦官城，简称锦城。据说锦工织锦在城中江水中洗濯，则锦色彩鲜艳，而以别处江水洗濯，则锦色暗弱，故又称之为"锦里"。　可怜：可爱。

〔3〕唐氏：即唐秉钧。

青釉褐绿彩碗片　唐

秘色窑

吴越烧造者。钱氏有国时，命于越州烧进，为供奉之物，臣庶不得用，故云秘色。其式似越窑器，而清亮过之。

唐氏《肆考》云："蜀王建报朱梁信物，有金棱碗。[1]致语云，金棱含宝碗之光，秘色抱青瓷之响。"则秘色乃是当时瓷器之名，不然，吴越专以此烧进，何蜀王反取之以报梁耶？案，坦斋《笔衡》谓，秘色唐世已有，非始于钱氏，大抵至钱氏始以专供进耳。岂王蜀遂无唐之旧器哉？又徐寅[2]有《贡余秘色茶盏》七律诗，可见唐有之辨非谬。特《辍耕录》疑为即越窑，亦误。南宋时秘色窑已移余姚，迄明初遂绝。

注释

〔1〕蜀王建：指五代十国时期前蜀国主王建。　报：回赠，回报。　朱梁：五代十国时期朱温所建后梁。　金棱碗：以金为饰的碗。

〔2〕徐寅：唐末五代人，以善赋名闻中原。深得五代时闽太祖王审知器重。后唐庄宗同光元年（923），王审知派徐寅贡秘色瓷，因作此诗。原题为《贡余秘色瓷器》。全诗为："捩翠融青瑞色新，陶成先得贡吾君。巧剜明月染春水，轻旋薄冰盛绿云。古镜破苔当席上，嫩荷涵露别江濆。中山竹叶醅初发，多病那堪中十分？"

秦　窑

唐代烧造，今甘肃之秦州也。相传器皆碗杯之属，多纯素，亦有凸鱼水纹者。

秘色花口盘　唐

柴　窑[1]

五代周显德初所烧，出北地河南之郑州。其地本宜于陶，以世宗姓柴，故名。然当时亦称御窑，入宋，始以柴窑别之。其瓷青如天，明如镜，薄如纸，声如磬，滋润细媚，有细纹。制精色异，为古来诸窑之冠，但足多粗黄土耳。

唐氏《肆考》云："柴窑起于汴，相传当日请器式，世宗批其状曰：雨过天青云破处，者般[2]颜色作将来。"今论窑器者，必曰柴、汝、官、哥、定，而柴久不可得矣。得残器碎片，制为冠饰、绦环、玩具，亦足珍贵。世传柴瓷片宝莹射目，光可却矢[3]。宝莹则有之，却矢未必然，盖难得而重言之也。

注释

〔1〕柴窑：明清史籍所记五代时瓷窑。窑址不详，有认为在郑州者，有认为在开封者。关于柴窑的争论明代即已开始。有认为后周世宗姓柴，窑因以为名；也有认为即吴越秘色瓷；另有人认为应为宋代景德镇影青瓷。

〔2〕者般：这般。

〔3〕却矢：却，退。矢，箭。

唐邑窑

宋时烧造，即今南阳府唐县。昔称青瓷，质釉不及汝器。

邓州窑〔1〕

亦宋所烧，即南阳府之邓州。皆青瓷，未若汝器滋润。

注释

〔1〕邓州窑：即内乡窑。窑址在今河南内乡大窑店，宋属邓州，故名。始于唐，盛于宋，终于元。唐代烧黑釉及带斑点装饰的花瓷。宋、金时以青瓷为主，釉色青绿，器形多碗、盘，装饰以印花为主，亦有刻、划花手法，纹饰以缠枝菊花为多。部分器物光素无纹。

耀州窑〔1〕

耀州，今属西安府。亦宋烧青器，色质俱不逮汝窑。后烧白器，颇胜。然陶成皆不坚致，易茅损，所谓黄浦镇窑也。

注释

〔1〕耀州窑：窑址在今陕西铜川黄堡镇。唐末、五代后唐及宋均属耀州，故名。唐代已开始烧造黑、白、青釉瓷器。五代以青釉为主，受越窑影响较大，为宋代青瓷的发展奠定了基础。北宋以烧造青瓷为主，北宋末最盛。是宋代北方民间青瓷的主要产区之一。器形以碗、盘、碟、瓶等为主，胎质灰白坚薄（本书言“不坚致，易茅损”，实误），釉色匀净，有的青如橄榄，有的稍绿，有的稍泛黄。装饰以刻花为主，线条自由流畅。北宋中期以后，结构严谨丰满的印花也开始流行。装饰花纹以莲花为最多，风格质朴粗放，健美有力。除青瓷外，还烧造酱釉、黑釉和白釉瓷。除民用瓷外，还烧造贡瓷。耀州窑的刻、印花技法影响很大，河南、广东、广西等地许多窑场均有仿烧。金、元时期继续烧造，但质量已不如宋代，胎釉较粗厚，花纹也较前简单。

青釉提梁倒灌壶　宋

刻花卧足碗　金

乌泥窑〔1〕

建宁府建安所烧，始于宋。厥土黑坟，质粗不润，釉水燥暴，色面亦青。《瓶花谱》〔2〕以乌泥与龙泉、均、章诸窑并重。《博古要览》〔3〕则谓当差肩象、东〔4〕。

《拾青日札》〔5〕云：建安乌泥窑器，品最下，未可传信。抑今昔之不同耶？

注释

〔1〕乌泥窑：一说即乌泥官窑，宋修内司官窑所烧，胎色黑者即乌泥窑，但其窑址则不会在福建，而应在杭州。另一说即建窑，窑址初在建安，后迁建阳。以黑釉瓷闻名，胎呈乌泥色，故名。

〔2〕《瓶花谱》：明代张丑（又名谦德）撰，一卷。专论瓶花，先品评瓶，再品评花，并及折枝、插贮、护瓶等事。

〔3〕《博古要览》：当为《博物要览》，清代谷应泰撰，十六卷。论碑石、书画、瓷器、砚台、漆器、珠宝等文玩之物。

〔4〕差肩象、东：差（cī），差肩，比肩，并列，地位相等。象，象窑。东，东窑。

〔5〕《拾青日札》：当为《留青日札》，明代田艺衡撰，三十九卷。杂记明代社会风俗、艺林掌故等。后被明代徐懋升摘编为六卷，以《留留青》之名刊行。不过，初步检查《景德镇陶录》中各标引为《拾青日札》者，又与《留青日札》论叙有差异。

余杭窑

亦宋时烧造，乃杭州府之余杭县也。色同官瓷，无纹，不莹润。

叶坦斋《笔衡》云：郊坛下新窑，已比旧官内窑大不侔[1]。他如乌泥窑、余杭窑，更非官窑比矣。

注释

〔1〕侔：相等，齐。

黑釉鸡头壶片及青釉双复系罐片　东晋

白地黑花罐　宋

丽水窑

亦宋所烧，即处州丽水县，亦曰处窑。质粗厚，色如龙泉，有浓淡，工式尤拙。

萧　窑

出徐州府萧县之白土镇，一曰白土窑，亦宋代烧造。厥土白壤，质颇薄泽，皆白器，制式规范颇佳。

《夷坚志》[1]云："萧县白土镇造白器，凡三十余窑。窑户多邹姓，有总首，其陶匠约数百人，制作颇佳。"

注释

〔1〕《夷坚志》：南宋洪迈撰。原书四百二十卷，已缺损。内容多记神仙鬼怪和异闻杂录，也有一些当时的市井生活。收录丰富，以后的戏曲、小说等多从中取材。

吉州窑[1]

宋时吉州永和市窑，即今之吉安府庐陵县。昔有五窑，具白色、紫色。紫有与紫定相类者。五窑中，惟舒姓烧者颇佳。舒翁工为玩具，翁之女名舒娇，尤善陶，其炉、瓮诸色，几与哥窑等价。花瓶大者值数金，小者有花。《格古要论》云："体厚质粗，不甚足品。"

唐氏《肆考》云："吉窑颇似定器，出今吉安之永和镇。相传陶工作器入窑，宋文丞相[2]过时，尽变成玉。工惧事闻于上，遂封穴不烧，逃之饶[3]，故景德镇初多永和陶工。"按，此亦元初事，若明陶以后，则皆昌南土著。

注释

〔1〕吉州窑：宋代著名的民间瓷窑，窑址在今江西吉安永和。从隋至宋，吉安均名吉州，故名。创烧于唐（一说五代），宋代极盛。已发现窑址20余处，尤以舒、陈、周、郭、谢五家窑址为最。釉色有青、绿、白、黑、白地褐花等。借鉴北方定窑的覆烧工艺和印花装饰及磁州窑白地褐花彩绘，绘画风格独具特色。吉州窑白釉器相传以舒翁及其女儿舒娇所烧者为佳，舒娇手艺甚至在舒翁之上。黑釉器则最能代表吉州窑特色，器物上多有木叶纹、玳瑁斑、剪纸贴花、剔花等装饰。木叶纹直接把树叶用于黑釉碗上，剪纸也主要用于碗内，题材有花鸟动物、吉祥语等。这两种装饰方法为吉州窑新创，具有鲜明的民间色彩。元代以后逐渐衰落，但直到明朝仍在烧造。

〔2〕文丞相：即文天祥。南宋末庐陵（今江苏吉安）人。曾任右丞相。坚持抗元斗争多年，后兵败被俘，书《过零丁洋》诗"人生自古谁无死，留取丹心照汗青"，以明心志。曾被元朝囚于大都（今北京）三年多，数次拒绝投降。

龙天目碗　南宋

他身在牢笼，而诗句墨迹传遍京城，如同珍宝。元代至元十九年（1283）就义，但民间则传说他在狱中悟得大光明法蝉蜕而去。

〔3〕逃之饶：之，到，去。饶，饶州。

建　窑[1]

古建州窑也，出宋代，为今之建宁府建阳县。始于建安，后迁建阳，入元犹盛。碗、盏多是撇口，体稍薄，色浅黑而滋润。有黄兔斑，滴珠大者真。宋时茶尚撇碗，以建安兔毫盏为上。

唐氏《肆考》云：旧建瓷有薄者，绝类宋器。

注释

〔1〕建窑：宋代名窑。窑址在今福建建阳水吉镇。唐代已烧造青瓷，宋代达到全盛，至清代停烧。北宋开始烧造黑釉瓷，以茶盏居多，并有贡御器。胎骨乌泥色，釉面有形成银灰或黄褐丝纹者，细如兔毛，称“兔毫斑”；有呈油滴状银灰色小圆点者，称“鹧鸪斑”或“油滴釉”；有呈油滴状斑点，周围呈现蓝色光晕，并随光线不同而变色无穷者，称“曜变天目”；亦有釉面纯黑者。茶盏多为敛口斜壁，深腹，小圈足底，从口至足，器壁渐厚。宋代盛行饮茶之风，但所饮并非茶叶，而是事先用佐料等配制成的茶饼。饮用时将茶饼碾成细碎，边用沸水点注边搅动茶水，使茶汤泛出白沫。比赛点茶的游戏称“斗茶”，以白沫持久为上，茶盏先染水迹为负。黑色茶盏最宜于这种游戏，宋徽宗即曾评说“盏色贵青黑，玉毫条达者为上”，指的就是建窑茶盏。宋代斗茶风靡全国，各地纷纷仿烧黑釉茶盏。建窑黑釉瓷还被输往国外，至今在日本等地仍有发现。

油滴天目碗　南宋

兔毫盏　宋

象　窑[1]

宋南渡后所烧，出处未详。有蟹爪纹，以色白滋润为贵。其黄而质粗者品低。

唐氏《肆考》云："或言象器出今宁波府象山县，核之象窑，似定，但多质粗。其滋润者亦终逊定器，且次于霍州镇之彭窑。"

注释

〔1〕象窑：清朱琰《陶说》记其在浙江宁波象山。象山窑唐代已烧青瓷，明清文献并记其烧白瓷。另《宋会要》已有载明州瓷器，明州即宁波。

榆次窑

此西窑也，即太原府榆次县。自唐已陶，土粗质厚，厥器古朴。

平阳窑

亦西窑也，平阳府所烧。唐宋皆陶，有砖窑，大而容器多；有土窑，小而容器少。土壤白，汁水欠纯，故器色无可传者。

白釉玉壶春瓶　宋

宿州窑

宋代烧造，为今凤阳府之宿州也。器仿定色，当时行尚颇广。自定窑器减后，而北地且多市充定器，然固不及真定瓷也。

泗州窑

江南之泗州，宋代亦陶。悉仿定窑器色，但不著于时。贪其值贱者多市充定器。或云，泗器实与宿窑相埒[1]。

注释

〔1〕埒：音liè，同等，相等。

彭　窑[1]

元时彭均宝于霍州烧造。土脉细白，埴腻体薄，尚素。仿古定器，制折腰样甚整齐，当时以彭窑称焉。其佳者与定相埒，因亦呼新定器。

《格古要论》云："元彭均宝效古定窑制器，创折腰样。其土脉细白，绝类真定，往往为牙行[2]指作定器。以烧于霍州，又名霍窑。"

唐氏《肆考》云："元之戗金匠户彭均宝烧仿定器，与白定相似，但比青口欠滋润，极脆，难以传久。市肆卖古瓷，多充为定器，非真赏家莫辨。"

注释

〔1〕彭窑：文献记载元代戗金匠彭均（又作君）宝在山西霍州烧制仿定瓷器，又名霍窑。始于金终于清。金、元时以仿定白瓷为主，胎土细腻，釉色洁白，制作规整，但质脆易折。精细者多光素无纹，少量印水波、莲瓣纹。除白瓷外，元、明、清时还曾烧造白地黑花瓷。

〔2〕牙行：为买卖双方说合交易而从中收取佣金的商行。亦指其行主。

白釉印花盘　元

宣州窑

元、明烧造，出宣州。土埴质颇薄，色白。

临川窑

元初烧造，即今抚州府之临川县。土埴细，质薄，色多白微黄，有粗花者。

南丰窑

出盱江[1]之南丰县，元代烧造。土埴细，质稍厚。器多青花，有如土定等色。

蒋《记》云：夫何昔之课斯陶者日举，今则州家多挂欠[2]？原其故有五，临川、建阳、南丰产有所夺，三也。按此是说镇陶之利为三邑陶所夺。可见临窑、南窑、在元时亦盛。

注释

〔1〕盱江：盱，音xū。　南丰窑：宋代重要瓷窑。产青白瓷和白瓷。装饰以刻花为主。青白瓷釉色偏白，不同于景德镇的偏青色釉。

〔2〕昔之课斯陶者日举，今则州家多挂欠：昔，过去。课，交税或收税。举，办理。挂欠，赊欠。

陇上窑

陇东所陶，始于明，即平凉府华亭县等处。或称白器，或曰类西窑。大抵质粗工拙，不足贵。蔡九霞《志》云："平凉华亭之间，明产瓷器，古陇东地也。"

欧　窑〔1〕

明代烧造，为江南常州府宜兴人，以其姓欧[1]，皆呼为欧窑。有仿哥窑纹片者，有仿官、均窑色者，彩色甚多，俱花盘，奁架诸器。其红、蓝纹釉二种尤佳，昌南唐窑曾仿之。

唐氏《肆考》云："宜兴窑又有专造紫砂壶〔2〕一式。"《阳羡茗壶录》〔3〕云："壶品，著名大家有时大宾、李仲芳、徐友泉、陈仲美、陈俊卿等。"按宜兴壶窑虽属陶成，然不类瓷器，此编只纪瓷陶，故不列入。

校记

1 姓欧：傅本、欧本均如此，美术本作"欧姓"。

注释

〔1〕欧窑：明清时宜兴窑（在今江苏）模仿宋钧窑窑变者甚多，欧窑是最有名的一个。

〔2〕紫砂壶：宜兴窑除部分窑场烧造仿钧器外，丁蜀镇窑场还烧造一种用质地细腻的特殊陶土紫砂泥制成的无釉陶器，尤以壶为著名。这种陶土有很好的透气性、耐热性和隔热性。有所谓用其沏茶不夺香，贮茶不变色，暑季不易馊。紫砂壶的兴起与明代饮茶风尚的改变紧密相关，以往的烹煮饼茶至明代成为冲泡散茶，紫砂壶正适应了这一变化。它的流行很快被精于茶道的文人士大夫所关注，逐渐趋向文人情趣化。并出现了一些著名紫砂艺人，如明代有供春，之后又有"四大家"董翰、赵良、元畅、时朋，而时朋之子时大彬（诸本均误"彬"为"宾"，其所制壶有款识者所见均为"彬"）所制之壶，更是标

志着紫砂壶艺术的成熟。时大彬的弟子李仲芳、徐友泉、陈俊卿及与之同时的陈仲美等俱为制壶名手。入清，则以陈鸣远为代表，又有陈鸿寿（号曼生）创设“曼生壶”，开创紫砂壶与诗、书、篆刻相结合的道路。

〔3〕《阳羡茗壶系》：明代周高起撰，一卷。周高起，暨阳（今江苏江阴）人，精鉴赏，嗜品茗，好壶艺。《阳羡茗壶系》考究紫砂陶工、陶土、名品，将紫砂工艺发展过程中出现的名工名匠逐一记录并分类。是我国第一部介绍阳羡（今宜兴）紫砂壶名品及艺人的专著。另，此书于一部分工艺美术或艺术类史料及研究著作中常易与吴骞《阳羡名陶录》相混。

宜均釉兽耳瓶　清

紫砂提梁壶　明

横峰窑

横峰，今广信府兴安，昔属弋阳县之太平乡。明处州人瞿志高来创造窑器。嘉靖间，因民饥乱，乃即横峰窑镇地改立兴安县，移窑于弋之湖西马坑，俗犹呼横峰窑，亦曰弋器。所造瓶、罐、缸、瓮、盘、碗之类，甚粗。

以上古陶，惟自晋纪起。东瓯、关、洛诸作，在当时原只泛称陶器，故仍以陶纪之，余悉称窑。盖陶至唐而盛，始有窑名也。

附：各郡县窑考

邢　窑[1]

出直隶之顺德府邢台县，自唐已烧造。土细质腻，色尚素，昔称白瓷，今亦有描青杂式者。《茶经》云："世以邢州瓷处越器上。然邢瓷类银、类雪，邢瓷白而茶色丹，似不如越。"按，《茶经》第就品茶言瓷耳，邢器亦足观。

注释

〔1〕邢窑：唐代著名瓷窑，窑址在河北内丘，当时属邢州，故名。邢窑白瓷当时即有很高的声誉，陆羽《茶经》称其"类银""类雪"，时人还称其"天下无贵贱通用之"。其白瓷制品，胎质细洁，纯白坚硬。釉色白润，有的微泛黄，略呈乳白色。造型规整，制作精致。胎体多施化妆土，器内施满釉，器外釉不到足。器形以碗最具代表性，大多浅腹、敞口、足矮而浅，底为玉璧底。一些出土的白瓷玉璧底碗的碗底中心刻划有"盈"字，当为贡御品。唐代后期逐渐衰落。邢窑白瓷不仅广销国内，还远销海外，在埃及、印度、日本等地均有发现。

白釉执壶　唐

磁州窑[1]

始磁州，昔属河南彰德府，今属北直隶广平府。称“磁器”者盖此。又，本磁石制泥为坯，陶成，所以名也。器之佳者，与定相似，但无泪痕，亦有划花、绣花。其素者，价高于定，在宋代固著。今人讹以陶窑瓷品概呼为磁器，不知另有是种窑。

注释

〔1〕磁州窑：宋代北方民间瓷窑。窑址在河北磁县，隋代即属磁州，后虽屡经变更，但窑仍因以名之。其窑址主要分布在观台镇和彭城镇一带。磁州窑是北方宋、金时期烧瓷品种最丰富的一个瓷窑，以白地黑花器最具特色，带有鲜活的民间气息。磁州窑胎质坚细，呈灰白色，往往先在胎体上施白色化妆土再上釉。以这层化妆土为基础，形成了很好的装饰效果：或者剔、刻出花纹，形成较深的胎色与化妆土白色的对比；或者在白色化妆土上画黑色花纹；或者再加一层黑色化妆土，剔黑留白等，形成黑白对比鲜明、生动明快的装饰效果。强烈的反差效果、自由潇洒的画风和民间喜爱的主题，形成了磁州窑质朴洒脱的特色。除此之外，磁州窑还有珍珠地划花、多彩剔花、刻花填色等多种装饰手法。器物类型以碗、盘、罐、枕居多，其中枕多为白地黑花。元代烧造地集中在彭城。磁州窑产品以白地黑花器影响最大，形成窑系，在河南、山西、陕西、安徽、福建等地均有烧造。对日本、越南、朝鲜半岛等也有不小的影响。

白釉黑花牡丹纹瓶　金

德化窑[1]

自明烧造，本泉州府德化县。德化，今改属永春州。碗、盏亦多撇口，称白瓷，颇滋润，但体极厚，间有薄者。惟佛像殊佳。今之建窑在此，盖不类旧建瓷矣。

注释

〔1〕德化窑：在今福建德化。宋、元已烧造青、白瓷，明代极盛，为当时著名民窑，也是沿海地区外销瓷重要产地之一。明代以白瓷闻名，胎釉浑然一体，光润如白玉，有“象牙白”“猪油白”“葱根白”等称谓。产品可分两类，一为日用器，以盒为主要产品，印花装饰题材丰富；一为瓷塑，主要烧制于明代，人物形象有如来、观音、达摩等，并出现何朝宗等制瓷名家。除白瓷外，明、清还烧制青花和彩绘瓷。自元代起，德化窑开始外销，在菲律宾、东非等地均曾出土德化窑器。到现代仍有沿烧，以观音瓷塑最为精妙。

达摩立像　明

处　窑

浙之处州府，自明初移章龙泉窑于此烧造，至今遂呼处器。土粗，垩[1]、火候、汁水皆不得法。或犹有以龙泉称者，要非古章窑比也。

注释

〔1〕垩：白土。明代宋应星《天工开物》“白瓷”条：“凡白土曰垩，为陶家精美器用。”白瓷到现代仍有烧造，以观音瓷塑最为精妙。

青瓷贴花云龙纹盘　元

许州窑

明河南许州烧造，制磁石为之，亦瓷器也。色样皆有，花素较磁州新近者为优。或曰窑始于宋。

河北窑

烧造由宋始，青瓷也，即今河南卫辉府，昔称河北地。器同汝制，而色质不及，只可与唐、邓、耀等窑为伍。

怀庆窑

出河南怀庆府，自明迄今尚烧造。

白釉剔花牡丹纹瓶　宋

宜阳窑

明陶，即河南宜阳县，今尚烧造。

登封窑

亦自明始，即河南府登封县，今尚陶。

珍珠地划花双虎纹瓶　宋

陕州窑

河南之陕州也，烧造始于明，今尚陶。

兖州窑

明以来烧造者，即兖州府邹、峄[1]等处，今尚陶。

校记

1 峄：傅本作“峰”，美术本、欧阳本均作“峄”。

平定窑

今之西窑也，自宋已陶。土黎质粗，而色白微黑。器皆厚大，盆碗殊无可观，人呼之曰[1]倭器〔1〕，即平定州烧者。

校记

1 曰：傅本无“曰”字，美术本、欧阳本均有。

注释

〔1〕倭器：傅本认为当为“猧器”。猧，音wō，供玩赏的小狗。猧器，喂狗之器，言其粗糙不堪用。

霍州窑

亦今之西窑，始于唐宋。土细壤质腻，体薄，色多白，比平阳所造为佳，当时别之曰霍器。

白瓷玉壶春瓶　金一元

广　窑

始于广东肇庆府阳江县所造，盖仿洋磁烧者，故《志》云广之阳江县产磁器。尝见炉、瓶、盏、碟、碗、盘、壶、盒之属，甚绚彩华丽。惟精细雅润不及瓷器，未免有刻眉露骨相，可厌。然景德镇唐窑曾仿之，雅润足观，胜于广窑。此与磁州、许州等器，皆非瓷土所成者也。

《陶成纪事》云："一仿广窑釉色及青点釉一种。"按，此亦唐厂所仿。

梅花筒　清

三彩瓶　清

附：外译窑考

高丽窑〔1〕

即高丽国所烧造者，不知起于何代。质颇细薄，釉色与景德镇微类。有粉青者，似龙泉器。有细花者，仿佛北定器。若上有白花朵儿者，彼国不甚值钱，大约与越窑、秘色窑、汝窑诸式相类，惟瓜尊、狻猊炉颇著异。

注释

〔1〕高丽窑：高丽，朝鲜封建王朝，疆域基本涵盖今朝鲜半岛。其国家体制模仿唐朝。以佛教为国教，儒学也受到尊崇，并实行科举制。高丽朝瓷器以青瓷为最，高雅清新，端庄优雅。十二三世纪时为其鼎盛期，釉呈翡翠色，甚至宋人也称赞其为天下第一。狻猊，音 suānní，传说中的一种猛兽。

青瓷瓜形瓶　12世纪前半叶

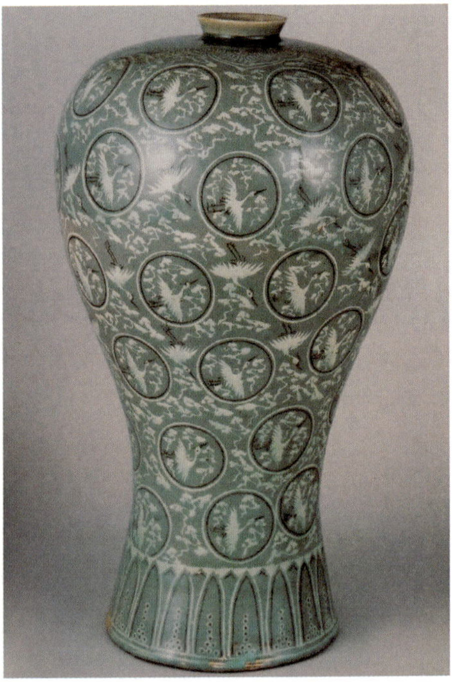

青瓷镶嵌云鹤纹梅瓶　13世纪前半叶

大食窑[1]

大食国所造，以铜作骨，用药烧成，五色华绚。有见其碗、盏、壶、盒者，谓与佛郎嵌器颇相似，不知著始何代。

注释

〔1〕大食窑：大食，中国唐、宋时对阿拉伯人、阿拉伯帝国的专称和对伊朗语地区穆斯林的泛称。自7世纪中叶起，唐代已将阿拉伯人称为多食、多氏、大寔（shí）；10世纪中期以后宋代文献多称为大食。大食帝国与唐朝大致同时建立，两国间既有冲突也有文化往来，尤其以文化交往更为主要。唐代文化吸收了许多大食文明的因素，同时也有不少唐文明的因素传到大食，并通过大食传到世界。唐代以后，中国与大食的交往仍十分密切。例如福建泉州至今还存有北宋时建立的中国最早的伊斯兰教清真寺。大食窑，与下文的佛郎嵌窑很难区分，或谓二者实一。关于珐琅，也有争论。有认为自罗马传入者，有认为自法国传入者。其演变过程大致为：拂菻嵌——拂菻——发蓝——佛郎嵌——法郎——珐瑯（珐琅）。但亦有人认为我国早在商代已有应用。明景泰年间工艺成熟，开始大量烧造，因以蓝为主色调，故又通称“景泰蓝”。

早期阿拉伯文字七宝装饰盘　1114—1144年

佛郎嵌窑

亦呼鬼国窑，即今所谓“发蓝”也，又讹“法琅”。其窑甚狭小，制如垆器。亦以铜作胎，用色药嵌烧，颇绚采可玩。

唐氏《肆考》云：“今云南人在京多作酒盏，仿佛郎嵌，俗谓之鬼国嵌。”

洋磁窑

西洋古里国[1]造，始者著代莫考。亦以铜为器骨，甚薄，嵌磁粉烧成。有五色，缋彩可观，椎之作铜声，世称洋磁。泽雅鲜美实不及瓷器也。今广中多仿造。

唐氏《肆考》曰：“洋磁等器，虽甚绚采华丽，而欠雅润精细，仅可供闺阁之用，非士大夫文房清玩也。”

注释

〔1〕古里：亦称古里佛、西洋古里。在今印度西南岸科泽科德一带，是东西方海上交通的重要港口。　广中：指广州。

卷八　陶说杂编　上

一

浮于饶称望邑〔1〕，景德一镇，屹然东南一雄观。业陶者于斯[1]，贸陶者聚于斯。天下之大，受陶之利而举以景镇名。王泽洪《记》

校记

1 业陶者于斯：傅本、美术本均如此，欧阳本据康熙二十一年（1682）《浮梁县志》补为“业陶者生于斯”，当是。

注释

〔1〕望邑：重要的城市。

二

浮处万山之中，而景德一镇，则固邑南一大都会也。殖陶之利，五方杂居，百货具陈，熙熙乎称盛观矣。〔1〕陈湝《集》

注释

〔1〕殖：经商取利。　熙熙：热闹繁盛。

三

昌南镇陶器，行于九域，施及外洋，事陶之人，动以数万计。海樽山俎，咸萃于斯。盖以山国之险，兼都会之雄也。[1]沈怀清《记》

注释

〔1〕昌南镇：即景德镇。以地处昌水之南得名。宋代景德年间改名景德镇后，昌南之名渐湮。九域：即九州，泛指全国。九州是中国古地理区划名，起于春秋战国，但州名未有定说。《尚书·禹贡》作冀、兖、青、徐、扬、荆、豫、梁、雍；《尔雅·释地》以幽、营二州替青、梁；《周礼·职方》有幽、并州，无徐、梁州；《吕氏春秋·有始览》则从幽州替梁州。　海樽山俎：樽俎，盛酒食的器皿。樽以盛酒，俎以盛肉。海、山，盖极言其大。后以海樽山俎代指奇异事物。　咸萃于斯：都聚在此处。

四

景德，江右一巨镇也，隶于浮。业制陶器，利济天下。四方远近，挟其技能以食力者，莫不趋之如鹜。谢旻《外纪》

五

昌江之南，有镇曰陶阳，距城二十里，而俗与邑乡异。列市受廛，延袤十三里许，烟火〔1〕逾十万家，陶户与市肆当十之七八，土著居民十之二三。凡食货〔2〕之所需求，无不便五方，藉陶以利者甚众。黄墨舫《杂志》

注释

〔1〕烟火：指人家。

〔1〕食货：吃的和用的。

六

浮梁提封〔1〕仅百里，土宜于陶，以致陶之业、陶之人，及陶中所有之事，几皆半于浮。则景德一镇，洵〔2〕浮之要区矣。杨竹亭《集》

注释

〔1〕提封：版图或疆域。

〔2〕洵：实在，诚然。

七

唐褚绥，字玉衡，晋州人。景隆初，为新平司务。会洪州督府奉诏，需献陵祭器甚迫，绥驰戟门，力陈岁歉户力凋残，竟获止。[1]《襄陵名宦志》

注释

〔1〕景隆：应为景龙，唐中宗李显年号。　献陵：唐高祖李渊的陵寝。　戟门：立戟于门。唐有设戟之制，从庙社皇宫到州府衙门，均要立一定数目的戟。此处指督府衙门。

八

窑之长短，率有篯[1]数籍税，而火堂、火栈、火尾、火眼之属，则不入于籍。烧时，窑牌火照迭相出试[2]，谓之报火。蒋祈《陶略》[1]

校记

1 篯：傅本、欧阳本均作“篯”，美术本作“甓”。

2 试：傅本、美术本均作“试”，欧阳本作“入”。

注释

〔1〕篯：同“甐”。　火堂：即火膛，陶瓷窑炉中烧火的部分。其位置、形状根据窑炉形制而定。　火栈：火焰进入窑室的通道。　火尾：窑后部温度较低处。　火眼：与火道相通的孔洞。烧窑时，火焰进入火道后经火眼进入窑室。　火照：陶瓷器烧造时测窑内温度的窑具，又称“照子”。每烧一窑要验火多次，每验一次钩取一个。　《陶略》：即《陶记》。

九

凡窑家作辍，与时年丰凶相为表里。闻镇之巨户，今不如意者十八九。同上[1]

注释

〔1〕相为表里：即互相关联。

十

进坑石制泥精细，湖坑、岭背、界田之所产，已为次矣。比壬坑、高砂、马鞍山，厥土赤石，仅可作匣。攸山石垩烧灰，杂以槎叶木柿，火而加炼之，必剂以釉泥而后用。同上

一一

彭器资尚书文集有《送许屯田诗序》云："浮梁父老言，自来作知县不买瓷器者一人，君是也；作饶州不买瓷器者一人，今程少卿嗣宗是也。"惜乎，不载许君之名。《容斋随笔》[1]

注释

〔1〕彭器资：北宋饶州鄱阳（今江西波阳）人，名汝砺，字器资，曾代理吏部尚书，著有《鄱阳集》十二卷。　许屯田：名彭年，浮梁县令。其名被列入乾隆《浮梁县志·人物志·贤良传》，并非不载其名。　《容斋随笔》：南宋洪迈撰。五集七十四卷。洪迈，饶州鄱阳人，号容斋。博览群书，经史诸子、文化艺术、医卜星算等无不涉猎，凡有所得，即随手札记，历时近四十年，书未成而人已逝。此书内容丰富，间或并评论历史人物及事件，颇多精到之处。

一二

吾闻陶之为道也，捣金石之屑，拔草木之精，埏之坯之，镟之绘[1]之，釉之煅1之，别土脉火色，寻蟹爪鱼子。自霍、景、柴、汝、定、官、哥、均以来，至今日而其器益精。谢济世《叙》

校记

1 煅：傅本、美术本均作"煆"，欧阳本作"煅"。煆，音xiá，火气。《广韵·麻韵》："煆，火气，猛也。"

注释

〔1〕镟：音wàn，通过椎、拍等使坯体圆转无棱。

一三

宣窑冰裂鳝血纹者，与官、哥同。隐纹如橘皮。红花、青花者，俱鲜彩夺目，堆垛可爱。永窑细款青花杯、成窑五彩葡萄杯及纯白薄如琉璃者，今皆极贵。又有元代“枢府”字号窑者，亦可取。文震亨《长物记》

斗彩葡萄纹杯　明·成化

一四

宣窑有鱼藻洗、葵瓣洗、磬口洗、鼓样洗、五彩桃注、石榴注、双瓜注、双鸳注、暗花白香橼盘、苏麻泥青香橼盘、朱砂红香橼盘诸件。又香合之小者，有饶窑蔗段、串铃二式。〔1〕同上

注释

〔1〕洗、注：均为文房用具。洗用以洗笔。注，又称“砚滴”，指做成各种物形而贮水多者。香橼：又名“枸（jǔ）橼”。果实卵形或长圆形，皮粗厚有芳香，熟后柠檬黄色。肉黄白色，汁液不多，味苦。　蔗段、串铃：盖以形言，类似甘蔗段、成串的铃。

一五

宣庙有尖足茶盏，料精式雅，质厚难冷，洁白如玉，可试茶色，盏中第一。世庙有坛盏，中有“茶”“汤”“果”“酒”，后有金箓“大醮坛用”等字者，亦佳。又一种名崔公窑，差大，可置果实。〔1〕同上

注释

〔1〕宣庙：指明宣宗朱瞻基。　世庙：指明世宗朱厚熜（cōng）。　差大：差，音chā，稍微。

一六

玩好之物，以古为贵，惟今代则不然。永乐之剔红，宣德之铜，成化之窑器，其价遂与古敌。先是宣窑品最贵，近日又重成窑。盖两朝天纵留意曲艺，宜其精工如此。花样皆作八吉祥、五供养、一串金、西番莲，以至斗鸡、百鸟及人物故事。至嘉靖窑，则又仿宣、成二种而稍胜之。惟崔公窑加贵，然其值亦第宣、成之什一耳。[1] 明·沈氏《敝帚斋余谈》

注释

〔1〕剔红：漆器的一种。相传始于唐代。制法是将调好的漆在铜或木胎上涂以数十乃至上百层，在未干透时立刻进行浮雕，之后烘干、磨光。因漆为红色，故名。　宣德之铜：指明宣德年间所造铜器，尤其是香炉。主要参考古代鼎彝铜器，宋代官、汝、钧、定等，仅制作千余件，供宫廷、寺院及赏赐之用。炉式古朴庄重，铜经精炼，色泽美观。　盖两朝天纵留意曲艺：盖，大概。两朝、宣德、成化两朝。天纵，上天赋予。曲艺，曲，qū。曲艺，小技能。古代多用以指医卜以至书画之类的技能。　八吉祥：传统吉祥纹样。即用八种佛教法物（法螺、法轮、宝伞、白盖、莲花、宝瓶、金鱼、盘长）组成的一组图案。北京雍和宫《法物说明册》记：法螺，佛说具菩萨果妙音吉祥之谓；法轮，佛说大法圆转万劫不息之谓；宝伞，佛说张弛自如曲覆从生之谓；白盖，佛说遍覆三千净一切药之谓；莲花，佛说出五浊世无所染着之谓；宝瓶，佛说福智圆满具完无漏之谓；金鱼，佛说坚固活泼解脱坏劫之谓；盘长，佛说回环贯彻一切通明之谓。俗称第八件盘长为八吉，故亦有以盘长代八吉祥的。　五供养：佛家五种供养物，即涂香、华鬘、烧香、饮食、灯明。第：仅，只。

雕漆菊花纹盒子（剔红） 明·永乐

青花螭龙纹蟋蟀罐 明·宣德

一七

幼曾于二三中贵[1]家见隆庆窑酒杯茗碗，俱绘男女私亵之状。盖穆宗好内，以故奉造此种。然春画之起，始于汉广川王画屋。又书载，汉时发冢，则凿砖画壁，俱有此种。杯、碗正不足怪也。同上

注释

〔1〕中贵：朝中贵人，指朝廷中的高官。李白《古风》之二十四："中贵多黄金，连云开甲宅。"杨齐贤注："中贵，中都贵人也。"

一八

宣德时最娴蟋蟀戏，因命造蟋蟀盆。今宣窑蟋蟀盆犹甚珍重，其价不减宋宣和盆也。同上

一九

吴门周丹泉，巧思过人，交于唐太常。每诣江西之景德镇仿古式制器，以眩耳食者。纹款色泽，咄咄逼真，非精于鉴别，鲜不为鱼目所混。一日，从金阊买舟往江右，道经毗陵，晋谒太常，请阅古定鼎。以手度其分寸，仍将片楮摹鼎纹，袖之遂别。之镇，半载而旋，仍谒唐。袖出一鼎，云："君家白定炉鼎，我又得其二矣。"唐大骇，以所藏鼎较之，无纤毫疑。又盛以旧炉，底盖宛如辑瑞之合也。询何所自来，周云："余畴昔借观，以手度者再，盖审其大小轻重耳。实仿为之，不相欺也。"太常叹服，售以四十金，蓄为副本，并藏于家。神庙末年，淮安杜九如浮，慕唐之古定鼎，形诸梦寐，从太常孙君俞，强纳千金，得周之仿鼎以去。《韵石斋笔谈》[1]

注释

〔1〕吴门：苏州的别称。　交：结交、往来。　耳食者：谓不加思考，轻信传闻者。　金阊：苏州的别称。因城西阊门外旧有金阊亭而得名。　毗陵：在今江苏常州一带。　楮：音chǔ，树名，皮可制纸，后因此作纸的代称。　辑瑞：《尚书·舜典》："辑五瑞，即月，乃日，觐四岳群牧，班瑞于群后。"后因以辑瑞为会见下属的典礼。此处用这一典故来比喻器盖与器底完全相配。　度：量，计算。　售：买。　如：往，到。　《韵石斋笔谈》：清代姜绍书著，两卷。记其所见古器、书画、奇玩，并载其形状色泽及收藏流传情况等。

二十

陶辨器足。永乐窑压手杯，滑底沙足。宣窑坛盏，釜底线足。嘉靖窑鱼扁盏，镘心圆足。凡陶器出窑，底足可验火法。[1]《拾青日札》

注释

〔1〕滑底沙足：器足外沿有沙痕，底部平滑。　釜底线足：器底似釜，足部直挺。　镘心圆足：欧阳本据光绪十七年北京书业堂重刻本，作“馒心”，则器心应为半圆形。

二一

饶州景德镇，陶器所自出。大观间有窑变，色红如朱砂，佥谓荧惑缠度临照而然。物反常为妖，窑户亟碎之。时有玉牒防御使仲戢，年八十余，居于饶，得数种出以相视，云比之定州红瓷，色尤鲜明。《清波杂志》[1]

注释

〔1〕窑变：即指烧成瓷器效果与原设想、造作不同。有变形、变色、变质之分。烧成效果不是预期效果，一般特指釉色。以钧窑为最著。始于宋代，最初纯系偶然，后有意加以利用，始成为瓷器装饰效果。　佥：音qiān，都。　荧惑缠度：荧惑，火星别名。因隐现不定，令人迷惑，故名。　缠：应为躔，音chān，躔度，又称躔次，日月星辰的运行轨迹。古人将天象与人间吉凶相联系。火星运行所致，地上与之相配的地域就有灾殃。　亟：赶快。　《清波杂志》：宋周辉著，十二卷。周辉，周邦彦之子，一生不仕，晚年居于杭州清波门，每日游山玩水，饮酒诵诗，自得其乐，本书即著于此时。书中内容多记名人佚事、诗词文章、典章制度、风俗习惯等，间有评价，持论公允。

二二

髹漆螺蛔嵌器垢旧，若洗拭，法用无糨软绢包香蛤粉满扑过，另将软绢细细揩抹。其黑处自[1]光如镜，而所嵌物则明显。〔1〕《云谷卧余》

校记

1 自：傅本、美术本均作“白”，欧阳本作“自”。

注释

〔1〕髹漆螺嵌器：髹，音xiū，用漆漆物。螺蛔，亦作“螺钿”“螺甸”，用磨成薄片的贝壳嵌在漆器上，使组成纹饰。　糨：浆糊。　香蛤粉：即蛤蜊粉。

朱漆螺钿团花纹盒　清

二三

成化间朱元佐监陶，《登朝天阁冰立堂观陶火诗》云：“来典陶工简命膺，火林环视一栏凭。朱门近与千峰接，丹阙遥从万里登。霞起赤城春锦列，日生紫海瑞光腾。四封富焰连朝夕，谁识朝臣独立冰？”《爱日堂抄》

二四

明有昊十九者，浮梁人，能吟，工书画，隐于陶轮间。所制精瓷雅壶，俱妙绝人巧，自号壶隐老人。《紫桃轩杂缀》[1]

注释

〔1〕《紫桃轩杂缀》：明李日华撰，三卷。

二五

镇瓷无色不备，惟明厂[1]有鲜红。其纯白器，或画青花，或加五彩。永窑亦足贵，多厚；成窑薄；宣窑青淡；嘉窑青浓。前后规制殊异。永在宣、成之下，嘉之上。南村谓“宣青成彩”，以宣窑五彩深厚堆垛，不若成彩用色浅深，殊有画意也。惟宣花是苏泥勃青，至成化其青已尽，只用平等青料，则论青花，宣为胜。然正、嘉用回青，亦足品。但宣窑选料制样，绘画题款，无一不佳耳。总之，明瓷无能过宣、成者。《明瓷合评》

注释

〔1〕明厂：即明御器厂。

二六

凡用佳瓷，不先制之，遇热汤水无有不损裂。必须先以米泔水温温渐煮，出，再以生姜汁及酱涂器底下，入火稍煨顿[1]，可保。《墨娥小录》

注释

〔1〕顿：同“炖”。

二七

粘碗盏法，用未蒸熟面筋，入筛净细石灰少许，杵数百下，忽化开如水，以之粘定，缚牢，阴干，自不脱，胜于钉钳。但不可水内久浸。又凡瓷器破损，或用糯米粥和鸡子青，研极胶粘，入粉少许再研，以粘瓷损处，亦固。同上

青花缠枝莲纹大盘　明·宣德

二八

陶器贡自京师，岁从部降式造特多，以龙凤为辨。王宗沐《陶书论》[1]

校记

1《陶书论》：傅本“论”作“记”，美术本及欧阳本作“论”。

二九

江阴周高起曰：“明有陈仲美，婺源人，初造瓷于景德镇。尤善诸玩，类鬼工。以业之者多，不足成其名，弃之而来阳羡。好配壶土，心思殚竭，可列神器。”《阳羡茗壶系》

三十

水盏子者，乐器也，古犹瓦缶[1]为之。明姑苏[2]乐工谋易以铁，不成，乃购食器之能声者。得内府监制成化瓷器若干，则水浅深，分下上、清浊，叩以犀匙。凡器八，而音周，绝胜古之击缶者，因强名曰水盏子。毛奇龄[3]《水盏子记》

注释

〔1〕缶：瓦器。圆腹小口有盖，用于贮水，亦为乐器。

〔2〕姑苏：苏州的别称。以城西南有姑苏山而得名。唐代张继有《枫桥夜泊》："姑苏城外寒山寺，夜半钟声到客船。"

〔3〕毛奇龄：明末清初浙江萧山人，学者据郡望称为西河先生。学问广博，尤以经学自负，所著书多考据精详，但好驳辩，他人责己之言，必力反其词。能诗词，通音律，一生著述甚丰，后人编为《西河合集》。

三一

陶器[1]以青为贵，彩品次之。瓷之青花、霁青、粉青，悉藉青料。其仿汝窑、官窑、哥窑、龙泉窑，其色青者，亦资青料。唐氏《肆考》

注释

〔1〕陶器：即瓷器。

三二

宣窑青花，一名苏麻离青，成化时已少。正德间得回青，嘉窑御器遂用之。搥碎，有朱砂斑者为上，银星次也。纯用回青，则色散不收，必用石青和之，或什之一，或四之六，设色则笔路分明，混水则颜色明亮。同上

三三

窑变，一说火之幻化所成，非徒釉色改变，实有器异成奇者。《东坡集》载《瓶笙诗引》云：刘仲几饮饯，闻笙箫声，察之出于炉上双瓶。明诏景德镇烧屏风，变其二为床、船。余家有镇瓷宋碗一，暑天盛腥物不臭腐。若官、均、哥窑，于本色釉外，变而为淡黄或灰紫错杂，类诸物态，此不足异，时亦有之。同上

三四

磁、瓷字，不可通。瓷，乃陶之坚致者，其土埴壤。磁，实石名，出古邯郸地，今磁州。州有陶，以磁石制泥为坯烧成，故曰磁器。非是处陶瓷皆称磁也。闻景德镇俗，概从磁字书称。余所见商侣，亦多以瓷为磁，真可一噱[1]。磁州今尚烧造。同上

注释

〔1〕噱：音jué，大笑。

三五

自镇有陶，而凡戗金、镂银、琢石、髹漆、螺甸、竹木、匏蠡[1]诸作，今无不以陶为之。或字或画，仿嵌维肖。同上

注释

〔1〕匏蠡：音páolǐ，即葫芦器，是我国特有的一种人工与自然相结合的工艺美术品。制作方法是将模具装套在小嫩葫芦上，待葫芦成熟后，即随范之方圆大小成器，再加工镶口、装盖、髹漆等。其造型结体、花纹款识，不施刀凿而悉随人意，宛自天成。

三六

洪熙间，少监张善始祀祐陶之神，建庙厂内。曰师主者，姓赵，名慨，字叔朋，尝仕晋朝。道通仙秘，法济生灵，故秩封万硕，爵视侯王，以其神异足以显赫今古也。成化中，太监邓贤而知书[1]，谓镇民多陶，悉资神佑，乃徙庙于厂东门外之通衢，东北百武许，即今所也。〔1〕詹珊《记》

校记

1 太监邓贤而知书：傅本、美术本均如此，欧阳本据乾隆四十八年(1783)《浮梁县志》增为“太监邓原贤而知书”。按，邓原当为人名，“贤”从下文，与“知书”连用。

注释

〔1〕仙秘：秘，同祕，神。仙秘，即神仙。　秩封万硕：硕，同“石”，容量单位，十斗为一石。秩，官吏的职位或品极。万石，汉制，丞相、太尉、御史大夫号称“万石”。爵视侯王：视，此，同等。　武：古代以六尺为步，半步为武。

窑变釉瓶　清·乾隆

白釉黑花梅瓶　宋

三七

唐光启中，有灵官华光者，神明赫著，民居横田社者奉之。嘉靖辛酉，部使者以验器至，改庙为公署。越岁，兵宪涂任斋公涖镇，宿公署，夜寐，若有牖其衷者。明日，进太府观海顾公、节推城山饶公，议更创之。于是，议以厂东旷地建署，而库地仍归民，听复建奉如旧。隆庆五年，陶务日急，祷于神，得宽牒，民乃请于明府，协更新之，工竣，耆老来告余，余曰：陶范型于土，人力可为。既入冶中，烟燎变幻，不可豫测，造化甄陶，有默司焉。匪神之为灵至是耶？厥功亦与有力，宜永祀志。〔1〕曹天祐《记》

注释

〔1〕华光：道教神名，传说真武帝君入山修道，其父净乐国王派大臣率五百兵前往寻觅，后来五百兵也修成道果，即“五百灵官”，五百灵官的五个统率，便是“五显灵官”，今称“灵官大圣华光五大元帅”。他们或现一身，或显五相。现一身时称都灵官或赤心灵官，现五相时称五显灵官。　涖镇：涖，音lì。同莅，来临。　寐：入睡。　牖其衷：启发其内心，与其心有感应。即普通所言托梦。　明日：第二天。　更创：重建。　宽牒：宽，舒缓。牒，神前的誓词。　耆老：老人，特指受尊敬者。六十岁称耆，七十岁称老。耆，音qí。　豫测：即预测。　造化甄陶，有默司焉：造化，大自然。甄，音zhēn，制作。默司，无形中的主管者。

三八

唐公英《中秋后三日诗》云："惭愧甄陶汉使槎，几番佳节在天涯。西风一夜吹乡梦，寒雨连朝湿桂花。"又《留别陶署诗》云："半野半官栖八载，谁宾谁主寄孤情。粱间燕垒分辛苦，槛外花枝负约盟。"又云："西江八载赋皇华，淮海乘春又放槎。"又云："古亭翠撷心裁句，珠阜香留手植花。"[1]《陶人心语》

注释

〔1〕唐公英：即唐英。《陶人心语》即其所撰，五卷。　汉使槎、放槎：槎，音chā，竹、木筏。传说天河与海相通，有人居于海边，见年年八月有浮槎去来，遂乘槎而至天河，见牛郎、织女，返回人间后方知自己所到何处。见晋张华《博物志》。另南朝梁宗懔《荆楚岁时记》也记有汉代张骞奉命探寻黄河之源，乘槎漂流，见一女子织布，又见一男子在河边饮牛，后带回织女送他的支机石。后世遂用此典故代指出使。　皇华：《诗经·小雅》中有《皇皇者华》，前有序谓为"君遣使臣，访求贤达之作"。后因以为出使者或出使的典故。

三九

佑陶灵祠堂西侧，有青龙缸一，径三尺，高二尺强，环以青龙，四下作潮水纹，墙口俱全，惟底脱，明万历造。先是，累造弗成，督者益力，神童公悯同役之苦，独舍生殉火，缸乃成。此则成中落选之损器也。久弃寺隅，余见之，遣两舆夫舁至神祠之堂侧，饰高台以荐焉。此器之成，沾溢者，神膏血也；团结者，神骨肉也；清白翠璨者，神精忱猛气也。[1]唐英《龙缸记》

注释

〔1〕佑陶灵祠堂：即师主庙。　强：有余，略多。　墙：即缸壁。　童公：即童宾。　翠璨：即璀璨。

四十

年公希尧云：予自雍正丁未之岁，曾按行至镇。越明年，而员外郎唐侯来偕董其事，工益举而制日精，予仍长其任。一岁之成，选择包匦，由江达淮，咸萃予之使院，转而贡诸内廷焉。[1]《风火神庙碑记》

注释

〔1〕长：即掌，掌管。　一岁：一年。　包匦：包裹、缠扎。后用为贡物的代称。　匦，音guǐ，匣子。

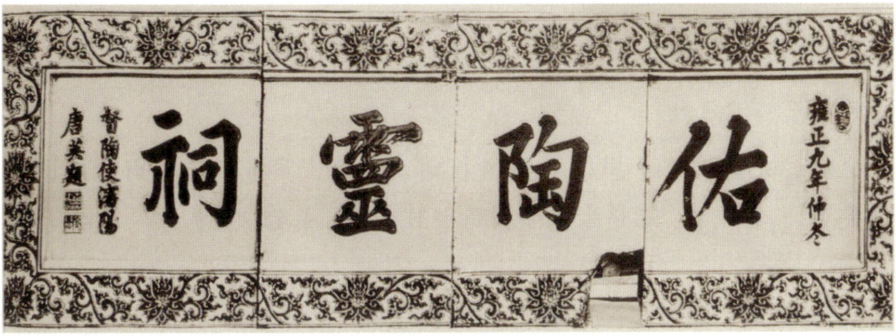

风火仙庙青花瓷匾　景德镇陶瓷馆藏

风火仙庙

四一

从镇东南去二十里余，地名湘湖，有故宋窑址。尝觅得瓷砾旧器不完者，质颇薄，却是米色、粉青二式。《陶成示谕稿》

四二

陶固细事，而物料、火候与五行丹汞同其功。兼之摹古酌今，侈弇崇庳之式，抽添变通之理，今可出其意旨，唯诺夫工匠矣。[1]《示谕稿序》

注释

〔1〕侈弇崇庳：侈弇（yǎn）：本指钟口大和小的不同，此处借用于陶瓷器口。　崇：高。　庳：音bēi，低。　诺：顺从，听由。

四三

釉水谓之垩泽。昔出新正都长岭者，作青黄釉。出义坑者，作浇白釉。二处皆有柏叶斑。又出桃花坞者，青花白器通用之。《陶成纪事》

四四

神庙时诏景德镇烧造屏风，不成。变而为床，长六尺，高一尺；变为船一只，长三尺，舟中什物，无一不具。郡县官皆见之，乃椎碎，不敢以进也。《豫章大事记》

四五

瓷器以宣窑为佳，中有窑变者极奇，非人力所可致。人多毁藏，不传。同上

青花缠枝花卉纹豆　明·宣德

四六

琢器之式，有方圆、棱角之殊；制画之方，别采绘、镂雕之异。仿旧须宗其典雅，肇新务审其渊源。器自陶成，规矩实遵古制；花同锦簇，彩色胜上春台。官[1]、哥、汝、定、均，抔汙之仪则非远；水、火、金、木、土，洪钧之调剂维神。或相物以赋形，亦范质而施采。功必藉夫埏埴，出自林泉；制不越夫罇罍，重均彝鼎。炉烟焕色，虽瓦缶亦参橐籥之权；彩笔生花，即窑瓷可验文明之象。〔1〕唐隽公《陶冶图说》

校记

1 官：傅本、欧阳本均作“观”，美术本作“官”。

注释

〔1〕抔汙：汙，音wā，掘地。此句是说陶瓷生产遵循古代礼制。《礼记·礼运》：“夫礼之初，始诸饮食……汙尊而抔饮。”郑玄注：“汙尊，凿地为尊也；抔饮，手掬之也。”孔颖达疏：“汙尊而抔饮者，谓凿池汙下而盛酒，故云汙尊；以手掬之饮，故云汙饮。”仪则：即法则。　洪钧：天，大自然。晋张华《答何劭》诗之二：“洪钧陶万类，大块禀群生。”　罇罍：音zūnléi，均为古代酒器，罇，同樽。　参橐籥之权：参验自然的变化奥妙。橐籥：音tuóyuè，本指冶炼鼓风用具，类于风箱。后以喻造化自然。　即：就，通过。

四七

陶土，出浮梁新正都麻仓山，以千户坑、龙坑坞、高路坡、低路坡四处为上。其土埴垆勻，有青黑缝、糖点、白玉、金星色。石末，出湖田一二图。釉土，出新正都，最上为长岭，为义坑。长岭作青黄釉，义坑作浇白釉，俱有柏叶斑。《江西大志》

四八

明神宗十一年，管厂同知张化美，报麻仓老坑土膏渐竭。《邑志》

四九

嘉靖二十六年，上〔1〕取鲜红器，造难成，御史徐绅奏以矾红代。隆庆五年诏造里外鲜红器，都御史徐栻疏请转查，改矾红器[1]。同上

校记

1 器：傅本、欧阳本均作“例”，美术本作“器”。

注释

〔1〕上：皇上。

五十

明神宗十一年，给事王敬民奏罢烧造烛台、屏风、棋盘、笔管等件。同上

五一

康熙十六年，邑令张齐仲，阳城人，禁镇户瓷器书年号及圣贤字迹，以免破残。同上

五彩蟠龙纹笔管　明・万历

五二

沈怀清《窑民行》诗云："景德产佳瓷，产器不产手。工匠来八方，器成天下走。陶业活多人，产不与时偶。"又云："食指万家烟，中外贾客薮。坯房蚁垤多，埳火触牛斗。都会可比雄，浮邑抵一拇。"[1]同上

注释

〔1〕贾客薮：贾，音gǔ，贾客，即商人。薮，音sǒu，指人或物聚集之处。　蚁垤埳：指蚁穴外面的小土堆。此处以此为喻，极言坯房之多。垤，音dié。　埳火触牛斗：埳即窑。牛斗，指牛宿和斗宿二星。极言火光冲天，气势宏大。

五三

镇南有马鞍山，旧取土作烧瓷匣，后以景德镇来脉，禁止。山之西麓，唐有云门教院。[1]同上

注释

〔1〕脉：指地脉。风水理论认为地脉如人体血脉经络一样连贯而有气理，不可破坏任何一处。　麓：山脚。　教院：寺院。

五四

颜鲁公建中时守郡，行部新平。陆士修与公友善，来游新平，同止云门教院数日。中宵茗饮联咏，有“素瓷传静夜，芳气满闲轩”之句，载云门断碑。[1]《昌南记》

注释

〔1〕颜鲁公：即颜真卿，唐代大书法家。安禄山叛乱，河北诸郡县纷纷瓦解。颜真卿时任平原（今山东德州陵城区）太守，与从兄常山（今河北正定）太守颜杲（音gǎo）卿联兵抵抗，得到河北十七郡响应，更创叛军。后被封为鲁郡公，人称颜鲁公。其书法端庄雄伟，沉着浑厚，自成一家，人称“颜体”。此处所引诗句并非颜陆联句，而是唐人王修之诗，可参见本书卷十（四四）条。

五五

厂内珠山，独起一峰峦，俯视四境。相传秦时番君登此，谓立马山。至唐，因地绕五龙脉，目为珠山。元末，于光据之，为行台，号蟠龙山。明称纛山。后以为御器厂镇山。[1]同上

注释

〔1〕番君：秦朝吴芮，曾任番阳令，颇得民心，号为“番君”。后从项羽反秦，封为衡山王，刘邦建汉，徙为长沙王。　于光：元末明初人，初随徐寿辉，后随朱元璋反元。　行台：本为行政机构名。此处似可看作根据地、大本营。　纛：音dào，大旗。

五六

唐有监务厅，宋设司务厅。宋、元皆置湘湖务。元有湖田市。[1]同上

注释

〔1〕此条所记为历代景德镇管理瓷业的机构。

以上皆镇陶旧说，概未编次，书名前后。

卷九　陶说杂编　下

一

虞阏父为周初陶正，武王赖其利器用，与其神明之后，妻而封于陈。[1]《左传》

注释

〔1〕虞阏父：商周之间人。舜之后裔。周武王灭商后，其子受封为陈国始祖。阏，音è。　陶正：掌管陶器制作之官。　妻：音qì，以女嫁人。

二

文彩纂组者，燔功之窑也。[1]《管子》

注释

〔1〕纂组：红色绶带。纂，音zuǎn。　燔：音fán，烧。　《管子》：春秋时齐国管仲撰，二十四卷。但书中掺杂有管子死后战国、秦、汉之事，故或疑为战国秦汉人假托之作。管仲，辅佐齐桓公九合诸侯，一匡天下，使桓公成为春秋五霸之首。梁启超评价其为“中国之最大政治家，而亦学术思想界一巨子也”。对其推崇备至。

三

宁封子为黄帝陶正，有一人过之，请为之掌火，能出五色烟。久则以教封子，封子积火自烧，遂能随烟气上下。《列仙传》[1]

注释

〔1〕过：拜访。　《列仙传》：汉刘向撰，两卷。学界断为汉末人托名之作。

四

《何稠传》："稠博览古图，多识旧物。时中国久绝琉璃之作，匠人无敢措意，稠以绿瓷为之，与真无异。"[1]《隋书》

注释

〔1〕何稠：隋唐时人，祖籍中亚。善巧思，隋文帝时曾仿制波斯金线锦袍，是迄今所知中国首位织造金线锦袍者。亦曾以绿瓷仿玻璃，可"与真不奇异"。归唐后，授将作少匠、少府监，掌京师土木营造及百工技巧。　琉璃：即玻璃器。　措意：留意，注意。此处意为试图恢复此项工艺。

五

李洪山人博知，尝谓成式：瓷器璺者，可以弃。昔遇道流，言雷蛊鬼魅多遁其中。[1]《酉阳杂俎》

注释

〔1〕成式：段成式，唐人，撰《酉阳杂俎》二十卷。　璺：音wèn，器皿出现裂缝。《方言》："器破而未离谓之璺。"　道：道士。　蛊：音gǔ，传说中一种人工培养的毒虫，用以害人。《文选·苦热行》："含沙射流影，吹蛊痛行晖。"李善注引干宝《搜神记》："吹蛊，即飞蛊也。"又引顾野王《舆地志》："江南数郡有畜蛊者，主人行之以杀人，行食饮中，人不觉也。其家绝灭者，则飞游妄走，中之则毙。"　魅：鬼怪。　遁：隐藏。

六

天宝内库有青瓷酒杯，纹有乱丝，其薄如纸。以酒注之，温温然有气相次如沸汤，乃名自暖杯。《云仙杂记》

七

徐寅《贡余秘色茶盏》诗云："巧剜明月染春水，轻旋薄冰盛绿云。古镜破苔当席上，嫩荷涵露别江濆。"《唐咏物诗选》

刻花莲花碗、托　五代

八

秦观诗："月团新碾瀹花瓷。"陈师道诗："价重十冰瓷。"孙抃诗："花瓷旋封裹。"王世贞诗："泻向宣州雪白瓷。"〔1〕《诗选》

注释

〔1〕秦观：北宋扬州高邮（今属江苏）人，字少游，号淮海居士。曾从苏轼游学，诗作深得王安石欣赏。与黄庭坚、张耒、晁补之合称"苏门四学士"。以词名为最盛，是北宋婉约派重要代表。著有《淮海集》。　瀹：音yuè，煮。　陈师道：北宋徐州彭城（今江苏徐州）人，字履常、无己，号后山居士。曾就学于唐宋八大家之一的曾巩，无心仕途。曾巩等虽数次推荐，但均未果。后苏轼荐其为徐州教授。又任太学博士。其家甚贫，而清介自守。诗作以杜甫为宗，受黄庭坚影响较大，为江西诗派代表人物。著有《后山集》。　孙抃：北宋眉州眉山（今属四川）人。　王世贞：明太仓（今属江苏）人。字元美，号弇州山人、凤洲。因不阿附权贵，得罪于权奸严嵩。好诗文，与李攀龙等结社，号"后七子"，为文坛盟主。攀龙死后，独掌文坛，文必称西汉，诗必称盛唐，史学亦是古非今。但晚年则改而提倡"博古通今"。著有《弇州山人四部稿》《弇州山人续稿》《弇山堂别集》等。

九

巴东下岩院僧，偶于水际得一青瓷碗，式若斗磬，折花及米其中，皆满。以金银与钱试之亦然，僧宝之。后年老，乃掷此碗江中，不欲以累法众。[1]《韵府群玉》

注释

〔1〕巴东：所指何处不明。有巴东县在湖北，亦有巴东郡及巴郡在四川。　法众：众僧。

十

南人习鼻饮，有陶器如杯碗，旁植一小管若瓶嘴，以鼻就管吸酒浆。暑月以饮水，谓之“鼻饮杯”。云水自鼻入咽，快不可言。邕州人已如此，记之以发一胡卢。[1]《桂海虞衡志》

注释

〔1〕邕州：今广西南宁及其周围。　胡卢：笑声。

一一

花腔腰鼓，陶鼓也，出临桂职田乡。其土特宜鼓腔，村人专作窑烧之，腔上油画红花纹以为饰。〔1〕同上

注释

〔1〕临桂：唐至德二年（757）置，以滨临桂江而得名，治今广西桂林市。该地曾发现永福窑、田岭窑遗址，出土数百件腰鼓。　腔：鼓腔，鼓的中空部分。

一二

袁宏道曰："尝见江南人家所藏旧觚，青翠入骨，砂斑垤起，可谓之金屋。其次官、哥、象、定等窑佳瓶，皆细媚滋润，尤花神之精舍也。"〔1〕《瓶史》

注释

〔1〕袁宏道：明代湖广公安（今属湖北）人，字中郎，号石公。喜游山玩水，善诗文，反对仿古，崇尚自然，与兄宗道，弟中道合称"三袁"，为公安派之首。有诗文集存世，《瓶史》即其所著。　觚：音gū，酒器。侈口而长身，口与足均呈喇叭状。　精舍：本指僧、道修习、居住之处，此处用同金屋。

一三

《史考》："尧饭于土簋，饮于土硎。"[1]《汉书》："南山有汉武旧匋。"潘岳《赋》[2]："倾缥瓷以酌醁醽[3]1。"《齐职仪》曰："左右甄官署，掌瓦缶之作。"《正字通》

校证

1 酌醁醽：傅本作"酌醁醽"，美术本作"酌醸"，欧阳本作"酌醁醽"。查清嘉庆重刊本《文选·卷十八·音乐下》(上海古籍出版社，1986年6月上海第1版，860页)所引潘安仁原文，作"酌酃"，无"醁"字。　《史考》：应为《古史考》，三国蜀谯周撰，二十五卷。认为《史记》所记周秦以前事难以取信，乃依据古代典籍撰成此书，以期纠正《史记》错误。

注释

〔1〕饭：吃饭。土簋、土硎：指陶制食器、饮水器。《史记·太史公自序》："墨者亦尚尧舜道，言其德行曰：'……食土簋，啜土刑……'"据《集解》，簋亦作熘(liù)。《正义》："颜云：'簋，所以盛饭也。刑，所以盛羹也。土谓烧土为之，即瓦器也。'"簋，音guǐ，硎：音xíng。

〔2〕潘岳《赋》：《赋》指《笙赋》。潘岳，西晋人，字安仁，省称为潘安或潘仁，因少时貌美，又称潘郎。每次乘车出游，女子见之者，皆围绕其所乘车，并向车中投掷果物，以示爱慕，故其经常满载而归。后因又以"潘车"或"潘果"指代女子所爱慕的男子。潘岳工于诗赋，词藻艳丽，被誉为才华如江。

〔3〕缥瓷：指瓯窑缥青釉瓷。缥，淡青色。　醁醽：音lùlíng，均为美酒名。潘岳此赋原文为"倾缥瓷以酌醽"。

灰陶簋　西周前期

青瓷璧式底碗　唐

一四

会昌元年，渤海[1]贡紫瓷盆，容量半斛[2]。内外通莹，其色纯紫。厚可寸许，举之又甚轻，如拈鸿毛然。《杜阳杂编》[3]

注释

〔1〕渤海：即渤海国，唐代粟末靺鞨等族所建。与唐政权关系密切，其政治、经济、军事制度等均仿唐制，有“海东盛国”之称。疆域最盛时领有今辽宁、黑龙江、朝鲜半岛等部分地区。都城为上京龙泉府（今属黑龙江）。

〔2〕斛：音hú，古代以十斗为一斛，南宋末改为五斗为一斛。

〔3〕《杜阳杂编》：唐代苏鄂撰，三卷。记唐代宗至唐懿宗十朝一百余年间事。对于边地与外国的奇巧之物、海外仙境、奇闻怪谈等记述较多，且辞采较盛，极尽铺陈之能事。后世文学作品多有取材于其中者。

一五

马祖常诗：“贡篚银貂金作藉[1]，官窑瓷盏玉为泥。”苏轼诗：“刘生望都门，病羸[2]寄空窑。”王令诗：“大匠陶百窑，不问履下泥。”张耒诗：“碧玉琢成器，知是东窑瓷。”吴澄诗：“登阁望芙蓉，麻烟起蒸窑。”《韵藻》

注释

〔1〕篚：音fěi，圆形竹器。　貂：音diāo，貂皮，珍贵皮料。　藉：音jiè，铺垫之物。

〔2〕羸：音léi，病弱。

一六

孟铣小敏悟，见刘祎之金碗，惊曰："此药金烧，其上有五色气。"[1]《朝野佥载》

注释

〔1〕《朝野佥载》：唐代张鷟(zhuó)撰，原二十卷，今本六卷或一卷。记唐代初至玄宗开元年间事，尤以武则天一朝为主。其内容有不少当时人物事迹、典章制度、社会风俗等，但还杂有不少神怪传说、轶闻琐事等，重趣味性而忽视细节。司马光编《资治通鉴》从本书中采用了不少资料。

一七

高丽陶器色青者，国人谓之翡色。近年已来，制作之巧，色泽尤佳。酒尊之状如瓜，上有小盖，而为荷花伏鸭之形。复能作碗、碟、杯、瓯、花瓶、汤盏，皆窃仿定器制度，故略而不图，惟酒尊著异耳。《宣和奉使高丽图经》[1]

注释

〔1〕《宣和奉使高丽图经》：宋代徐兢撰，四十卷。徐兢于宣和六年(1124)出使高丽，将其见闻编成此书。详细记载了高丽山川地理、风土民俗、典章制度等，亦乃世界范围内、古典时期较早的一部跨民族、跨文化的人类学式记录专书。

一八

高丽燕饮[1]器皿，多涂金或银，而以青陶器为贵。有狻猊香炉，亦翡色也，上蹲兽，下为仰莲以承之，诸器惟此物最精绝。其余则越州古秘色、汝州新窑器，大概相类。徐兢《高丽图经》

注释

〔1〕燕饮：又作宴饮，欢聚吃喝。

一九

丽人陶器，又有大水瓮，广腹敛颈，其口差小敞，高约六尺，阔四尺五寸，容三石二升。凡山岛海道来，舟中水或缺，则用此载水售之。同上

青瓷狮子饰盖香炉　高丽（12世纪中叶）

青瓷镶嵌葡萄蔓纹瓢形水注　高丽（12世纪中叶至12世纪后半叶）

二十

元载[1]饮食，冷物用琉黄碗，凡热物则用泛水瓷器。器有三千事[2]，皆邢雪、越冰之类。《枢要录》

注释

〔1〕元载：唐人。家本寒微，玄宗天宝初年举高第，其为政贪婪专横，生活奢靡无度，代宗时因权势过盛而被杀。

〔2〕事：物品一件叫一事。

二一

张谦德云：凡插花，先须择瓶。若夏秋用瓷瓶，堂厦宜大，书屋宜小。忌其对，忌有环。贵瓷，贱金银，尚清雅也。口欲小而足欲厚，取其安稳而不泄气也。《瓶花谱》

二二

东坡诗云："病贪赐茗浮铜叶。"案今御前赐茶，皆不用建窑盏，用火汤甃，其样似铜叶汤甃耳。铜叶色，黄褐色也。《演繁露》〔1〕

注释

〔1〕铜叶：此处指茶盏。　火汤甃："火"当为"大"之误。　《演繁录》：南宋程大昌撰，各版本卷数不一。考订名物典故甚详。

青瓷玉璧底碗　唐

白釉碗　唐

二三

诸名窑古瓷，如炉欠耳足，瓶损口棱，有以旧补旧，加以釉药，一火烧成，与旧制无二，但补处色浑然，得此更胜新者。若用吹釉之法补旧，补处更可无迹。如有茅者，闻苏州虎丘有能修者，名之曰“紧”。《拾青日札》

二四

定窑釉滋润，汝窑釉厚如堆脂，官窑釉色莹澈，旧器釉厚故也。同上

二五

王槭曰：余友刘君幕游颍州。闻邑绅刘吏部家藏古瓷碗四，内绘彩蝶。贮以水，蝶即浮水面，栩栩欲活。索观者众，遂秘不示。《凝斋丛话》

二六

品茶用瓯，白瓷为良，所谓“素瓷传静夜，芳气满闲轩”也。《茶经》重青瓷，云：碗，越州上，鼎州次，婺州次，岳州次，寿州、洪州又次，邢亦不如越。抑何所尚不同耶？《阳羡茗壶系》

二七

凡窑皆有变相，匪夷所思，若宜兴砂壶亦然。如倾汤贮茶，则云霞绮闪，直是神之所为，此亿千或一见耳。同上

二八

柴窑器最贵，世不一见。闻其制，青如天，明如镜，薄如纸，声如磬。官、哥、汝等窑，以粉青色为上，淡白次之，油灰则下。纹取冰裂、鳝血为上，梅花片、墨纹次之，细碎纹最下。均窑色如胭脂为上，青若葱翠，紫若墨者次之，杂色不贵。又，官窑隐纹如蟹爪，哥窑隐纹如鱼子，龙泉窑器甚厚，工稍拙。文震亨《长物志》

二九

花瓶须用官、哥、定等窑古胆瓶、一枝瓶、小蓍草瓶、纸槌瓶，余如暗花、青花、茄袋、葫芦、细口、扁肚、瘦足药坛及新建窑等瓶，俱不入清供。其鹅颈壁瓶尤不雅。《长物志》

三十

龙泉窑、均州窑之瓶，有极大二、三尺者，以插古梅最相称。凡花瓶用锡胆，皆可免冬月冻裂之患。同上

三一

白定笔格〔1〕，有三山、五山及卧花娃等式。笔筒之制，古白定窑竹节者最贵，然难得。大者，东青细花式亦可用。若鼓样，中有孔插笔及墨者，虽旧物，不雅。官、哥窑笔洗，有葵花洗、磬口洗、四卷荷叶洗、卷口蔗段洗诸式。定窑笔洗，有三箍洗、梅花洗、方池洗诸式。龙泉窑笔洗，有双鱼洗、菊花洗、百折洗诸式。官、哥、白定等窑水注，有方、圆、立瓜、卧瓜、双桃、莲房、蒂叶、茄壶诸式。印池，以官窑、哥窑方式为贵，定窑及八角、委角者次之，青花白地有盖、长样者，俱不雅。同上

注释

〔1〕笔格：即笔架，架笔的文具。

三二

水中丞用铜。铜性猛，贮水则有毒，易脆笔，故以陶瓷为佳。陶瓷水中丞，有官窑、哥窑之瓮肚、小口、钵盂诸式。笔觇，定窑、龙泉窑之小浅碟俱佳。糊斗，定窑有蒜蒲长罐式，哥窑有方斗如斛，中置一梁者。〔1〕同上

注释

〔1〕水中丞：文房用具之一。用以贮水。一般为扁腹，口、底大小相当。　笔觇：或为笔掭（tiǎn），造型多为浅平形。内盛硃砂，校勘书籍时以笔掭朱标注。明清两代烧制较多。　糊斗：应为盛浆糊之物。

三三

国初有发隗嚣墓者，官觉而追之，得陶器数十。见一酒盏于京师，色如龙泉窑之淡黄者，外皆自然蕉纹，内有团花。砂底，丰上敛下，口径三寸许。〔1〕刘体仁《识小录》

注释

〔1〕国初：指清初。　蕉纹：应即蕉叶纹。　团花：一种圆形适合图案纹样，以花卉植物为构图要素。

三四

柴窑无完器，近复稍稍出。马布庵见示一洗，圆而椭，面径七寸，黝然深沉，光色不定。雨后青天尚未足形容。布庵曰，余目之为绛霄，盖实罕觏云。[1]《七颂堂识小录》

注释

〔1〕觏：音gòu，遇见。

青瓷纸锤瓶　北宋

青瓷牡丹唐草纹瓶　元·泰定

天蓝釉贴花兽面纹双耳连座瓶　元

三五

官窑螭耳洗，宋修内司窑杯，直如筒，色如猪肝，皆北海物。浮月杯，陶杯也，口微缺，以金锢之。酒满，则一月皛皛浮酒面。先朝中州王邸物，后不知所归。[1]同上

注释

〔1〕螭：音chī，传说中无角的小龙。在碑碣、钟、鼎、印章、带钩等之中多有以之为饰。　锢：原意为以金属液汁填塞缝补。此外为以金镶补。　皛皛：皛，音xiǎo，皛皛，皎洁光明貌。

三六

越窑矮足爵，栗壳浮青，转侧皆翡翠。吴越王钱氏取供后，当时民间禁不敢用，故今存者极少。同上

三七

李凤鸣，字时可，家富，事侈靡。杨廉夫闻其名访之，时可为设荷花宴。有水晶几[1]十二，上列器皆官窑瓷，一时豪丽，罕有其比。《都公谭纂》

注释

〔1〕几：小桌子。

三八

辉出疆时，见燕中所用定器，色莹净可爱。近年所用，乃宿、泗近处所出，非真定也。越上秘色器，始钱氏有国日。供奉之物，不得臣下用，故曰秘色。《清波杂志》

三九

尝见北客言，耀州黄浦镇烧瓷，名耀器，白者为上，河朔用以分茶。出窑一有破碎，即弃于河，一夕化为泥。[1]同上

注释

〔1〕河朔：泛指黄河以北之地。　　分茶：宋人沿袭唐人旧习，煎茶用姜盐，分茶则不用姜盐，在注入沸水或汤后搅动茶乳，使之幻变成种种物象。　　一夕化为泥：耀州窑产品胎质再坚薄，恐不会“一夕化为泥”。

四十

汝窑，宫禁中烧者，内有玛瑙末为油。惟供御，拣退方许出卖，近尤艰得。同上

四一

哥窑，宋时旧物，留传虽久，真赝相杂。人间颇多，求其真宋而精美者绝少。秀之嘉善巨族曹琼获一香炉，高可二寸余，阔称是，以美玉镂海东青捉天鹅为盖，真绝美者也。渐闻于镇守麦太监，麦囚琼索之，其子不得已遂献焉，后为司礼监之有力者夺去。正德间，盗窃而货于吴下，上海淀山张信夫以二百金易之归，复重货于好事者，而内府竟亦不追。此真古哥器矣。〔1〕《北窗琐语》

注释

〔1〕赝：假。　人间：民间。　秀之嘉善巨族：秀州（南宋时已改为嘉兴府，此处为沿袭旧称）嘉善县（明宣德年间析嘉兴县置，即今浙江嘉善县）一大家族。　阔称是：指其直径与高度相当。　海东青：雕的一种。唐代称决云儿。辽金元均特重之，金代还设有鹰坊，专司调训此类猛禽，这与北方少数民族生活习惯密切相关。产于黑龙江下游及附近海岛，体小机敏，疾飞如电，凶猛异常，东北各民族常用其来捕捉大雁和天鹅。在辽、金、元代还可见到许多以海东青捕天鹅等为题材的图案、玉饰等。　盗：古代一般以盗指窃贼，以贼指强盗。　货：卖。

四二

巩县有瓷偶人，号“陆鸿渐”，买十茶器，必得一“鸿渐”。市人沽茗不利，辄灌注之。鸿渐昔嗜茶，而此遭困辱。《梁溪漫志》〔1〕

注释

〔1〕市人：商人。　沽：卖。　《梁溪漫志》：南宋费衮撰，十卷。衮为无锡人，梁溪即无锡之别称。内容主要为宋代典章制度、考证史实、遗闻轶事、品评诗画等。本书刊行仅六年即被收入史馆，以备修国史之用，足见其价值之高。该书卷十“陆鸿渐为茶所累”条记陆鸿渐事。言“人不可有所偏好，往往为所嗜好掩其他长”。陆鸿渐本为文人达士，但却仅以茶闻名，甚至会遭茶水灌注之辱，“嗜好之弊至此，独不可笑乎？”

四三

先子主长葛簿时，与李屏山、张仲杰会饮。座中有定瓷酒瓯，因为联句。先子首唱云：“定州花瓷瓯，颜色天下白。”屏山则曰：“轻浮妾玻璃，顽钝奴琥珀。”张乃曰：“器质至坚脆，肤理还悦泽。”云云。《归潜志》〔1〕

注释

〔1〕先子：亡父，也指祖先或已故的祖父。　《归潜志》：金末元初人刘祁撰，十四卷。记人物小传、遗事轶闻、金盛衰原因及亡国经过等，另有诗文、杂说等两卷。元代修《金史》曾从中取用资料史实。

四四

官窑，烧于宋修内司中，为官家所造也，窑在杭之凤凰山下。其土紫，故足色若铁，时云“紫口铁足”。其哥窑，烧于私家，取土亦俱在此地。官质隐纹如蟹爪，哥质隐纹如鱼子，但汁料不如官器佳耳。《文房清玩》

四五

定窑器，北宋定州始也。其色白，间有黑、紫，然俱白骨质胎，加之釉水有如泪痕者为上。又有南渡定器。同上

印花紫定花卉纹碗　金

四六

汝窑器，其色卵白，汁水莹厚若堆脂，底有芝麻细小挣钉。同上

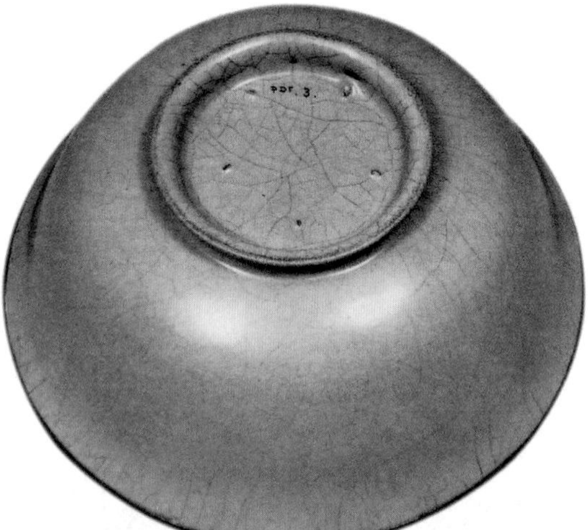

青瓷钵　北宋

四七

汝窑，出汝州。宋时烧者，淡青色，有蟹爪纹者真，无纹者尤好。土脉细润，薄甚难得。柴窑，出北地郑州，周世宗姓柴，故名。天青色，细纹，器滋润细腻，惟是粗黄土足。古龙泉窑，土脉细且薄者贵，今曰处器、青器。《格古要论》

四八

成、弘间，吾邑河庄孙氏曲水山房藏定窑鼎一，乃宋器之最精者。体圆而足三，有耳，有李西涯篆铭镌于炉座。嘉靖倭变，兹鼎为京口靳尚宝所得，毗陵唐太常凝庵，从靳购之，遂归唐。唐虽奇窑器多，此鼎一至，诸品避席。自是海内评窑器者，必首推唐之白定窑鼎云。唐不轻示人。〔1〕《韵石斋笔谈》

注释

〔1〕成、弘：明代成化、弘治两朝（1465—1505年）。　嘉靖倭变：倭即日本。十四世纪初（中国正处于元朝），日本进入分裂战乱时期，在长期战争中失败的一些武士、浪人等到我国沿海进行走私抢掠。明初曾有过有效的反击，海防一度较平静。但嘉靖以后，日本进入战国时代，海盗死灰复燃，并与中国海盗相勾结，不断侵扰江浙、福建沿海一带，东南地区倭患大起，直到嘉靖后期，戚继光、俞大猷（yóu）等才平定倭患。　京口：今江苏镇江市。

四九

万延之赴铨都下，以十钱市一瓷缶沃盥，既倾，有余水留缶。时寒凝冰，视之则桃花一枝也，明日成双头牡丹，次日又成水村，断鸿翘鹭满缶，宛如寒林图画。因什袭珍藏，遇寒则约客赏观。此窑之至幻者乎？《春渚纪闻》[1]

注释

〔1〕赴铨都下：到京师听侯分配职务。　市：买。　沃盥（guàn）：洗手。自上浇水为沃，以手承接下流于盘为盥。既倾：把水倒掉后。什袭：把物品层层包裹起来，引申为珍藏。源于《阚子》，言宋有愚人捡到一块石头当作宝贝，以“革匮（大的藏物器具）十重，缇（桔红色丝织物）巾十袭（层）”藏之。有人请求观赏，此人斋戒七日，换上礼服才肯拿出“宝贝”来。结果传为笑谈。　《春渚纪闻》：宋代何薳撰，十卷。何薳隐居不仕，“春渚”或疑为富春渚，在浙江富阳、桐庐一带，即其隐居之处。此书多记神怪之事及因果报应等，以期劝人为善。此外还有关于诗词、琴、墨、砚、丹药等的记述与评说，颇有精到之处。

五十

宋叶寘《坦斋笔衡》云：陶器自舜时便有，三代迄于秦汉，所谓甓器是也。此必叶公仅依《周礼·考工记》：有虞氏上陶；《礼记·明堂位》：泰，有虞氏之尊也；《韩非子》：虞舜作食器；《史记·五帝本纪》：舜陶河滨，作什器于寿丘。诸书等句而云然耳。予尝阅《汲家周书》有云：神农作瓦器；《路史》有云：燧人为釜；《物原》有云：神农作甕，轩辕作碗、碟；《绀珠》有云：瓶、缾同，神农制；《吕氏春秋》有云：黄帝有陶正，昆吾作陶；《说文》：昆吾作陶；《春秋正义》：少皞有五工正，墫埴之工曰鹞雉之文。则陶窑上古已有，不自舜始也。意《考工》《礼记》《韩非》《史记》皆称有虞氏者，盖以上古太朴，陶器只如今黄沙土之质，至舜而制度略备，精粗有别，故有泰尊食器之作尔。其称上陶者，上与尚通，谓舜至质，贵陶器也，当训好尚之尚，不作上下之上解。〔1〕唐氏《肆考》

注释

〔1〕三代：夏、商、周三代。　甓：音pì。　有虞氏：即舜。相传其父顽母嚚（音yín，奸诈）弟傲，并曾多次加害于舜。但其为人孝悌，后终于感化其家人。受尧之命摄政三十年，天下大治，后禅继尧位。　釜：音fǔ，不带足的锅。　甕：音wèng，同瓮。　轩辕：即黄帝。与炎帝共同被尊为中华民族的祖先。　少皞：亦作少昊（hào），黄帝之子。　工正：掌百工之官。少皞置五名工正，均以雉名。因少即位时，凤鸟降临，故以鸟开始记事，各部门长官也以鸟命名。　鹞雉：东方曰鹞（zī），即陶正。

五一

稽唐、虞、三代以迄秦、汉、魏晋六朝，著于经，史、子、集者，惟曰缶，曰土熘，曰土刑，曰泰尊，曰甒、大瓦棺，曰甑盆，曰瓦旊之类，名凡数十，而窑无所考，至唐始著窑名。[1]同上

注释

〔1〕稽：考核，计数。　唐：即尧。六朝：或指三国吴、东晋及南朝宋、齐、梁、陈六朝，或指三国魏、西晋、北魏、北齐、北周、隋六朝，亦可指三国至隋统一前南北两方。　土熘：即土簋，见本卷注13。　甒：音wǔ，瓦制盛酒器。　甑：音zèng，瓦制煮器。后世以竹木制者称蒸笼。　旊：音fǎng，亦作瓬，瓦器。

五二

宋时，宫中所有定、汝器，率铜钤其口，以是损价。而今之求定汝者，即以铜钤口[1]为真。骨董家论古，往往如此。同上

注释

〔1〕铜钤口：即在瓷器口部镶铜边。定窑器因口有芒，故多具此特点。

五三

唐秉钧曰：古瓷柴、汝最重。柴周之外，次及官、定，盖定、汝、官、哥，皆宋器也。然柴、汝之器，传世绝少，而官、定犹有者。非官、定易得也，以定有北定、南定，而霍州镇彭窑，亦曰新定；官有旧京、修内司之别，而郊坛下新窑，亦曰官窑。新定不如南定，南定不如北定。旧京官窑，著时未久，当以修内司所造为上，新窑为下，其时已有差等。后有新仿定器，有不减定人制法者，有制作极工不入清赏者。好事者指某器曰定，某器曰官，安知其不为赝鼎所惑耶？今流传者，惟哥窑稍易得，盖缘质厚耐藏。定、汝体薄，难于完留故也。《古瓷合评》

刻花缠枝石榴纹碗　北宋后期

五四

关洛间有人耕地，常掘出古瓷器杯、棬、锭、柎之属，千形万变，并是采绘秘戏之状。耆老相传，是五胡乱华时，元魏惧其地有王气，瘗此为厌胜之具，皆供御物也。[1]《猞园》

注释

〔1〕杯、棬、锭、柎：棬，音quān，曲木而成的盂类饮器。锭，进熟食的有足蒸器。柎，音fū，器足。或认为杯棬为一物，指杯盘之类无装饰者；锭柎为一物，指蒸食物的炊具。　瘗：音yì，埋。　厌胜：一种巫术，认为能以诅咒制伏别人。

五五

宋臬使荔裳，康熙中分巡秦州时，城北寺基忽裂丈余，得古瓷一窑，同人索取殆尽。癸卯入都，仅余碗二、杯一。一碗阔五寸，内外纯素；一碗差小，波纹动荡，似吴道子画。杯贮水可一合许，有鱼四头，亦凸起，游泳宛然。商丘宋中丞牧仲见之，叹为异物，载入说部。此真古器，足贵者矣。〔1〕《凝斋丛话》

注释

〔1〕宋臬使荔裳：指清代人宋琬。琬字玉叔，号荔裳，官至四川按察使。臬使，按察使之别称，臬，音niè。　吴道子：唐代著名画家，被尊为“画圣”，又被后代画工奉为“祖师”。苏轼曾说杜甫诗、韩愈文、颜真卿书法、吴道子画集古今天下之大成，并盛赞吴道子的绘画技艺“盖古今一人而已”。他的人物画用线具有鲜明的节奏感，人物衣带飘举，“天衣飞扬，满壁风动”，人称“吴带当风”。山水画别开新径，气势雄放，曾在一日内画成嘉陵江三百里风光。但因其作品多为壁画，故无真迹流存。仅《送子天王图》等画卷被传为他的作品流传下来。　合：音gě，古代容量单位，十合为一升。

五六

粘官窑器皿法：用鸡子清匀糁石灰，捉清另放，以青竹烧取竹沥，将鸡子清与竹沥对停，熬和成膏，粘官瓷破处，用绳缚紧，放汤内煮一二沸，置阴处。三五日，去绳索，其牢固异常，且无损痕。《墨娥小录》

五七

金溪邮路亭胡姓，有甲乙入山，见白兔，追而射之，兔不见，乃志其处。发之，则古冢也。旁有大缸，中贮素瓷瓶二，古砚一。甲碎其一瓶，乙止之，取以为养花器。砚乃澄泥砚。瓶置几上，数日，觉有气自内浮出，氤氲若云气之蒸，不测其故。试折花木贮其中，无水而花卉不萎，且抽芽结实，若附土盘根者然，始讶瓶盖窑变类也。一日，风雨大作，忽霹雳一声，瓶竟震碎，乙甚惋惜。〔1〕《耳食录》

注释

〔1〕志：标识。　氤氲：音yīnyūn，烟云弥漫。　盖：大概。

五八

定窑器皿有破损者，可用楮树汁浓涂破处，扎缚十分紧，俟阴干，永不解。《云谷卧余》

五九

高从诲时，荆南[1]尚使磁器，皆高其足，而公私竞置用之，谓之“高足碗”。《三楚新录》[2]

注释

〔1〕荆南：即五代十国时十国之南平。高季兴所建，都江陵（今湖北荆州），地狭民少，历五主，被北宋灭。高从诲即其第二代国主。

〔2〕《三楚新录》：宋代周羽翀（chōng）撰《三楚新录》，记五代十国时占据楚地的三个政权，分三卷。上卷记楚国马殷（都长沙）事，中卷记武陵周行逢事，下卷记荆南高季兴事。因三国均在楚地，故名“三楚”。

六十

耀州陶匠创造一等平底深碗，状简古，号“小海鸥”。《清异录》[1]

注释

〔1〕《清异录》：宋代陶穀（gǔ）撰。有两卷，四卷之分。采择唐五代流传的掌故词语，每条词语下罗列事实缘起。天文地理、人事官志、草木虫鱼、居室器用、仙佛鬼怪等无所不包。书中有关内容为后世频频引用，颇具影响。

六一

破碗上下作两截，断而齐者，名无底碗，大吉。往往以上截书古语于其中，悬东壁，谓祥瑞也。《田家杂占》

六二

印色池，官、哥窑方者，尚有八角、委角者，最难得。定窑方池，外有印花纹甚佳，此亦少者。诸玩器，玉当较胜于磁，唯印色池[1]以磁为佳，而玉亦未能胜也，故今官、哥、定窑者贵甚。近日新烧有盖白定长方印池，并青花白地、纯白者，此古未有，当多蓄之。且有长六七寸者，甚佳。《考槃余事》

注释

〔1〕印色池：印色，即印泥。印色池，放印泥的容器。以瓷器贮印泥不易坏，因其不会吸收印泥内油质。

六三

印章，有哥窑、官窑、东青窑者，其制作之巧，纽式之妙，不可尽述。同上

六四

吴门周丹泉，能烧陶印文[1]，或辟邪、龟、象、连环、瓦纽，皆由火范而成，色如白定，而文亦古。《妮古录》[2]

注释

〔1〕能烧陶印文：美术本此句为"能烧陶印，以垩土刻印文"，当为据《妮古录》补入。

〔2〕《妮古录》：明代陈继儒撰，四卷。评论赏鉴书画碑帖、钟鼎古玩等，多有精到之处。陈继儒，松江华亭（今上海松江）人，号眉公、顽仙等。以文才见重于世。因科场失意，遂隐居山林，闭门著书，卖文为生。于经史诸子、野史小说等无不通。生活优游闲适，把晚明文人对精致生活的追求发展到极致，成为山野隐士的最佳代表。

六五

窑器，方为难，今制方窑器为盛。《事物绀珠》

六六

余秀州买得白定瓶，口有四纽，斜烧成“仁和馆”三字，字如米氏父子[1]所书。《妮古录》

注释

〔1〕米氏父子：指宋代画家米芾（fú）、米友仁父子，画史上合称“二米”。创“米点山水”，用简率的泼墨点染表现烟云迷漫的境界，所谓“点滴烟云，草草而成，而不失天真”。

六七

余于项元度家见哥窑一枝瓶、哥窑八角把杯、哥窑乳炉。项希宪言，司马公哥窑合卺[1]双桃杯，一合一开，即有哥窑盘承之，盘中一坎，正相容，亦奇物也。后入刘锦衣家。同上

注释

〔1〕合卺：旧时婚礼饮交杯酒，把瓠分为两个瓢，称卺，新夫妇各执其一饮酒。卺，音jǐn。

六八

官、哥二窑，时有窑变，状类蝴蝶、禽鸟、麟豹等像。于本色釉外，变色或黄或红紫，肖形可爱，乃火之幻化，理不可晓。《博物要览》

六九

古人吃茶多用瓷，取其易干，不留滓。饮酒用盏，故无劝盘。今所见定器劝盘，乃古之洗也。古人用汤瓶、酒注，不用壶瓶及有嘴折盂。台盘用始元朝，古定、官窑，俱无此器。〔1〕《格古要论》

注释

〔1〕劝盘：欧阳本注为盛果品用的平底托盘。恐非是，疑为酒盘、盏托一类器。　汤瓶：饮茶用具。宋代用来点茶的小瓶。材质有金、银、铁、锡、瓷等。　酒注：即酒壶。　台盘：欧阳本注为盛果品的高足托盘。

七十

金花定碗，用大蒜汁调金描画，然后再入窑烧，永不复脱。〔1〕同上

注释

〔1〕用蒜汁调色描画的方法并不真确，从考古资料看，历代瓷器多用胶来粘结颜料，另据现代实验，蒜汁恐怕也起不到粘结的作用。

柿釉金银彩牡丹纹碗　北宋

七一

卖花顾媪，持一旧瓷器求售。似笔洗而略浅，四周内外及底皆有釉色，似哥窑而无纹，中平如砚，独露瓷骨。边线界画甚明，不出入毫发，殊非剥落。不知何器，以无用还之。后见《广异记》《逸史》等所载，乃悟。唐以前无朱砚，凡点勘为文籍，则研朱于杯盏，大笔濡染，贮朱于鉢。杯盏略小而口侈，以便掭笔。鉢稍大而口敛，以便多注浓渖也。顾媪所持，盖即朱盏，向来赏鉴家未及见耳。急呼之来，问此瓷器何往。曰，本以三十钱买得，云出自井中，今以无用，二十钱卖诸杂物摊上，久，不能复问所在矣。余深为惋惜。世多以高价市赝器，而真古瓷反往往见摈如此。[1]《槐西杂志》

注释

〔1〕媪：音ǎo，老妇人。　口侈：口沿外张。　掭笔：毛笔蘸墨后在砚台边口处弄均匀。掭，音tiàn。　渖：音shěn，汁。　摈：排除，丢弃。

七二

平阳，陶唐氏之故都也，其俗勤俭，旧多窑居，新安赵给谏吉士《竹枝词》咏之云："三月山田长麦苗，村庄生计日萧条，羡他豪富城中户，住得砖窑胜土窑。"其镇署三堂后，尚有砖窑五圈。[1]《霁园夜谭录》

注释

〔1〕平阳：在今山西临汾市西南，相传尧曾都于此。　陶唐氏：即尧。尧初居于陶，后又封于唐，故称陶唐。　署：衙门。

七三

自古陶重青品，晋曰缥瓷，唐曰千峰翠色，柴周曰雨过天青，吴越曰秘色。其后宋器虽具诸色，而汝瓷在宋烧者，淡青色；官窑、哥窑以粉青为上；东窑、龙泉，其色皆青。至明而秘色始绝。《爱日堂抄》

七四

有客携柴窑片瓷，索数百金，云嵌于胄，临阵可以辟火器，然无由知确否。余曰："何不绳悬此物，以铳[1]发铅丸击之？如果辟火不碎，价数百金不为多。如碎，则辟火之说不确，理不能索价也。"客不肯，曰："公于赏鉴非当行，殊煞风景。"急怀之去。后闻鬻于贵家，竟得百金。夫君子可欺以其方，难罔以非其道。炮火横冲，如雷霆下击，岂区区瓷片所能御？且雨过天青，不过釉色精妙耳，究由人造，非出神功，何破裂之余片，尚有灵如是耶？《如是我闻》[2]

注释

〔1〕铳：音chòng，枪一类的火器。

〔2〕《如是我闻》：清代纪昀撰，是其《阅微草堂笔记》中的一部分。《阅微草堂笔记》共二十四卷，主要有"泺阳消夏录""如是我闻""槐西杂志""姑妄听之""滦阳续录"等五种。内容多系志怪传说、轶闻遗事等。纪昀，直隶献县（今属河北）人，字晓岚，乾隆进士，学问渊博，有通儒之称，任《四库全书》总纂官。

以上皆陶事旧说，或全篇，或一二语，悉撮录，以资闻见。

卷十　陶录余论

一

陶有遥、逃二音，烧造抟埴，皆可称也。《正字通》：陶与匋同。又，陶即窑字，通作窑、匋、匋等字。《说文》：匋，瓦器，从缶，包省声。盖古字双音并义，后始陶、窑分称。[1]

注释

〔1〕陶有遥、逃二音："陶"字有yāo、táo二音，分指窑和陶瓷器。　抟埴：用粘土制作陶器坯胎。抟，音tuān。

二

舜陶河滨，《类书纂要》注：河滨，即今定陶县西北。《舆图直指》则谓在馆陶、陶丘之间。考陶丘即定陶，然定陶与馆陶相去甚远。又作什器于寿丘，《舆图直指》言寿丘在兖州府东，则馆陶、定陶皆于兖甚远，未知河滨所在。近考《括地志》云：陶城，在蒲州河东县北三十里，为舜所都，南去历山不远。按，此或即其地。

三

闽温处叔《陶制序》深得陶事三昧，其略云：淘先濯之，使定沦矣，尤必澄也，扰之欲调，而掔之欲坚，不然，恐其宛也。此数句盖言淘练泥釉之工。又云：作之力须均，扶欲啬，弗均则侧，弗啬则泐也。此是言拉坯之难。又云：入范而抟之，疏数须得其平也。力欲转而滑，滞则裂，按之而实斯痕也。此是言印模不易。又云：浣之，括之，拭之，必详悉求其类，不则疵也。此是言镟坯过釉之艰。又云：里坚白而表凝素者，上也。虽加之以绘，佳也。此言陶成器质贵精洁。又云：表容青，虽绘事弗及，次也。此言器品质亏非所贵。又云：笔纹期如丝，纹丰而沴，亦次也。此言画描之工。又云：一品为之功数易，一弗善，不能良也。此总言陶作之难。盖观于温《序》所言，从可知陶事曲折矣。[1]

注释

〔1〕三昧：奥妙，窍门。　淘、濯：淘洗瓷土。　定沦：沦，水波纹。定沦，淘洗瓷土后使水面平静。　澄：使泥料中杂质下沉。　宛：曲折变形。　啬：当用力轻。　侧：偏向一侧。　泐：音lè，裂散。　疏数：次数的稀和密。数，音shuò。　滞：停。　斯：则。　浣：音huàn，坯胎经干燥处理后还要进行补水工序。用特制的笔刷蘸水刷涂。　括：约束。　不：音fǒu，同否，不这样。　沴：音lì，水多而滞阻。　曲折：指制陶瓷的复杂过程。

四

镇瓷在唐、宋不闻有彩器。元、明来，则多青花，或仿他处青瓷矣，然非今之所谓青也。今俗又以器之上品者为青，如呼头青、提青、三色青之类，昔只以上色、次色、三色分之。

五

在镇官窑瓷器有三：一厂官器，一仿宋代汴、杭官窑器，其一则居俗所称官古器也。厂官器非民间所有，官古器则盛行于今，宋官器仿制不多矣。〔1〕

注释

〔1〕厂官器：指明清御窑厂产品。　居俗：平时。

六

陶瓷有所谓口者，即器上围。员口俗呼盘口、碗口、盘堧、碗堧是也。所谓足者，即器底圈边，俗呼碗、杯垗是也。所谓骨子，即器具土质，俗呼泥胎儿是也。〔1〕

注释

〔1〕员口：即圆口。　堧：音ruān，外沿，周边。　垗：dǔ，坯足。参考卷四。傅本认为此字当为“堤”字之误，堤，有边、底之义。当是。　骨子：即胎骨。

七

陶瓷有以圾称者（俗作件），自五圾起，以至百圾、五百圾，千圾，如尊、罍、盆、缸之类。按字书：圾与岌通，危也。则以圾称，谓其危而成难也，故圾数愈增，则愈难陶成。〔1〕

注释

〔1〕罍：音léi，盛酒或水的器皿。

八

陶瓷有茶托、酒托，疑即古礼器之舟也。《周礼》祼[1]用鸟彝、黄彝，皆有舟。郑注：舟，樽下台，若今承盘子。由是考之，舟、托非一物乎？

注释

〔1〕祼：音guàn，古代帝王以酒祭祖或赐宾客饮之礼。

九

均红器古作者，土质粗疏，微黄，釉色虽肖，究非佳品。今镇陶选用净细白埴[1]土，范胎为之，再上均红釉，故红色衬出，愈滋润，所谓玫瑰、海棠、骡肝马肺等样，皆胜于往古所造。

校记

1 埴：傅本、美术本均作“填”，欧阳本作“埴”。

十

一霁红也，《肆考》纪明厂窑作祭红，沈阳唐公记今厂器作霁红，而陶俗皆作济红，其实祭红为是。盖宣窑造此，初为祭郊日坛用也。唐窑纪霁红，由宣窑霁青推写耳。

霁红釉玉壶春瓶　清·乾隆

一一

龙缸大窑，明厂原系三十二座，后因青窑数少，龙缸窑空闲，将大龙缸窑改砌青窑十六座，仍存龙缸大窑十六座。自国初烧造龙缸未成，至唐窑始复其制，搭民窑烧。厂东街有龙缸衕[1]，相传为旧搭烧龙缸处。按隆、万时厂器，除厂内自烧官窑若干座外，余者已散搭民窑烧。《邑志》载有赏给银两定烧、赔造等语。然今则厂器尽搭烧民窑，照数给值，无役派赔累也。

注释

〔1〕衕：音tóng，街道。

一二

镇在唐代瓷陶之外，又有琉璃窑，为市埠桥盛姓所业。有盛鸿者，登乾元第，为利州司马，擢行人。其族人以敕造不称获罪，鸿疏辨免，不欲族裔承匠籍，遂废其业。见《昌南记》。

一三

《责备余谈》云：汪、黄为相，宦官邵成章劾其误国，被斥。钦宗思其忠直，召赴行在，或复沮之，乃命止于洪州。及洪州陷，金人授以职，坚不从。金曰：忠臣也，不可杀之。按钦宗时，汪、黄未为相，当是高宗之讹。然邵成章当南渡时，实尝提举修内司官窑，足为陶中生色矣。

一四

《正字通》载：景德镇瓷器，用苎麻灰淋汁涂之。黄色者，赤土汁涂坯烧之。用芝麻秸淋汁染色，则成紫。此言非也。按今配青白釉，止用炼灰。黄色、紫色，本有是种，配釉亦不用芝麻秸汁。若赤土所配，乃紫金釉稍黄一种，非黄色者。

一五

《正字通》又载：婺源县界麻仓窑有土可釉。按麻仓为邑东村名，或讹麻村，或呼梅村，窑出官土，只可作不[1]，非釉也。

注释

〔1〕不：方言，砖状瓷坯。

一六

《正字通》又载：庐陵新建产黑赭石，磨水画瓷坯，初无色，烧之成天蓝，盖今青料也。按赭乃赤色，云黑，又云赭，则不得名青料，且新建从未闻产料。

一七

《正字通》又载：景德镇取婺源所产料，名画烧青，一曰无名子。按，镇所用，乃浙料、广料或云南料。昔则苏泥勃青、回青、乐平陂塘青、瑞州石青，从未闻取用婺邑料。凡料之佳者，名老圆子、韭菜边，亦无画烧青、无名子之称，廖公盖以传闻误注耳。〔1〕

注释

〔1〕本条所记为青料。　廖公，即《正字通》著者张自烈之友，刊刻该书并一度隐瞒张氏姓的廖文英。

一八

景德镇自明设御器厂，因有厂官窑，今仍其旧称[1]。《格古要论》载：古饶器，出今饶州浮梁之御土窑，体润而薄。讹御器厂为御土窑。且景德镇所产，而必曰饶器，即云饶州所辖，岂饶器尽为御土窑烧造者？是又不知有民窑、官窑之分也。

注释

〔1〕仍其旧称：沿袭它旧有的称呼。

一九

刘言史《咏茶诗》云："湘瓷浮轻花。"此湘瓷不知即岳州器欤？抑为本镇附纪之湘湖窑器欤？当俟考定。

二十

陶庵老人《梦忆》云：嘉兴王二之漆行，洪漆之漆，张铜之铜，徽州吴明官之窑，皆以一工与器而名家、起家，其人且与搢绅先生列坐抗礼。按，徽州距景德镇甚近，吴明官或亦尝陶吾镇，著名当时者欤？不然。徽地无窑也，然莫可详确，亦俟考。〔1〕

注释

〔1〕陶庵老人：即张岱，字陶庵。明末清初浙江山阴（今绍兴）人。工骈文及散文、好音乐，能弹琴制曲。著有《陶庵梦忆》，八卷。记明代掌故、风俗、山川、园林等。　搢绅：也作缙绅，指士大夫。搢，插。绅，大带。搢绅，即指插笏于带间。古代仕宦者垂绅搢笏，因以“搢绅”代称士大夫。　先生：年长有学问的人。

二一

《长物志》载：旧窑枕有长二尺五寸，阔六寸者，可用。是昔尚瓷枕，暑月用之必佳。今镇只有孩儿枕。

二二

《邑乘》载缪宗周《兀然亭诗》云："陶舍重重倚岸开，舟帆日日蔽江来，工人莫惜天机巧，此器能输郡国材。"《志》：兀然亭在鞍山，为祖无择所题云，亭近河滨。然鞍山附近无陶，实去河甚远。按兀然亭有二，当是题肇建之兀然亭耳。肇地滨河，建中昔多世陶，有峰曰肇山。旧传有兀然亭，其址犹存。缪诗殆非泛指也。

二三

明末又有陈仲美、周丹泉俱工仿古窑器，携售远方。镇人罕获，周窑甚传。若陈来去无定，仿造亦不多，今罕有知之者矣。

二四

真古窑器，得之无价。尝记少时，见有人持湖田窑大方炉一，色素而古雅可爱。云家世珍藏，可验晴雨，请鬻于里淳富宅。富家不辨，数争价往反，忽失手堕碎，深为可惜。

二五

古瓷尚青，宜品茗酒耳。若肴馔，则素瓷、青花白质瓷为佳。邹阳《赋》："醪醨既成，绿瓷是启。"陆羽《经》："越瓷青而茶色绿。"《七启》："盛以翠樽。"季南金诗："听得松风并涧水，急呼缥色绿瓷杯。"东坡诗："青浮卵碗香。"观数公句，可知尚青止杯盏之类，亦非如柴、汝之青色也。〔1〕

注释

〔1〕醪醨：酒。醪，音láo，浊酒。

二六

同一青瓷也，而柴窑、汝窑云青，其青则近浅蓝色；官窑、内窑、哥窑、东窑、湘窑等云青，其青则近淡碧色；龙泉、章窑云青，其青则近翠色；越窑、岳窑云青，则近缥色。古人说陶，但通称青色耳。

二七

景德镇诸窑，称青亦不同。有云青者，乃白地青花也，淡描青亦然。其青皆近蓝，色分浓淡。有仿古窑称青者，则亦如古窑之青。若霁青之青，亦近深蓝色。

二八

汝窑瓷色，镇厂所仿者，色青而淡，带蓝光，非近碧之粉青也。《肆考》谓汝窑瓷，色如哥而深，则误认青为近碧解矣。不知汝瓷所谓淡青色，实今之好月蓝色。镇厂盖内发真汝器所仿，俗亦呼为雨过天青。又仿粉定有甚佳者，亦不闻是青田石。

二九

《肆考》又以大邑瓷注于越窑下。未考大邑为邛州属县，竟以为越瓷，是不知有蜀窑也。又以东瓯为越窑，未考东瓯地属温州，是不知别有东瓯陶也。《广舆记》载温州城外尚有东瓯王墓。

三十

旧越窑自宋末已不复见。《辍耕录》载叶坦斋引陆诗，疑为秘色。而《肆考》越窑实另见，谓，第为秘色之所自始，殆〔1〕其然乎。

注释

〔1〕殆：近于或大概。

三一

秘色，古作祕色，《肆考》疑为瓷名，《辍耕录》以为即越窑，引叶寘“唐已有此”语。不思叶据陆诗，并无祕色字也。按，祕色特指当时瓷色而言耳，另是一窑，固不始于钱氏，而特贡或始于钱氏，以禁臣庶用，故唐氏又谓蜀王不当有。不知祕字，亦不必因贡御而言。若以钱贡为祕，则徐寅《祕盏诗》亦标贡字，是唐亦尝贡，何不指唐所进御云祕？岂以唐虽贡，不禁臣庶用，而吴越有禁，故称祕耶？《肆考》又载祕色至明始绝，可见以瓷色言为是。[1]

注释

〔1〕钱氏：指五代十国时吴越国主钱镠（音liǎo）。　唐氏：即唐秉钧，有《文房肆考图说》一书。　蜀王：当指五代十国时前蜀国主王建、王衍。

三二

《高斋漫录》亦载：祕色瓷器，世言钱氏有国日越州烧造，为供奉物，臣庶不得用，似祕色窑又实起于吴越矣。

三三

雨后天青，止柴窑器色如是，汝窑所仿已不类。宋长白误以为祕色窑器，且称雨后晴天色，讹青为晴。又注《茶经》所云越州为上，是指龙泉窑器。皆载其《柳亭诗话》中。按，秘色窑青色近缥碧，与越窑同。即越窑亦非龙泉窑。一是绍兴，一属处州，地亦相殊也。宋又云：秘色晴天，柴皇氏[1]重之。是并不知世传五窑之自来矣。

注释

〔1〕柴皇氏：指五代十国时后周国主柴荣。

秘色瓷曲口深腹盘　唐

秘色瓷曲口圈足碗　唐

三四

《格古要论》谓旧哥窑色青，浓淡不一，好者类董窑，今亦少有。成群队者，是元末新烧，欠佳。按，东窑色淡青，亦有紫口铁足，未闻董窑何昉[1]。殆东董音相近，各操土音，遂以东讹董，而《肆考》亦误沿董字也。

注释

〔1〕何昉：起始于何时何地。昉，音fǎng，起始。

三五

鱼子纹，《格古要论》以为哥器纹，而《陶成记》载汝釉亦有鱼子纹。合之无纹汝釉、蟹爪纹汝釉，可知汝器古有三种釉式。

三六

《陶成记》：仿宋器有铜骨无纹汝釉猫食盘，系人面洗[1]色泽。今镇所仿汝器，并未闻此名式，即铜骨泥绝少，不见有人面洗色泽者。此种真汝式，想尤佳妙。

注释

〔1〕人面洗：是器物而非色泽，言仿宋汝窑器色泽。参见卷三“仿古各釉色”。

三七

大观，北宋年号，即有官窑时也。宋本称“官”字，唐隽公不书“官”，《纪》“观”称“大观釉”。盖以镇陶有厂官器，民俗有官古器，故用观字以别之。其实大观即宋官釉，或疑官、观为二，皆讹。

三八

霍器有三：一为宋霍州本来窑，一为元彭君宝仿造窑，其一则唐昌南镇霍仲初窑也。彭为上，仲品次之，霍州本来者又次之。

三九

窑变之器有三：二为天工[1]，一为人巧。〔1〕其由天工者，火性幻化，天然而成，如昔传屏风变为床、舟，冰缶冻为花卉村景；宋碗经暑不腐腥物，乃世不多觏者也[2]；又如均、哥本色釉，经烧忽退变他色，及成诸物状，是所时有者也。其由人巧者，则工故以釉作幻色物态，直名之曰窑变，殊数见不鲜耳。

校记

1 二为天工：傅本作“一为天工”，美术本及欧阳本均作“二为天工”。

2 乃世不多觏（gòu）者也：傅本、美术本均如此，欧阳本作“乃世不多觏干净者也”。

注释

〔1〕二为天工，一为人巧：天工与人巧的结合是中国古代工艺技术传统一个深刻的造物原则。《周礼·考工记》已说：“天有时，地有气，材有美，工有巧。合此四者，然后可以为良。材美工巧，然而不良，则不时，不得地气也。”对天时地利的重视与阴阳五行学说密切相关，它的结果是把技艺看作自然的一部分，处处考虑人与自然的和谐统一。

四十

陶处多者，自来莫过于汴，其次为浙。然汴自柴、东、汝、官、均而外，著名者少。越窑、秘色、官、内、龙泉、哥、章及东瓯，今亦莫继其美。

四一

江西窑器，昔亦多处，惟景德镇著久。《肆考》：饶州窑亦注浮梁镇器，而不列景德镇名，何耶？又云：江西窑器，唐在洪州，宋时出吉州，明见弋阳。何以既注镇器，尚言江西窑器某代止在某处乎？

四二

磁石制泥为器，非吸铁引针之磁石，亦非烧料为磁粉之类，乃别一种石。其色光滑而白，其性埴而松，其器美而不致，实与瓷土异，惟磁州、许州有之。〔1〕

注释

〔1〕埴：粘。《周礼·地官司徒·草人》："埴垆用豕。"郑玄注："埴垆，粘疏者。"贾公彦疏："云埴垆粘疏者，以埴为粘，以垆为疏，故云粘疏也。"　致：细密。

白釉高足碗　元代

四三

楚之长沙属，有醴陵土碗。器质甚粗，体甚厚，釉色淡黄而糙，或微黑。碗中心及底足皆无釉，盖其入窑时，必数碗叠装一匣烧故也。此乃乡土窑，所在多有，正如吾昌南在汉时只供迩俗[1]粗用也。

注释

〔1〕迩俗：附近民间。

四四

“素瓷传静夜”，本王修诗，《昌南记》以为颜、陆二公联句，殊误。《阳羡茗壶系》引之，谓品茶尚素瓷，然亦不载谁句，而尚素又与《茶经》相反。

四五

《广舆记》止载登封、宜阳产瓷器，而不知洛阳已陶于元魏时；止载平凉、华亭产瓷器，而不知秦州已陶于唐代。《肆考》载秘戏器作俑于隆、万，而不知元魏之关、洛窑已有此种。

四六

蘸釉之法，欲其莹匀，大抵贵手法轻快，《肆考》谓不急能匀，重复蘸之则莹厚，谬矣。按，当蘸湿时，若不急起，纵使釉周，不几酥破乎？莹厚亦不必重复，如重蘸，色反不匀。今惟大琢器、大圆器用吹釉法，有重复多遍者。余小器及常粗器蘸釉则不然。

四七

《肆考》说定器出定州，即真定。按，定州系直隶州，在真定之西南，非真定也。真定为常山，定州为中山。宋苏东坡知定州，其时即为边郡，真定固属辽，不属宋也。〔1〕

注释

〔1〕知定州：为定州主管官员。知：执掌，主持。官职前知字即取此意，如知府、知县等。

四八

《肆考》谓古人以足载器，器足多取沉重，柴窑足每粗黄土，官、哥、龙泉皆铁足，此非也。按周之柴窑，其时鲜佳不，故胎质用黄土，足亦黄土，非另造续成者。即铁足亦因铁骨泥作质，故坯足露铁色，非另造铁足安上。唐氏不知坯装匣烧，匣内尚有渣饼、砂渣垫足，只疑另有器足承载器烧，故有古取沉重之说。

四九

《通志》曰：造坯彩画，始条理也。入窑火候，终条理也。即以火候言之，火有前、中、后之分，有紧、溜[1]之候，或对日，或一昼夜，大器或溜七日夜，紧二日夜。火弱则窳甋，俗呼糟坯；火猛则偾暴。溜者，欲习于火而无羸；紧者，如燎于原而无缩。若倦睡不应机，神昏莫辨火色，有破璺走焰之失，所烧器必多罦垦、阴釁、黑黄之患矣。则所谓条理者，正须缕析也。〔1〕

校记

1 溜：傅本、美术本均作“润”，欧阳本作“溜”。

注释

〔1〕火有前、中、后之分，有紧、溜之候：前、中、后，当以窑内位置言。紧、溜，以火之大小紧缓言。可参见卷五“龙缸窑”条。　窳甋：音yǔshuǎng，粗劣且没有烧透。窳，粗劣，不坚实。甋，未烧透的瓦器。　暴：鼓凸而不坚致。　偾：当为“坟”，偾，坟（古字墳）形近而误。《周礼·考工记·瓬（音fǎng）人》：“凡陶瓬之事，髻垦薜（音bó）暴不入市。”郑玄注：“暴，坟起不坚致也。”　羸：过度。《周礼·考工记·弓人》：“挢干欲孰于火而无羸。”郑玄注：“羸，过孰也”。孰，同熟。　缩：亏欠，不够。　应机：适应时机，指及时准确把握窑内的种种变化。　破璺走焰：指因对火力等掌握不够而导致的瓷器破裂、串烟等缺陷。璺：音wèn，裂纹。　罦：音fú，砖瓦、陶器等没烧过的坯。此处当指火力不够，坯未烧透。　垦：损伤。　釁：音xìn，瓦器坼裂。“罦垦”为器物外形凹凸不平，“阴釁”为器物釉色不亮。

五十

金溪王仁圃先生，成《江西考古录》，无一言及陶务，岂谓陶器不足录？良由人地远隔，知有不逮也。陶器自古资利用，景德镇陶，历代名天下，实江西土产之最，非惟好古之士，在所必详，即有心国计民生者，亦未可略也。桂幸生长于斯，耳目所习，虽犹不尽，谨就所知者考辨之，或亦可为博雅君子之一助。〔1〕

注释

〔1〕良：的确，确实。　桂：即补辑本书的郑廷桂。

五一

从来纪陶无专书，其见于载籍者，或因一事而引及一器，或因吟赋而载一二名。惟蒋祈《陶略》[1]及沈阳唐公《陶成记》《示谕稿》[2]，说景德镇陶事颇详。其他如练水唐氏《窑器肆考》，详天下古窑颇悉，而于镇陶多本传闻，往往出蒋、唐诸集之外，其实不无谬误，谨遵师说考辨之。

校记

1《陶略》：傅本、欧阳本均如此，美术本作“《陶器略》”。

2《陶成记》《示谕稿》：傅本作“《陶成纪事》《瓷务事宜示谕稿》”，美术本及欧阳本均作“《陶成记》《示谕稿》”。

五二

《龙威秘书》有朱桐川先生《陶说》。《说》分三则，惟说镇器多简略。《录》[1]中所引用，皆注原书名，非不采其说也。

注释

〔1〕《录》：即本书《景德镇陶录》。

五三

是编陶务土宜，多得于访问。若都昌江大光、程镇安、曹惠浦、胡思策、刘文炳、刘伯和，鄱阳金大礼、刘启祥，皆习知其事，而能言其制作之详者。而检阅书籍，相与商考，则古黟余有庠秡畯，鄱阳金正仪梦桥，乐平石钟理羹堂，同邑黄达良澹庵、李玑有政、邓世畴寿田，成美功咸为不少。书成，例得书名，遂以识之。[1]

注释

〔1〕黟：音yī。　秡畯：音yùjùn。　同邑：同乡。　例得书名：按惯例应书其姓名。　识：音zhì，记。

书 后

镇陶自陈[1]以来名天下，历代著录家多称述。吾师耕余先生，惜其无专书也，博考众家之说，实而验诸当时之制，辑为是《录》，卷帙未终而逝，盖湮废败箧中，垂二十年矣。廷桂受业门墙最久，恸吾师敦行力学，赍志以殁，又遗腹子殇殒无嗣，师母氏汪，孑然孀居，抱遗书而无所与谋。欲请以校勘而续成之，藉为吾师存一日，而廷桂又落拓，无力蒇事[2]，其若吾师何哉！

嘉庆十有六年辛未，广德刘克斋[3]先生来莅邑事，招廷桂馆署中。风政之暇，时及文辞，亦往往以镇陶无专书为憾[1]。廷桂出此奉质[4]，则跃然而起，命亟续之，与付剞劂[5]。噫，此固廷桂日夜祷祠之而不得者，今庶几为吾师慰也！虽至愚鲁，不敢不勉。《录》旧六卷，今订为十，惟卷首《图说》，卷尾《陶录余论》，为吾师所未逮。其中八卷，则皆仍吾师之书，分门而附益之，谨阙其所不知，不敢妄有增损。盖[2]于镇陶之原流，工作之勤劳，器用之美利，虽不备悉，然已可得其大略矣。吾师其又谓廷桂何哉。

嘉庆二十年，岁在乙亥，秋八月朔，门人同里郑廷桂谨识。

校记

1 亦往往以镇陶无专书为憾：傅本作“亦非往以镇陶无书为憾”。

2 盖：傅本无发语词“盖”。

注释

〔1〕陈：指陈至德元年，参见卷五。

〔2〕蒇（chǎn）事：完成。

〔3〕刘克斋：刘丙字。时任浮梁县知事。参原序。

〔4〕质：质正，请教。

〔5〕剞劂：参见《重刊序》注。

补　遗

陶阳竹枝词

（三十首·并引）

〔清〕郑廷桂

竹枝词，咏土风也。吾昌南镇自唐宋来，以其为陶家而有事也，故称“陶阳”。近时风土古迹多改替湮失，因就所知者作《陶阳竹枝词》三十首存之，以俟采择。

一

观音阁又焕衰题，新起文昌更整齐。
不作江南雄镇辨，侬家世籍隶江西。

石埭山观音、文昌二阁，近时新修。其下通衢旧有“江南雄镇”坊，人多疑。镇向隶江南，有欲作文辨之者。吾族自宋初即世居镇南门。

二

御窑榷理属江关，派役常川一例删。
呈样运瓷仍照旧，半年厂课两回颁。

国朝崇尚节俭。乾隆初年间，裁去驻厂官员，以九江关使榷陶务，并革向派差役，悉照市价采买，分两季给发工食银两。

三

衙门观察改同知，三炮还同开府仪。

更有巡厅管窑务，移来桃墅驻防司。

巡道行署改饶州府同知衙门。景德分司，本桃墅市司改移驻镇，兼管窑务。

四

蚁垤蜂窠巷曲斜，坯工日夜画青花。

而今尽是都鄱籍，本地窑帮有几家？

镇坯房皆矮屋，工作多都、鄱并客籍人，本地近少业窑者。

五

坯房挑得白釉去，匣厂装将黄土来。

上下纷争中渡口，柴船才拢槎船开。

中渡过河西，多有坯房、匣厂。又为柴、槎码头，争渡者日夜不息。

六

天宝桥边水碓舂，麻村老土胜提红。

安仁船载余干不，同府同帮货不同。

提红，不名。麻村在邑东，产老土，向胜提红。今多用余干提红，每以安仁小船载来货卖。

七

修模手法最明公，旋转车槃较紧松。

大小一般千万个，家家样子不相山。

凡做坯，必先修定模子，另有修模工。模子定，则无大小参差之异。做坏修模，皆用车槃，旋转挖捏。

八

马头柴槎各分堆，伙计收筹记数来。

窑位客行催要紧，后先三日一回开。

烧窑多以三日为度。柴、槎两帮各有挑柴码头。客行把庄催瓷器，谓之催窑位。

九

巧样瓷名尚脱胎，金边细彩暗炉开。

寿溪不是侬家卖，昨日新窑试照来。

近年，瓷器尚脱胎、细彩，寿溪不，细瓷所用。陶家买不、釉，必以少许先烧，谓之试照。

十

青窑烧出好龙缸，夸示同行新老帮。

陶庆陶成齐上会，酬神包日唱单腔。

大龙缸最难烧，满窑人亦都、鄱两帮。生岁陶成，窑户多演包日戏酬神。

十一

鸡缸花草九秋描，仿古时将圆琢烧。
一自包青充贡御，无人知有爁熿窑。

圆、琢，总名。厂制，旧六窑，一曰爁熿，坯上釉，漏，再上釉，入窑。今搭烧民间包青窑。

十二

九域瓷商上镇来，牙行花色照单开。
要知至宝通洋外，国使安南荅贡回。

御厂制瓷器，大半备以回贡，故大内颁样烧造。然镇瓷通商天下，迄今来镇贩者络绎不绝。

十三

轻灵手段补油灰，估得明堆又暗堆。
好约提篮小伙伴，黄家洲上走洲人。

镇小本生理，有油灰行、估堆行，并提得罪卖零瓷者，谓之走洲人。

十四

鹅颈滩头水一湾，驳船禾秆积如山。
瓷件芟成船载去，愿郎迟去莫迟还。

客商贩瓷，细者装桶，粗者茭草。故船载车运，藉以免破损。

十五

土物音操土俗余，官窑原起大观初。

漫言须辨瓷磁字，不础何从考字书。

镇俗操土音，登写器物多俗字。如“不”“础”字皆不见于字书，又不独“瓷”“磁”，“官”“观”之，当考辨。

十六

秋寻野寺闲题石，春看桃花晓进城。

羡然风流唐榷使，一篇心语署陶名。

乾隆间，唐隽公观察为榷陶使，巡视之暇，游览山水，多留题咏。所书碑额，名重一时。著有《陶人心语》。

十七

环翠亭碑碧藓荒，隽公去后少商量。

难得鲸波老词客，重兴香火祀文昌。

厂内珠山环翠亭，唐公重修书碑，后渐次荒颓。嘉庆间，道幕吴鲸波新葺门槛，移唐公所制文昌像祀之。

十八

五月节迎师主会，六月还拜风火仙。

龙缸曾读唐公记，成器成人总靠天。

师主庙为晋赵万硕；风火仙，姓童名宾，本地人，皆陶神也。龙缸在佑陶祠中，唐公有记。

十九

箭楼风景近何如？牛背驮鸦下夕墟。
云影天光遗迹在，此间犹有晦翁书。

里仁四图箭楼口有“天光云影”四大字石刻，相传为朱子书，今虽寥落，字犹在。

二十

灵隐庵前洗心水，借读人常傍佛龛。
种菜种瓜园一片，午钟何处问和南。

灵隐庵向常借读，今废为菜园。廿年之间，圮废若此者甚多。

二十一

机关不露云垂地，心镜无瑕月在天。
闲诵岳王楹贴句，阳山寺废几何年？

阳阜山旧有寺，岳武穆公过此，留题楹柱。今寺废。山下虽有僧人募建小庵，已非故址矣。

二十二

沈玉塘无水半弓，菱花菱角缅清风。
伤心旧日尚书第，鬼哭秋坟落叶红。

沈玉塘在薛家坞，为薛尚书女尽节处，今惟野坟荆棘而已。

二十三

静夜王修咏素瓷，鲁公唱和至今疑。
残阳古木荒凉甚，待向云门访断碑。

马鞍山，唐有云门教院。颜鲁公作郡，尝来游览，与陆士修唱和。陆有“素瓷传静夜”句，事载云门碑记。今考之《全唐集》，实王修诗，未知孰是。

二十四

横田古庙祀华光，改替官衙事不常。
到底五王灵应显，龙灯日夜闹朝阳。

横田社朝阳门有华光祠，即今五王庙。明夺为官署，后以神异还民祠。今龙灯极盛，能祈雨救旱。每岁无夕，出灯街市，施放火爆，彻数日夜。

二十五

杨梅墩上古樟春，白马茶庵旧迹新。
妙有刘侯起高阁，水星未拜拜财神。

杨梅墩、白马茶庵久废。嘉庆辛未，邑侯刘克斋先生倡建水星阁，外建财神殿，构茶亭以存茶庵旧迹。

二十六

寺名景德几朝经，长对南山不改青。

试问陶阳十三里，谁寻两个兀然亭。

镇兀然亭，一在马鞍山，一在肇家建，为今东岳庙，朝山即缪宗周题诗处，然亭久废。景德寺在落马桥下。

二十七

病起宫嫔瘦影婷，泥金亲手写磁青。

祇陀林古僧人死，谁晒淮王赛愿经。

祇陀林有金书磁青纸册一匣，为明王妃酬愿者。寺僧芳如年八十余，常珍藏之，今已物故。

二十八

里淳街上画眉啼，三月灰窑利市齐。

拾翠人来翠云寺，酒旗斜指石亭西。

里淳街民多业石灰窑。春窑开市，各乡船纷集，每以翠云寺为游玩的所。

二十九

晏族琉璃世业窑，新平逸事记唐朝。

行人疏免家人役，从此烟清市埠桥。

唐有晏鸿者，市埠桥人，其族向业琉璃窑，以供应获罪。鸿官行人，不欲其族承匠籍，力疏罢免。

三十

东岳殿前铜佛移，古楼千佛葺何时。
拾遗谁补《昌南志》，空向江头唱竹枝。

阳皋寺铜佛移祀东岳庙。镇市都千佛楼近毁于火，镇人尚未修葺。乡先辈有吴姓者忘其名，著有《昌南志》。今其书不传，是为里闬逸事，尚待采风者蒐罗补定之云。

引自《浮梁县志》卷之十一《艺文上·诗录》
（据1960年江西图书馆油印康熙四十八年抄本）

明嘉、万两朝《江西省大志·陶书》合勘

〔明〕王宗沐、陆万垓 纂修　连冕 重校订

本篇约3万余言，乃明后期暨有明一代所存罕见由两朝不同作者接续完成的，半官修地志、经济类陶瓷专科档案文献。其对于嗣后涉及景德镇暨江右陶务的各类簿籍、专书，尤是对于描述、考辨中国帝制后期官、民窑口各色情状，均产生过重要影响，[1]且具极高的史料价值。

今以南京图书馆所存、杭州丁氏"八千卷楼"旧藏，陆万垓增修、万历二十五年（1597）重刊《江西省大志八卷》卷7《陶书》原件为唯一工作底本，[2]并以中国国家图书馆藏、王宗沐纂修之嘉靖间刻本《江西

〔1〕今人亦曾对此篇做过基本的点校与注释，其中李科友、吴水存整编的《古瓷鉴定指南（二编）》已据"嘉靖本"清理（北京燕山出版社，1993年版，第141—155页），熊廖、熊微编注《中国陶瓷古籍集成（注释本）》、《中国陶瓷古籍集成》亦据"嘉靖本"录出（南昌，江西科学技术出版社，2000年版，第173—184页；上海文化出版社，2006年版，第32—46页），吴思中编《中国陶瓷经典名著选读》则采万历续修本（武汉大学出版社，2013年版，第10—34页）。而童书业《中国瓷器史论丛》（《童书业著作集·童书业瓷器史论集》，6，童教英整理，北京，中华书局，2008年版，第148—178页）"附录（一，校本）"内，则在更早之前似即转据乾隆《浮梁县志》卷8间接录出（《古瓷鉴定指南（二编）》内亦见；第198—224页）。惟，童氏及后出诸书，或因版本、学力及陈陈相袭，点断、说解错讹颇夥，现多不参用。

又，新近版行的江西师范大学黄长椿、左行培、许怀林点校《江西省大志·陶书》，尚有重要辅助价值（北京，中华书局，2018年版，第367—382页；简称"点校本"），可惜许氏《校点说明》已言及，"只改动嘉靖抄本上的讹错文字，没有移入新增或更改的文字，避免史实和时间关系上产生矛盾混乱"（《后记一》更记，系由"左行培先生校点《实书》、《陶书》"；第2、410页），足见其间仅保留"嘉靖本"细节，万历续修者概无，整体上缺失了朱翊钧朝大量重要信息。

〔2〕"南图"藏本（首叶钤"江苏省立第一图书馆藏书"朱文方印、"丁氏八千卷楼藏书记"白文方印各1枚；索书号：GJ/KB0318）书影载在《南京图书馆孤本善本丛刊·明代孤本方志专辑》（南京图书馆编，第8册，北京，线装书局，2003年版，第406—457页）及《南京图书馆藏稀见方志丛刊》（南京图书馆编，108，北京，国家图书馆出版社，2012年版，第287—390页）内。而中国台湾台北成文出版有限公司所编《中国方志丛书》亦见影出万历二十五年刻本，且较"南图本"清晰，或为初印，惟首叶已抹去印鉴（华中地方779·江西省，1989年版，第811-914页），今未知其准确存藏机构。（转下）

省大志七卷》卷7《陶书》（简称“嘉靖本”）参校。〔1〕不过，今次刊发前，已在原样录出的基础上，全面转换为各所对应之简体字形。同时，除个别关系较大之异体、错漏外，包括配合敬称之提行、空格等，如无特例，则径改不注。标点操作时，以便利读者快速提取相关信息为执行中心，特别在涉及文献中器物名称罗列处，多以符号“、”“，”“；”等穿插使用，从而更妥恰地区分各类纹样、器型、件数和文献层次等。

经并联整理后，即可勾勒出《陶书》完整的层累式框架，内分：引文（1*）、〔2〕建置（2^{J+}）、〔3〕廨宇（3*）、砂土（$4^{J+\wedge}$）、〔4〕人夫（5^{J+}）、设官（6^{J+}）、回青（$7^{J+\wedge}$）、窑制（8^{J+}）、供亿（9^{J+}）、匠役（$10^{J+\wedge}$）、各作匠数（11*）、造坯工程（12*）、柴料（13^{J+}）、颜色（$14^{J+\wedge}$）、器用（15*）、解运（16^{J}）、箱扛料数（17*）、御供（18^{J+}）、料价（19^{J+}）、附文（20^{J}）等20节。倘再计入王氏“序文”中的一节（简称“王序”；0^{J}），则全书涉陶冶事者，核心即前述21节。藉此，是篇几乎完整涵盖了“前现代”暨中国封建制度尾声，又是此宗传统产业进入最高峰时期，实际称得上是“古典

（接上）又，日本国立公文书馆之“内阁文库”中亦存有“万历本”全本，此即今称为东京孔庙汤岛圣堂、由江户初期林家大学头所奠基的“昌平坂学问所”之旧藏（请求番号292-0001；简称“文库本”），现凡必要时，亦引作参照。惟此本各叶断板、错漏情形与“南图”所藏几乎一致，故疑刷制时间和板片情况雷同，且恐皆非初印。目前已知更有东瀛“前田育德会”暨“尊经阁文库”藏此万历增修本，由其所制胶卷并影本分存彼国名古屋大学、东北大学、山口大学等处图书馆。其余版本情形，可参阅“点校本”嘉靖《江西省大志·陶书》附录黄长椿《王宗沐与〈江西省大志〉》一文（第397-402页）。

〔1〕“国图”藏本书影载在中国国家图书馆编《原国立北平图书馆甲库善本丛书》（358，北京，国家图书馆出版社，2013年版，第1572-1582页），此本原刻仍由中国国家图书馆收藏（首叶钤“国立北平图书馆收藏”朱文方印、“照鉴”白文方印各1枚；索书号：A01347），北京全国图书馆文献缩微中心2005年更发行胶卷（中国国家图书馆缩微胶卷索书号：DJ2172）。

另，浙江省宁波市天一阁博物馆见存嘉靖残本两册，暨1至3卷（索书号：善1795）。

〔2〕阿拉伯序数“1”等，即今次新增编码，后依此类推。

另，符号“*”，仅于此标示“万历本”所加添各节，后同。

〔3〕符号“J”，仅于此突出标示“嘉靖本”原有各节，后同。

另，符号“+”，仅于此标示“万历本”有增修各节，后同。

〔4〕符号“^”，仅于此标示“万历本”有增补节内专条，后同。

人类学家”的，以王、陆为代表的行政管理者眼光下的瓷器烧造全过程。

至于“嘉靖本”，包含“王序”1节在内，原共15节。也只有通过合勘的工作才可比对出“引（文）”“廨宇”“各作匠数”“造坯工程”“器用”“箱扛料数”6节乃“万历本”所加，而除“解运”“附（文）”2节无续补外，余下再剔除“王序”节，“嘉靖本”12节于“万历本”内则多寡均有增订。相关续修内容，陆氏彼时在各语段前，部分已缀标“续”以辨明，具体行文时还有“按”“按载”“附”等提示词，又或直接于节内新增专门条目，以详细胪陈。所谓“按载”，主要涉及转引的簿书、档册，当前这些资料恐已再难于他处得睹，如：“廨宇”录陈学乾《陶政录》数段，“人夫”录《总会文册》及新旧文牍数段，“回青”“供亿”录文牍数段，“御供”录后续数年重要底单，“料价”录陆氏摘引旧档所编《请改陶疏抄》。节内专门条目增补包括：“砂土”新增“坯土实用数”，“回青”新增“器皿估数”，“匠役”新增“召募工食”，“颜色”新增“色料实用数”。另，《陶书》卷末本有嘉靖王宗沐之“臬史氏曰”1篇，此亦可呼应“嘉靖本”《目录》前“王序”中的相同自称，陆氏重修时则以“附”缀标其首。

陆氏新增的内容，较突出者包括“回青·器皿估数”并含估银、估青数，以及“廨宇”“各作匠数”“造坯工程”3节，它们实际是从制度史和经济史的视角，首次系统揭示了明代青花料及其配合器皿的成造规则、使用范例，以及从项目运营的最基础层面关联到了制作、用具，及其背后潜藏着的官僚、工匠、信仰，暨人与精神等的非物质化但又特具系统性的诸般情状。而其最引人瞩目的，当推“御供”节内详尽续录的隆庆五年（1571）、万历五年（1577）、万历十一年（1583）、万历十七年（1589）、万历十九年（1591）、万历二十年（1592）、万历二十一年（1593）和万历二十二年（1594）材料，这更是极大延伸了王氏起自嘉靖八年（1529）迄于嘉靖三十八年（1559）间，所摘编的或有断辍，却也跨越23载的御供器皿造型、纹样和件数等关键信息。据陆万垓《陶书引》，江西职贡“陶为巨”，而“御供”首段王宗沐又称“陶专供御”，惟相关文献至陆氏时已“数经毁去”，且王氏早已云“嘉靖七年（1528）以前，案毁不可考”，陆氏再记“嘉靖四十三年（1564）被烬，以前卷案无存”，其唯有再参酌隆庆以来《勘合》等，方得补出上述彼时已如雪泥鸿爪的成造数据。

遗憾的是，对400余年前存留至今，或乃唯一登载传统中国至大宗的，技与艺交融模式下手工行业生产行为的，前后业经两番修补的《江西省大志·陶书》的深度钻研，即便在现代影本通行寰宇以来，仍未见包括历史、工艺、科学各领域广泛且充分地讨论展开。而该篇合勘整理后，校订者亦曾进行过并未成功的繁体竖排试制，最初载在连冕、李亮等编著之《〈天水冰山录·钤山堂书画记〉标校》末（附册；西安，陕西新华出版传媒集团三秦出版社，2017年版，第864–922页），今特依第7版《现代汉语词典》（北京，商务印书馆，2016年版）重新确认所调整并转换了的简体字形，删去个别已不适用的校勘记，并系统修正彼时编辑、制版失能所致疏漏等项，横排缀补于此，以期形成最善普及定本，便利方家精微考证、运用。

0.江西省大志[1]

皋史氏曰：……

有虞氏之用陶也，以质；成周之崇礼也，以文。先禋后宴，孰与

---

〔1〕“江西省大志”前缺“0.”，后文小节题目缺“1.”“2.”“3.”等等；另，“0.”等，本篇前置阿拉伯各序数及符号“.”，乃今次校订新添，底本、“嘉靖本”等概无，后不缀注。“江西省大志”一节，乃“嘉靖本”《目录》前发凡，其篇题即《江西省大志》，底本无。文中叙及编纂各卷缘由，涉《陶书》者即在此篇末段内（第1427页、2叶正），今据之录出，补此。又，或因体例似序言，“点校本”记为《江西省大志序》（第1页），惟“嘉靖本”无“序”字。

黎民；民竞而侈，妨农散淳。彼草木衣食，而烂灿几席，其辍口而目者耶？作《陶书》。

江西省大志卷七[1]

1.陶书引[2]

江以西，职贡则陶为巨，旧《志》列款十二，具大都已，乃其中陈说利害，不无阙遗。今据成牒胪列，复采隆庆间通判陈学乾所纂《陶政录》，悉附各款。议虽未尽见用，要于中实、当情，收之可也，且以俟来者得览镜焉。

“御供”故有籍足征，数经毁去，隆庆来，则一据《勘合》所载增入。顷岁，内庭颁降，式多奇巧，型范莫就，致烦疏请，具在司存，并撷要论，附之简末，题为《疏钞》，以识当事者节爱之意云。

嗟乎！瓯瓿至微尔，先生“以前民用”，今乃浸为民瘵，可无念哉$_1$[3]？

2.建置

陶厂景德镇，在今浮梁县西兴乡，水土宜陶。宋景德中始置镇，因名，置监镇一员。元更“景德镇税课局”，监镇为提领。国朝洪武

---

〔1〕“卷七”，底本作此，“嘉靖本”作“卷之七”。

另，“嘉靖本”左一栏，再记“臬史王宗沐著”6字，底本无。

〔2〕“陶书引”一节，乃底本所增，“嘉靖本”概无，惟或因系引文，故底本节标题前未缀加“续”等标识。

〔3〕“1”等，下标阿拉伯各序数，乃底本叶码，今次于各叶最末一字处，次第标记，后不缀注。

初，镇如旧，属饶州府浮梁县。正德初，置“御器厂”，专筦御器[1]。先以兵兴[2]，议寖陶、息民[3]，至是复置。其地之析属，详见饶州府《浮梁县志》。

周属楚，敬王十六年属吴，元王三年属越[4]，显王三十五年复属楚。秦始皇二十五年[5]，置楚郡。二十七年，改九江郡，始置鄱阳县。汉高帝四年[6]，改隶豫章郡。五年，郡、县属长沙王国。十二年，又属吴王国。元封五年，属扬州。建安十五年，析豫章，置鄱阳，郡治鄱阳县。三国属吴，晋因之。孝建二年，为鄱阳王国。隋开皇九年，改郡为饶州。大业初，复改鄱阳郡，后属林士弘。唐武德二年，复为饶州，始析鄱阳县为新平县。贞观初，属江南道。开元四年，置新昌县。天宝初，始改浮梁，并改州为鄱阳郡。乾元初，复为州，属浙江西道节度使。广德末，改号江南西道。乾符七年，地属钟传。保大三年，建安化军于饶州，置节度使。未几，复为州，属镇南如故。宋改属江南东路安抚司，及提点刑狱司。元改州为路，属江浙行中书省，及江南诸道御史台、江东建康道提刑观察司，后改肃政廉访司。元贞初，升县为州。元末$_2$为鄱阳府，属江西行省。国朝建置饶州府浮梁县，前镇属焉，《天文》属“斗六分[7]”。

[续]按：唐武德二年，里人陶王献假玉器，由是置务、设镇，历代相因。

---

〔1〕“专筦”，底本作此，“嘉靖本”作“颛莞”。

〔2〕“以”，底本作此，“嘉靖本”作“是”。

〔3〕“寖”，底本作“寑”，今正，后不缀注。

〔4〕“三”，底本、“嘉靖本”作此，“文库本”同。惟，“点校本”据《史记·六国年表（第三）》所录，战国初周元王四年“越灭吴”（楚惠王十六年，前472；西汉·司马迁、南朝—宋·裴骃集解、唐·司马贞索隐、唐·张守节正义，2，卷15，北京，中华书局，2013年版，点校本《二十四史》修订本，第833页），改作“四”。

〔5〕“皇”下（“二”上），底本无字，“嘉靖本”多一“帝”字。

〔6〕“帝”，底本作此，“嘉靖本”无。

〔7〕“六”，底本作此，“嘉靖本”误作“文”。

宋以奉御董造。元泰定，本路总管监陶，皆有命则供，否则止。洪武三十五年，始开窑烧造，解京供用。有御厂一所，官窑二十座。宣德中，以营缮所丞专督工匠。正统初，罢。天顺丁丑，仍委中官烧造。嘉靖改元，诏革中官，以饶州府佐贰督之。

3.廨宇〔1〕

续按，《陶政录》载：

御器厂，中为堂正厅三，后为轩穿堂一，为寝后堂三，寝后高阜为亭扁曰“兀然”，今改为“纪绩”。

堂之旁，为东、西序各厢房三，东南有门三。堂之左，为官署大门三、厅堂三，东、西廊房六。

堂之前，为仪门三，为鼓楼三，为东、西大库房各六；内，外库八。为作二十三：曰“大碗作”房七间、小泥房七间、曰“酒钟作”房三间、曰“碟作”房八间、小泥房四间、曰“盘作”房七间、小泥房四间、曰“钟作”房七间、小泥房四间、曰“印作”房十间、小泥房四间、曰“锥龙作”房一间、曰“画作”房一间、曰“写字作”房一间、曰“色作”房七间、曰“匣作”房三十三间、曰“泥水作”房一间、曰“大木作”房五间、曰“小木作”房五间、曰“船木作”房二间、曰“铁作”房四间、曰“竹作”房二间、曰“漆作”房三间、曰“索作”房一间、曰“桶作”房一间、曰“染作”房一间、曰“东碓作”四十六乘、曰“西碓作”一十六乘。为督工亭三，改为椽舍3，为狱房一。

厂之西，为公馆。东，为九江道。为窑六：曰“风火窑”、曰“色窑”，曰“大、小熿熿窑”连色窑，共二十座，曰“大龙缸窑”十六座、曰“匣窑”、曰“青窑”四十四座。

〔1〕又，“廨宇”一节，乃底本所增，“嘉靖本”概无，惟底本节标题前未缀加“续”等标识，而将“续”加置于按语前。

厂内，神祠三曰“玄帝”、曰“仙陶”、曰“五显”。

厂外，神祠一曰“师主”、甃井二一在南门内，一在“碓龙作”。为厂，二：曰“船柴厂”屋十间、曰“水柴厂”屋九间。放柴房八十七间、烧窑人役歇房八间。

4.砂土

陶土出浮梁新正都麻仓山，曰“千户坑”、曰“龙坑坞[1]”、曰“高路坡”、曰“低路坡”。四处为上土[2]，土埴垆匀，有青黑缝、糖点，白玉、金星色他如寺前“绵花土”，东步、石牛、石南、李坞、墩口、鄱阳县仪城，土相类，无诸色样，系假土，不堪用[3]。麻仓官土每百斤值银七分[4]，淘净泥五十斤，曝得干土四十斤，至镇若干里而近艇运，冬、秋水涸[5]，四日；春水，一日半。余干不土八十斤值二钱[6]，婺源不土九十斤值八分[7]，淘过净泥四十二斤[8]，至镇若干里而遥。石末出湖田一、二图和官土，造龙缸，取其坚也[9]，里长交纳，每十斤给米二升[10]。凡上砂土百斤，筛净土八十斤；黄土百斤，筛净土九十斤；炼灰百斤，淘五十斤，值八分[11]；釉土百斤值四分八厘，

〔1〕“曰”，并后两处“曰”字，底本作此，“嘉靖本”概无。

〔2〕“四处为上”，底本作此，“嘉靖本”仅作“为官”。

〔3〕“样”至“用”，底本作此，“嘉靖本”作“样不堪为假土”。

〔4〕“每”，底本作此，“嘉靖本”作“一”。

又，后文凡遇“嘉靖本”作“一百”计数者，底本多删“一”字，或改为“每百”，后不缀注。

〔5〕“涸”，底本作此，“嘉靖本”作“干”。

〔6〕“值”，底本作此，“嘉靖本”作“直”，后不缀注。

〔7〕“分”，底本作此，“嘉靖本”作“钱”。

〔8〕“四”，底本作此，“嘉靖本”作“七”。

〔9〕“也”，底本作此，“嘉靖本”无。

〔10〕“每”下（“十”上），底本无字，“嘉靖本”多一“石”字。

〔11〕“值八分”，底本作此，“嘉靖本”无。

坯屑百斤值八分俱造瓷器用[1]。釉石即釉土[2]，出新正都，曰“长岭”，作青、黄釉[3]；曰“义坑[4]”，作浇白器釉。二处为上[5]，有栢叶斑[6]。他如石牛山、李家坞，有黑缝者不堪，艇运至镇，与官白土同。

续按：本厂烧造瓷器，旧用浮梁县新正都麻仓等处白土，每$_{4}$百斤价银七分。万历十一年间，该管厂同知张化美见得麻仓老坑土膏已竭，掘乞甚难，每百斤加银三分。近用该县地名吴门托新土，有糖点者尤佳，但离镇百六十余里，价仍照给一钱。造龙缸[7]，参用余干、婺源不土及石末、坯屑，相兼匀和，取其泥质坚劲，以便成造。釉土俱桃树坞，浇青花、白器，通并用之。止白器釉稍加炼灰，相合为美，价银照原定则给发。造匣用砂土、黄土相兼，砂土募夫挑担，每百斤给工食银二分。黄土系本厂原额，上工夫内量数拨，赴月山取用。

续坯土实用数——

○[8]大样鱼缸，每只约用官土百八十斤、余干不土百三十斤、坯屑五十斤、石末一升、石斛纸五十张、釉土五十斤、炼灰三十斤，造成缸坯约重二百斤。

○二样鱼缸，每只约用官土百四十斤、余干不土百斤、坯屑三十五斤、釉土三十五斤、石斛纸四十张、石末一升、炼灰二十斤，造成缸坯约重一百五十斤。

○大样瓷缸，每只约用官土百三十斤、余干不土八十斤、坯屑

---

〔1〕“瓷”，底本作此，“嘉靖本”作“磁”，后不缀注。

〔2〕“即釉土”，底本作此，“嘉靖本”无。

〔3〕“黄”，底本作此，“嘉靖本”作“花”。

〔4〕“义”，底本作此，“嘉靖本”作“石”。

〔5〕“二处为”，底本作此，“嘉靖本”作“品之”。

〔6〕“斑”，底本作此，“嘉靖本”作“班”，后不缀注。

〔7〕“缸”，底本作“釭”，今正，后不缀注。

又，底本并“嘉靖本”中，凡“缶”旁概作“缶”，今均正，后亦不缀注。

〔8〕符号“○”，底本脱，今补出。

三十斤、石斛纸三十张、石末一升、釉土三十斤、炼灰二十斤，造成缸坯约重一百二十斤。

○二样瓷缸，每只约用官土百斤、余干不土七十斤、坯屑二十五斤、石斛纸二十五张、石末八合、釉土二十五斤、炼灰一十五$_5$斤，造成缸坯约重百斤。

○三样瓷缸，每只约用官土六十五斤、余干不土四十斤、坯屑一十五斤、石斛纸一十五张、石末五合、釉土一十五斤、炼灰十斤，造成缸坯约重六十斤。

○碗、碟、盘、钟、盏、盂、罇、爵各项器皿，大小、高下不等。大约各项已成坯器，约重一百斤，该用官土百五十斤、淘得净土六十斤。又，婺源不土五十斤、淘得净土四十斤，共百斤。外加釉土五十斤、炼灰二十斤，剩土作底饼。

查得：各作造坯，原出工匠亿度，致令厚薄不等，轻重顿殊，近该饶州府通判方叔猷管厂，设造木天平，分与各匠作类称。由是器皿大小、轻重适匀，无有厚薄、轻重之不同矣。

5.人夫

陶夫原派饶州千户所，每年四季，征解军匠雇役银三十三两六钱。鄱阳县上工夫九十七名、砂土夫六十四名，余干县上工夫五十八名、砂土夫三十六名后，该县告府，免砂土夫，乐平县上工夫七十二名、砂土夫三十八名，浮梁县上工夫五十名、砂土夫一十八名，万年县上工夫三十名、砂土夫七名，安仁县上工夫三十名、砂土夫十名，德兴县上工夫三十名、砂土夫一十七名〔1〕。每名解征工食银七两〔2〕，共银

〔1〕“一”，底本作此，“嘉靖本”无。
〔2〕“名”下(“每”上)，底本无字，“嘉靖本”多一“右”字。
另，“银”，底本作此，“嘉靖本”无。

三千八百九十九两〔1〕。各县追解，本府验发，浮梁县贮库，官厂兴工扣算，各夫赴县给领，余银仍贮县库。

嘉靖三十七年[6]，管厂临江府推官范永官查各色包泊、冒领之弊。上工夫三百六十七名，减一百七名〔2〕，实役二百六十名：鄱阳六十名、安仁二十六名、乐平四十二名、浮梁三十六名、德兴三十五名、余干三十七名、万年二十五名。每月各作轮拨，不许专定一作，以革包泊〔3〕。三十名给各作匠作，及真武司庙者、装香油道人。实征银七十七名，该银五百五十四两四钱。砂土夫原额，各县共一百九十名，除免余干县三十六名，实用三十名，减一百二十四名〔4〕，征银八百九十二两八钱，皆贮库，以备烧造他用。

续按，《总会文册》载：

一、烧造公费。查得每年除降到器皿，物料价值临时估计，申请使司动支贮库官银给发外，于饶州所属有雇役夫之征雇役以备。雇匠派自饶州千户所，夫役以挑砂土、黄土、上工夫，编各作，俱派饶州七县。饶州千户所每年分为四季，共征解军匠雇役银三十三两六钱。原议解厂，给雇匠人等。万历六年内，该管厂同知蒋建见得该所军匠疲困，相应俯恤，尽行停征。

〇鄱阳县上工、砂土夫，共一百六十一名，工食银共一千一百五十九两二钱。各县二夫工食银，每名俱准七两二钱。

〇余干县上工、砂土夫，共九十四名，工食银共六百七十六两八钱。已经该县申允，取回砂土夫讫。

---

〔1〕“三千八百九十九两”，底本作此，“嘉靖本”似误作“四千四百四十两”。

又，“点校本”虽称“嘉靖本”银两“数额大体近似，并不准确”（第380页），惟未比对“万历本”此额，更不见提供复核数值。

〔2〕“百”下（“七”上），底本无字，“嘉靖本”多一“零”字。

〔3〕“泊”下（“三”上），底本无字，“嘉靖本”多一“内”字（大字）。

〔4〕“减”，底本、“嘉靖本”均作此，“点校本”称所见“南京万历本”改为“尚存”（第380页），今比对“南图”藏本影本、“文库本”，概未见，或系误校。

〇乐平县上工、砂土夫，共一百一十名，工食银共[7]七百九十二两。

〇浮梁县上工、砂土夫，共六十八名，工食银共四百八十九两六钱。

〇万年县上工、砂土夫，共三十七名，工食银共二百六十六两四钱。

〇安仁县上工、砂土夫，共四十名，工食银共二百八十八两。

〇德兴县上工、砂土夫，共四十七名，工食银共三百三十八两四钱。

按：上工夫该工食银四千四十四两，俱行七县，于“丁粮四差”银内，追征解厂，查给各夫。

近，该管厂通判潘元度径呈裁减，奉巡抚陆##、巡按赵##均批：

> 夫役照旧备用，裁革头站，缴仍遵旧额，分发各作。上工僣造，时加查点，不到者扣追旷工还官。至于包泊、冒领情弊，务当严核。其合用砂土夫数，除余干县原议冲繁，取回协济、不派外，今止派鄱阳县四十八名、乐平县三十六名、浮梁县十六名、安仁县八名、德兴县九名、万年县七名。每名七两二钱，共银八百九十二两八钱，亦在各县粮差内征解。本厂专备一年起解两运、挑担、造匣、砂土夫工食，并抬器、短杠夫价，造箱、油铁、麻朱、各作炊饭夫银，解官酒席、过京路费、祭杠猪羊、护杠快手盘缠，朔望祭祀、造册书手工食等项支用。待运完日，算有剩余，连前旷工，俱备造文册申报，留作下运正项支用。

又，旧载“三十名给各作匠作，并真武庙装香道人”。今查，二项并未派给，缘系前项上工夫内之数，但本厂完解一[8]运瓷器，止于前项派征砂土夫银内支三十两，给各作炊饭夫银为照。原《册》内除用外，尚多砂土夫三十名，一向停免，并无派征。

按：隆庆五年，通判陈学乾议称：上工夫三百六十七名，多被在官人役包占，甚至一人包二三名者。遇点闸，仓皇雇倩答应，点毕随去，其卖闲、包泊之弊多矣。查得，部限用夫少，钦限用夫多，合无将鄱阳县革去二十七名，余干县革去八名，浮梁县革去五名，乐平县革去十名，四县共革去夫五十名，行令各县追银，解饶州府贮库。遇钦限到日，本厂牒发雇募。则无事之日，一年可积三百六十两，以备烧造支用。其砂土夫，原一百九十名，除余干请回三十六名，裁免追银“夫一百二十四名”外，实役夫三十名。先年各县追完，各夫工食解府、验发，浮梁县贮库，听给夫役。近年，各夫自赴各县告领，其解府、发厂给发者，十之一二耳。

6.设官

陶监有官，先是中官一员专督。嘉靖九年裁革，以饶州府佐一员[1]，管督钱粮、奸弊，属守巡焉。是后，饶州府佐常缺[2]，分委杂而不专，官职懈嫚。知县朱贤议请，差工部主事一员专筦[3]，议不行。至巡抚马公森、巡按徐公绅议，于各府佐选$_9$委。

其后，给事中徐公浦尝官江西[4]，《疏》言：

> 景德镇利之所在，郡奸并集[5]，有不可言者[6]。如回青，打之无法，散之无方，真青每插于杂石，奸徒恒盗于衣囊。料价则各府解数每盈而支数不及，上限之物料而以竢之下限。旧管之银不

---

〔1〕“佐”下（“一”上），底本无字，“嘉靖本”多“贰官”2字。

〔2〕“佐”下（“常”上），底本无字，“嘉靖本”多“贰官”2字。

〔3〕“筦”，底本作此，“嘉靖本”作“莞”，后不缀注。

〔4〕“浦”下（“尝”上），底本无字，“文库本”同，“嘉靖本”误多一“以”字（似“浦”字者，已损左半）。而“点校本”不校，仅将其所据底本误作“补”字者改为“浦”，称《明史·伍文定传》可证。今查《明史》该本传未有，乃于伍氏传后所附邢珣子邢埴条内，记徐浦事一段（清·张廷玉等，17，卷200，《列传第八十八·伍文定（邢珣等）》，北京，中华书局，1974年版，第5283页），足见“万历本”删“以”字不误。

另，“西”下（“疏”上），底本无字，“嘉靖本”多一“也”字。

〔5〕“郡”，底本作此，“嘉靖本”作“群”。

〔6〕“不”，底本作此，“嘉靖本”无。

清，而人托、交代，故多冒破。夫头、作头朋合为奸，于上工、砂土夫，妄开虚数。又如鱼缸御器，细腻脆薄，最为难成。官匠因循，管厂之官乃以散之民窑，历岁相仍，民窑赔贩，习以为常。凡此，皆本厂之宿弊，欲举之而难悉，欲革之而难尽去也〔1〕。为今之计，欲革弊，莫要于择官，欲择官，尤在于专任。乞勅吏部，将吉安府推官裁革一员〔2〕，于本府添设推官一员，即以原委之官舍〔3〕、人役，令其驻劄本厂〔4〕，专理窑政，厘革奸弊。务于进士出身者除补，以为铨规，不许抚、按上司别项差委。

事下，抚、按官勘议，行布政司查议，未报。

续按：管厂官自正德至嘉靖初，中官一员专督。九年，奉文裁革，于各府佐轮选一员管理。四十四年，添设本府通判，专驻本厂烧造。后因停止、取回，赴京别选。隆庆六年，复起烧造，仍于各府轮选。先是，南康府通判陈学乾议得，“烧造事关通省，合无除南、赣二府极远外，于附近府佐内遴选委管，一年交代，将经手钱粮、工料并解过器皿数目，造册通$_{10}$详。如果节约、依期，廉能称职，呈详两院，先行旌奖，仍列荐剡。其有措索、冒破，事迹显著者，亦听参革。若遇钦限紧急，供用仍听本官申呈守道，咨司那借应急，不致缺乏掣肘”，抚、按各批允行。

复查，景德镇四县接壤，诸省商民流寓，丛聚、杂处，中间善恶难分。该镇巡捕事务，原属附近桃树镇巡检，职卑官小，不足弹压。嘉靖四十二年，饶州府通判方叔猷建议：“本镇统辖浮梁县，里

〔1〕“之”，底本作此，“嘉靖本”无。
〔2〕“革”，底本作此，“嘉靖本”作“去”。
〔3〕“委”下（“之”上），底本无字，“嘉靖本”多一“官”字。
另，“官”，底本作此，“嘉靖本”漫漶，似作“衙”，“点校本”即作“衙”。
〔4〕“驻”，底本作此，“嘉靖本”作“住”。

仁、长香等都，一十三里居民，与所属鄱阳、余干、德兴、乐平、安仁、万年，及南昌、都昌等县，杂聚窑业，佣工为生。聚居既多，盗贼间发，旧规设有巡检，专管巡捕事。外又于一十三里每里，设约、副、保、总四名，就本里人户佥点，半年更换。其捕盗事宜，委管厂官总理，如各附近县分不服勾摄、钤束者，许本官指实呈道，重责问遣。万历十年以来，会议将本府督捕通判改驻景德镇，兼理烧造，诚为妥便，永宜遵守。”

7.回青

陶用“回青”，本外国贡也。嘉靖中，遇烧御器，奏发工部行江西布政司贮库，时给之，每杠重百斤。旧“陂塘青”产于本府乐平一方，嘉靖中乐平格杀，遂塞。“石子青”产于瑞州诸处，“回青”行，“石子”遂废。属者，官按职闭匿为市，收开厢“喜钱”、散青“常例”。至于“敲青”首用锤碎，内朱砂斑者为“上青”，有银星者为“中青”，每斤可得青三两、“淘青”敲青后，取其奇零、琐碎[1]，碾碎入注水中，用瓷石引杂$_{||}$石，真青澄定，每斤可得五六钱、“画青”每日辰、午二次，集工役，分青染渍，懈嫚、容隐，止令匠师巡视。匠师翼奸、熟恶，众夥窃取，每斤报青多不过一两二钱。卮漏鼠穴，颁给回青祗资盗囊耳！

后议，敲青时，各置小桌[2]，加以尺高纱罩，当面一方用布为之，开凿二孔，缝缀袖袨二个[3]。逮匠人手入[4]，即以袖缀带系肘后[5]，不得伸缩窃取。及称定回青若干，锤敲[6]、拣取，纯青置盏底，什手淘青于

[1]“琐”，底本作此，“嘉靖本”作“锁”。

[2]“桌”，底本作此，“嘉靖本”作“卓”，后不缀注。

另，“各”，底本、“嘉靖本”作此，“文库本”同，“点校本”作“务”，似误。

[3]“袨”，底本作此，“嘉靖本”作“笼”。

[4]“匠人手入”，底本作此，“嘉靖本”仅作“事事”。

[5]“缀”，底本作此，“嘉靖本”作“赘”。

[6]“锤”，底本作此，“嘉靖本”作“槌”。

各桌，拣出渣滓，入碾淘汰。二项陆续量数，倾入乳钵，当堂研乳。仍作钵匣似天平架样，以乳槌木柄贯于横木之中，使无倾散、狼戾之患。匣边钉置小门二扇，键钥不时启闭，使无关防、收拾之烦。研乳三日，每两加石子青十分之四同研，是谓“中青”；十分之一，是谓“混水”。候极细，倾入各罐，缄箧。画青之日，预悬图轴，分立“天、地、玄、黄”席号，序坐各坯匠，类置各样土坯桌上。次早，照号点名入席，行若鱼贯，列若雁序。坐定，匠师关柜出罐〔1〕，当众用匙，序次分青，先中青，次混水。分列皂快，升桌瞭望，周遭巡逻。食时、散工，出入搜察，防带入石青、偷出回青之弊。画完坯，用在官回青，当堂各画样器一件，书名。待后装窑，杂置前后。及其烧出，查比青色异同。在画役用，辩有无侵换之奸〔2〕；在窑役用，辩看火勤怠之实。样器既完，置号簿一扇记数，照原定坐席序次出号，堂上逐一唱名，画坯者交坯与各作坯匠。照前数收$_{12}$捡，报有无污损，即时登记。混水者交青与画作，捡报有无余剩，即时倾入各罐，仍加封号入柜，事毕方退。前项举行，敲青一斤可得三两；画青旧用一两，仅用六钱。

按：验青法，回青淳则色散而不收，石青加多则色沉而不亮。每两加石青一钱，谓之“上青”；四六分加，谓之“中青”。算青者，止记回青数，而不及石青也。中青用以设色，则笔路分明；上青用以混水，则颜色清亮〔3〕。真青混在坯上如灰色，然石青多则黑，真青澄底。匠愤不得匿，则堆画、堆混，则器亮而不青，如徽墨色。

续器皿估数估银、估青：

〔1〕“关柜”，底本作此，“嘉靖本”作“开匮”。

〔2〕“辩”并后一处，底本皆作此，“嘉靖本”均作“辨”。另，“用”并后一处，“点校本”断在后，作“用辨”，似破句。

〔3〕“色”，底本作“身”，今据“嘉靖本”改。另，“清”，底本作此，“嘉靖本”作“青”。

○〔1〕大样鱼缸。高二尺八寸、阔三尺，每口估银五十五两。原画青一两，并附烧，共估青二两二钱。

○二样鱼缸。高一尺八寸、阔二尺五寸，每口估银四十六两。原画青八钱，并附烧，共估青二两。

○三样鱼缸。高一尺六寸、阔一尺五寸，每口估银三十两。原画青五钱，并附烧，共估青一两八钱。

○大样瓷缸。高一尺三寸五分、阔二尺九寸，每口估银三十五两。原画青七钱，并附烧，共估青一两八钱。

○二样瓷缸。高一尺三寸、阔二尺六寸，每口估银二十三两。原画青五钱，并附烧，共估青一两六钱。

○三样瓷缸。高一尺二寸五分、阔二尺二寸五分，每口估银一十八两。原画青四钱，并附烧，共估青一两四钱。

○大样碗。阔九寸五分，并附烧，估银六钱，青一钱。

○中样碗。阔七寸五分，并附烧，估银二钱，青五分。

○小样碗。阔四寸五分，并附烧，估银一钱六分，青二分。

○毛血盘。阔一尺五分，并附烧，估银五钱，青一钱二分。

○大酒坛。高一尺五寸，并附烧，估银一两五钱，青一钱五分。

○中酒坛。高一尺三寸，并附烧，估银一两，青一钱三分。

○小酒坛。高一尺，并附烧，估银八钱五分，青一钱二13分。

○拜砖。长六尺一寸五分、阔三尺五寸，并附烧，估银四十三两二钱，青一两二钱七分。每副，计五十四块。

○案酒碟。阔六寸五分，并附烧，估银二钱六分四厘，青六分。

○果碟。阔六寸，并附烧，估银二钱，青五分五厘。

○菜碟。阔五寸五分，并附烧，估银一钱六分五厘，青五分。

○小碟。阔五寸，并附烧，估银一钱三分，青五分。

---

〔1〕符号“○”，底本脱，今补出。

〇大样碗。阔七寸，并附烧，估银二钱，青七分。

〇中样碗。阔六寸，并附烧，估银一钱九分，青五分。

〇小样碗。阔五寸，并附烧，估银一钱六分，青三分。

〇茶钟。阔四寸，并附烧，估银一钱二分，青四分。

〇酒盏。阔二寸八分，并附烧，估银五分，青二分二厘。

〇醋注。高四寸五分，并附烧，估银八分，青四分。

〇柤斗。高四寸四分，并附烧，估银一钱，青六分。

〇大样盖碟。阔七寸，并附烧，估银一钱，青六分。

〇中样盖碟。阔六寸五分，并附烧，估银一钱五分，青五分。

〇小样盖碟。阔六寸，并附烧，估银一钱二分，青四分。

〇看瓶。高一尺五寸，并附烧，估银七钱四分，青一钱四分。

〇牡丹瓶。高七寸五分，并附烧，估银四钱，青一钱。

〇大样圆罐。高八寸，盖全，并附烧，估银二钱，青四分。

〇二样圆罐。高七寸，盖全，并附烧，估银一钱五分，青三分。

〇三样圆罐。高六寸，盖全，并附烧，估银一钱二分，青三分。

〇四样圆罐。高四寸，盖全，并附烧，估银一钱，青二分五厘。

〇大样方罐。高七寸，盖全，并附烧，估银一钱六分，青四分。

〇中样方罐。高五寸，盖全，并附烧，估银一钱二分，青三分五厘。

〇小样方罐。高四寸，盖全，并附烧，估银一钱，青三分五厘。

〇大样盒。阔六寸，并附烧，估银二钱，青五分。

〇中样盒。阔五寸，并附烧，估银一钱五分，青四分五厘。

〇小样盒。阔四寸，并附烧，估银九分，青四分。

〇大样盘。阔一尺一寸，并附烧，估银四钱，青五分。

〇中样盘。阔九寸，并附烧，估银三钱，青四分五厘。

〇小样盘。阔八寸，并附烧，估银二钱二分，青四分。

〇飞鱼大坛。盖全，并附烧，估银一两二钱，青三钱二分。

〇大样膳碗。盖全，并附烧，估银一钱七分二厘，青四分。

〇中样膳碗。阔四寸五分，并附烧，估银一钱四分二厘，青三分五厘。

〇小样膳碗。阔四寸，并附烧，估银一钱一分三厘，青三分14。

〇大样靶钟。并附烧，估银二钱五分，青五分。

〇中样靶钟。并附烧，估银二钱一分，青四分。

〇小样靶钟。并附烧，估银一钱八分，青三分五厘。

〇磬口瓶。并附烧，估银一钱八分，青四分。

〇续烧部限内大样碗。阔一尺五寸，并附烧，估银二两。今，量减去银二钱，实用银一两八钱，青二钱四分。

〇大样碗。阔一尺，并附烧，估银七钱二分八厘，青一钱二分。

〇中样碗。阔七寸五分，并附烧，估银二钱，青四分。

〇小样碗。阔四寸五分，并附烧，估银一钱六分，青三分。

按：大样瓷缸每口原估价银五十八两八钱，二样瓷缸每口原估价银五十两。续管该厂推官范永官，“烧造除官厂外，定给民窑，每二样一口给赏银二十两”。又，该管厂通判王允武，“定给大样缸每口给银二十两，二样缸每口给银一十八两”。据民窑户告称贫苦，难以赔造，续该管厂推官钱复初议呈，“每大样缸一口，给银二十三两；二样缸一口，给银二十两”，蒙允，议行。

按：上估青，特据节年估议成数耳。近来，所降器皿高、阔不等，则所估料价或加多、减少不一。至于各样色器，用青书底，或巨细不侔，随器酌量，难以预议。迩来管厂者，以节省为令名，以速完为奇绩，如部运所议，回青递求减少；遇窑火不利，或画、混不敷，皇皇私市于民窑。然竟忧谗、畏讥，惟求塞责，殆非中正、经久之道。周询别议，尚有待焉。

按：画混水器，每日止分青六匙，大器量加一匙，或半匙足矣。每匙不浓不淡，焙干约有一分五六厘。以器之大小定混15画之多寡，以件数之多寡计用青之轻重，方免分青滥费之弊。至若写字、打箍，费青尤甚，分筹给领，日不过三四次可也。又如设出入搜检之法，严民皂巡视之规，旧例固云善矣，然皂快未易得人，苟画工啗之以利，则巡视搜检之役，不过虚设，而匠之偷青者自若也。今则巡搜虽严乎皂快，然又以混、画之浓淡统督乎作头。盖画作作头向有四人，今编二人专督绘画，二人专察混青，工匠有弊，许其登时声禀。如花样不真，则督绘画者之责也；混青淡薄，则督混青者之责也。庶事有统领，工有责成，官仍时时躬自验察，则奸臣掩袭、偷窃，可以渐革矣。按：知县朱贤议：“欲除回青之弊，每于打青之际，三人各付一斤，下令有能多出一钱者，赏银若干。当官锤打、拣外，又行研淘。随令三人各淘，计各若干。较三人之常，取多寡之中，而为之剂量，以登其数。则拣淘之人虽欲为奸，不可得矣。若夫画青之际，照依估约之数，随其器之大小，给以青之多寡，令其绘画。择其纯朴者二人，一以绘大，一以绘小，严为之防，明为之察，画完本器，有无同异。如是而三试之，则画工之真伪、颜色之浓淡，有不知者，否也。即将画成之器，附窑带烧，即为样器。以后分画工以绘器也，视此以为颜料之多寡；责画工以成器也，视此以验颜色之浓淡。如此16而程能，如此而课工，则虽不必人为之防，官为之稽，而欲颜色之浅淡，不可得矣？”

8.窑制

陶窑，官五十八座。除缸窑三十余座，烧鱼缸外，内有青窑，系烧小器，有色窑，造颜色，制员而狭，每座止容烧小器三百余件，用柴八九十杠。民间青窑约二十余座，制长、阔、大，每座容烧小器千余件，用柴八九十杠，多者不过百杠。官、民二窑，藁柴一之，埴器倍之。

民窑烧器，自入窑门始九行。前一行皆粗器障火，三行间有好器杂火。中间前四、中五、后四皆好器。后三、后二皆粗器[1]，视前行。

〔1〕“粗器”，底本作此，“嘉靖本”仅作“麄”。现疑“嘉靖本”或确，即此半句当作“后三、后二皆麄视前行”，今暂不改。

官窑烧造者，重器一色前以空匣障火。官窑之器纯[1]，民窑之器杂，制縣异也。官窑砌欲固，涂欲密，使火气全而陶气易熟，不至松泄[2]。其爨料多寡，亦视民窑广狭差等耳。

官、民业已不同，官作趣办塞责[3]，私家竭作保佣，成毁之势异也。今遇烧造，官窑户辄布置民窑，而民窑且不克事也。斯官匠独习惯其制悬高贾以市之，而民窑益困匮矣。

续按：窑五十八座，每座前宽六尺，后如前，饶五寸，入身六尺，顶圆。鱼缸大样、二样者，止烧一口。瓷缸三样者，一窑结砌二台，则烧二口。溜火七日夜溜火者，小火也，如水滴溜，小小起火，使水气渐干，渐熟云，然后起紧火二日夜，见缸匣既红而复白，色前后皆明亮17，方可止火、封门。又十日，窑冷方开。每窑约用柴百二十扛，遇阴雨，或加十扛。

〇龙缸大窑原系三十二座，近因青窑数少、龙缸空闲，将龙缸大窑改砌青窑十六座，仍存龙缸大窑十六座，以备烧造龙缸之用。

〇青窑比红窑略小，前宽五尺，后五尺五寸，入身四尺五寸。每座烧盘、碟中样器，止烧二百多件，稍大者一百五十六件，大碗二十四件、尺碗三十件，大坛止烧十六七件，小酒杯五六百件。溜火对日，紧火一日一夜，其看火色亦如龙缸窑法。火住封门，则去顶，故窑易冷，首尾五日可出器。每窑用柴六十扛，若系大碗、大坛、拜砖等大器，须量加柴十扛。或遇久雨、窑湿，又宜加十扛。秋阳烈日，六十扛裕如矣。

〇匣窑大小不一，所费柴火与青窑相等。每窑除龙缸大匣外，其余大、小匣可烧七八十件，用柴五十五扛。各烧成匣，有一用即

[1]“纯”，底本作此，“嘉靖本”作“淳”。
[2]“泄”，底本作此，“嘉靖本”作“薛”。
[3]“办”，底本作此，“嘉靖本”作“辨”。

损者，有再用方坏者，参差不一。惟龙缸匣，则匣既大，用柴亦多。每窑烧缸匣六层，大样、二样，或盖、或圈，皆烧香一炷，旁以小匣培之。三样缸匣小，则烧二炷，培亦如之。须用柴六十扛，溜火三日夜，紧火一日一夜，住火三日，方可出窑。大都窑干、坯干、柴干，则少拆裂、沉暗之患；土细、料细、工夫精细，则无粗糙、污滓之虞。

又，必火候均匀，无太过、不及，且釉行光莹，器自完美。釉土不特宜真，亦宜舂淘精熟〔1〕，此烧造之大$_{18}$端也。

按：累年钦降方、圆大盘，竭力烧造难成。盖圆盘大者，尚可车旋，方盘大者，安能旋成？坯晒日中，必至碎裂。晾之屋内，待其自干，则时日难计，况烧造多裂。累经解送验明，蒙题准：“将大圆盘准展限，大方盘改圆盘。进用盘底字样，着在盘边书写，永为定式”。

旧规：本厂凡遇部限瓷器，照常烧造，不预散窑。惟钦限瓷器，数多、限逼，一时凑办不及，则分派散窑，择其堪用者凑解，固一时之权法也。但分派烧造，宜于本厂附近里仁、镇市及长乡三都。其余远乡窑户，惟召集高手匠作，赴厂帮工，与召募人役，一体计工偿价，方为得体。但民窑狡诈，人百其心，乘限期紧并，多以歪斜、浅淡瓷器塞责。厂官事逼，姑收凑解，钦限器皿，屡至愆期。职此之故，不若多设窑座，雇倩高手，厂内自造、自烧，尤为速便。

9.供亿

陶厂有官，则有政事。役使旧制：拨浮梁县一十三里$_{19}$、鄱阳县三十五里，附厂答应；正派之外，二县不得杂征。后鄱阳知县徐俊，以厂役合派七县〔2〕，申请还县。惟在镇一十三里，至今应役。

---

〔1〕“舂”，底本作“春”，今正。

〔2〕“县”，底本误作“分”，今据“嘉靖本”改。

厂额，用：

门子二名，徭银各一两新报，各二两[1]；库子二名，徭银各四两新报，各二两；答应、使客廪给并杂用银二十五两，管厂官供应银二十两《陶政》开载“四十两”。鄱阳、万年二县，各编二十两[2]。

编派雇小船，银三两；

监造府馆冬、夏案桌帷各一副，银二两一钱九分八厘五毫；

厂门神、桃符，中六副，府馆一副，银三钱五分；小副，府馆、衙库、庙门四副，银八分；

造册纸张，书写、装钉工食，银一两五钱；

迎饯京差并解运前站等官，银五两五钱；

听事吏一名、书手二名、阴阳生一名、里长十三名、老人十三名、机兵十六名、铺兵一名、禁子一名，以上俱浮梁县应用。

皂隶八名，轿、伞夫五名，吹鼓手六名，常川接用[3]、往来使客一十三名新报，系地方临时雇倩；每日巡逻、守衙，地方夫二十名；听用马三匹。凡此，俱十三里应用。

饶州府拨用，工房吏一名、书手一名。

六县拨送，听事吏各一名。

续原有供应里长，并七县听事人役，俱嘉靖四十年革免。书手工食，每月、每名原议银四钱，历年俱于砂土夫银内动支。

按，饶州知府陈议称：“景德镇厂委官专管烧造，向系本府佐贰，不系出差，不烦供给。今蒙选委隔别府佐，似属出差人员。今一切饭膳，自行买办，先事后食，虽本官靖共之素心，而程能授饩，乃当道激劝之盛典。查得《规则文册》开载，‘里$_{20}$甲’项下‘浮梁县每

[1]“新报各二两”等4处小字，乃底本新增，“嘉靖本”概无，后不缀注。

[2]“各编二十两”，底本作此，“嘉靖本”脱。

[3]“用”，底本作此，“嘉靖本”作“应”。

年派官，厂支应使客银二十五两’，‘均徭’项下‘鄱阳、万年二县，每年各编供应银二十两’。向因本府佐贰管厂，未曾编解。合行令鄱阳、万年二县，自嘉靖三十七年始，查复旧额，编征徭银，解给管厂官员，以为供应之资”，蒙议允施行。

10.匠役

陶有匠，官匠凡三百余名[1]，而复召募，盖工致之匠少，而绘事尤难也：曰“编役”正德间，梁太监开报民户，占籍在官，曰“雇役”本厂选召白徒、高手烧造。及色匠未备[2]，如敲青[3]、弹花、裱褙匠等役，曰“上班匠”籍匠户，例派四年一班，赴南京工部，上纳班银一两八钱。遇蒙烧造，拘集各厂上工，自备工食。

“画役”今各作募人[4]，日给银二分五厘。各窑募役，龙缸大匠、敲青匠，日给银三分五厘。置不论。

如“编役”自梁太监召募，三十余年，佣作与官匠同[5]，而无分毫雇直根着[6]。代役不能，则转佣他人[7]，苦于自任力罢[8]，不能支吾。官匠利财，连挂有司，占数循旧，不为开豁。既非租庸，本差又不得受，工匠浮食，实不胜困。“上班”匠役，嘉靖八年蒙刘太监题行工部，移咨南京工部，照会本布政司，劄府、帖县：将在厂“上班”人匠，候烧造完日，造册缴部，准正班各匠服役。今二十余年，未得停止。告部檄查，又因烧造未完，未造册缴部。身服庸役，又纳班银，

---

〔1〕“名”，底本作此，“嘉靖本”无。

〔2〕“及”下（“色”上），底本、“嘉靖本”无字，“点校本”据《（乾隆）浮梁县志·陶政》补一“各”字。

〔3〕“如”，底本作“而”，今据“嘉靖本”改。

〔4〕“画”，底本、“嘉靖本”作此，“点校本”以为或爲“雇”及“尽”字讹。

〔5〕“佣”，底本作此，“嘉靖本”作“庸”，后不缀注。

〔6〕“雇”，底本作此，“嘉靖本”作“顾”。

〔7〕“转佣他人”，底本作此，“嘉靖本”仅作“庸转”。

〔8〕“自任力罢”，底本作此，“嘉靖本”仅作“任罢”。

亡所控诉。

今，议编民匠。查浮梁县在厂答应、十三里内窑座，除见厂役、官匠、窑座外$_{21}$，诸凡军民、新旧窑座，核实占数、署册。窑三座，共编一名。不论前项编役、诸色户名，窑存匠存，窑去匠去。

见在更番应役，庶劳逸适均。其“上班”官匠，自南京取还。烧造奉部劄，候烧造完日，造册缴查，准作正班。今烧造未拟完工，班银又系额办，且凡奉上役，俱支月粮，今独不沾工食？合查单、贫者，与分上、下班次应役。家力给足者，仍旧全班。俱考繁简，上下其食，或全给、或半给。

候奏免，南京班银方除，庶匠稍得缓恤。

续召募工食——

〇〔1〕各作应募诸役，并敲青、淘青等匠，除给赏外，每日各给雇工银二分五厘。紧急之时，加五厘。

〇各窑应募诸役，惟龙缸、印器、大坛诸器难造，大器每日各给银三分五厘，其余各作雇役，日给银二分五厘。

〇弹绵花匠、裱褙纸匠，每日各给米二升五合，该银一分。

〇画作雇匠，一画青、一混水，二人各一工，每日各给银二分五厘。今议，高手三分、中手二分五厘。如钦限紧急、工夫勤劳，每高手日给银四分，中手给银三分。

以上工食，俱系料价内支给。

11.各作匠数〔2〕

风火窑头四名、匠三十九名、色窑头二名、匠十名、大碗作头四名、匠二十二名、碟

〔1〕符号“〇”，底本脱，今补出。

〔2〕“各作匠数”并“造坯工程”两节，均乃底本所增，“嘉靖本”概无。惟底本节标题前未缀加“续”等标识，或将“续”加置于按语前。

作头三[22]名、匠十六名、盘作头三名、匠二十名、印作头二名、匠十六名、钟作头二名、匠一名、锥龙作头四名、匠十一名、画作头四名、匠十九名、写字作头五名、色作头三名、匠十三名、匣作头三名、匠二十四名、泥水作头二名、匠十八名、大木作头四名、匠三十五名、小木作头二名、匠十九名、船木作头二名、匠十三名、铁作头三名、匠三十名、竹作头一名、匠九名、漆作头一名、匠三名、索作头一名、匠八名、桶作头一名、匠八名、染作头一名。

12.造坯工程

大龙缸。每一名造坯五口，每日加泥一次，计十八日，可成缸坯。候干，又利坯二日、洗补二日、上泥浆二日，共计一月，可成坯五口。大约计工如此，至于缸有大小，则工有迟速，要不可一律齐也。

〇大样小器。每日一人造坯十件，一日利坯、一日洗补、一日上泥浆，计三日，可成坯十件。

〇二样小器。每人一日造坯五十件，一日利坯、一日洗补、一日上泥浆，计三日，可成坯五十件。

〇三样小器。每人一日造坯一百件，一日利坯、一日洗补、一日上泥浆，计三日，可成坯一百件。

〇大样印器。每人一日印坯十件，一日利坯、一日洗补、一日上泥浆，计三日，可成坯十件。

〇二样印器。每人一日印坯三十件，一日利坯、一日洗补、一日上泥浆，计三日，可成坯三十件。

〇三样印器。每人一日印坯六十件，一日利坯、一日洗补、一日上泥浆，计三日，可成坯六十件。

续按：各作工匠倘技艺精熟，则烧造之功亦易告成。查得钟[23]、碟、盘、匣各作，犹有堪用之匠，至大碗、酒钟，工匠类多，颓罢不堪，以故烧造后期。合无于起工之日，多雇堪用民匠分补。而画匠、锥龙二作，工制尤少，亦须召募高手，庶器不苦窳矣。至于六作之中，惟风火窑匠最为劳苦。方其溜火一日，之前固未甚劳，惟第二日紧火之后，则昼夜省视、添柴，时刻不可停歇。或倦睡失于添柴，或神昏悮观火色，则器有苦窳、拆裂、阴黄之患。盖造坯、彩画，始条理之事也；入窑、火候，终条理之事也。火弱则窳，火猛则偾。

今查，每窑作头仅四人，烧火一人，人力既少，精神有限，欲其无倦悮也，难矣。合无用看火作头四五名、烧火匠二名，每夜厂官亲临窑边巡督。编立更夫并民快，各五名，分定更筹，递相巡警，以察勤隋。至开窑时，器皿完美，厚赏、旌劳；傥有不堪，量其轻重惩戒。他如工匠扛抬大器坯胎，须令谨慎，若加怒责，则畏惧相欺，虽知撞揺，亦蒙蔽不言。故自洗补至入窑，必看坯胎堪否，然后盖匣封固，起火烧造。如绘画中、小器，亦须细看上下、四周，有无疵缪，必体质完美，方可入窑。不然，则徒费、罔功矣。

13.柴料

陶厂薪柴为用最多，其弊亦夥。有船柴船载松柴，每百斤值四分；有水柴大松木锯劈二片、四片，成排曳水至镇，每百斤值四分。窑用船柴$_{24}$六、水柴四，船柴传熖则易，水柴拥燎则久。

有交收之弊，承委吏胥称兑亡数[1]，兼湿木、杂木，皆足坏陶[2]。有支领之弊，或给值三分扛一[3]，中多湿薪暴干，搬移虚费，值亦不彀。秋冬水涸、船悭，贾舶腾踊，柴价亦贵，给值四分或不能扛一。且交柴、领价，柴户畏责、贯贷，得不偿费[4]。后议，柴价发浮梁县

---

〔1〕“称”，底本原作“稱”，“嘉靖本”作“穪”。

〔2〕“皆足”，底本作此，“嘉靖本”无。

另，“坏”，底本作此，“嘉靖本”作“壤”，似“壤”。

〔3〕“扛”，底本原作“擯”，“嘉靖本”原即作“扛”，今繁简处理后，统一为“扛”，後不缀注。

〔4〕“费”下（“后”上），底本无字，“嘉靖本”多“一倍什九夷逸”6字。

随宜交收。

柴有定数，价有预支。至柴料烘煁之用，往窑一座用柴一百八十扛，筦厂官亲验[1]，一窑止用一百六扛。乃谕灶役[2]，日给柴一百七扛，有能数内减省，即以赏给。仍于官巷昼夜巡警[3]，以防盗取；密涂窑孔，以全火气。大抵一窑取尧[4]，柴料约计一百二十扛数[5]。

续按：每次烧造，柴费居三分之一，少亦不下数千余两，故本厂原设有船柴、水柴二行。船柴当六，水柴当四，自行运赴柴厂堆积。但遇烧窑，厂官亲自查验，干者照窑秤发，每百斤为一扛，不论贵贱，定给官价四分。后因船柴行人盛，水柴行人乏，告鸣、复议，“二、八”均当，今各输服。解纳价银，俱于布政司发下，料银当堂支给。待器皿起运完日，将销算文册，通行申报、查考。所给柴价并烧柴数，悉照成规，并无增减，交收、支领亦无别项情弊并查。发柴到窑之际，自有烧窑人匠，同看火作头，不分昼夜，巡直看守，难容窃盗。

14.颜色25

陶设色料：铅粉一斤，价银四分、焰硝一斤，价银二分、青矾一斤，价银三厘、黛赭石每斤，价银二分二厘[6]、黑铅一斤，价银二分八厘、松香一斤，价银五厘、白炭百斤，价银一钱[7]、金箔一百帖，价银二钱五分、古铜一斤，价银六分。

---

〔1〕“官”下(“亲”上)，底本无字，“嘉靖本”多一“某”小字。
〔2〕“乃”，底本作此，“嘉靖本”作“仍”。
〔3〕“于”下(“官”上)，底本无字，“嘉靖本”多“瀳原巡逻”4字。
〔4〕“尧”，底本作此，“嘉靖本”作“烧”，今暂不改。
〔5〕“扛”，底本作此，“嘉靖本”作“斤”，今疑误。
〔6〕“黛赭石”并其下小字，底本作此，“嘉靖本”概无。
〔7〕“百”至“钱”，底本作此，“嘉靖本”作“一斤价银五分”。

成色之种：○[1]油色用豆青、油水、炼灰、黄土合成、紫金用礶水[2]、炼灰、紫金、石水合成[3]、翠色用炼成古铜水、硝石合成、金黄用黑铅末一斤、碾成赭石一两二钱、金绿用炼过黑铅末一斤、古铜末一两四钱、石末六两合成、金青用炼成翠一斤、石子青一两合成、矾红用青矾炼红，每一两用铅粉五两，用广胶合成[4]、紫色用黑铅末一斤、石子青一两、石末六两合成、浇青用釉水、炼灰、石子青合成、纯白用釉水、炼灰合成、描金用烧成白胎，上全黄[5]、过色窑，如矾红过炉火。贴金二道，过炉火二次。余色不上全黄。堆器用白泥加坯上，以笔堆成各样龙凤、花草，加釉水、炼灰烧成[6]、锥器各样坯上，用铁锥锥成龙凤、花草，加釉水、炼灰烧成。五彩用烧过纯白瓷器，缋彩[7]，过炉火烧[8]。

续色料实用数：

大碗阔一尺；每十个，浇色料二斤、中碗阔六寸；每十个，浇色料一斤二两、小碗阔五寸；每十个，浇色料一斤、案碟阔七寸；每十个，浇色料一斤、果碟阔六寸；每十个，浇色料十两、小碟阔四寸；每十个，浇色料八两、罇每十件，浇石子青一斤、爵盏每十个，浇石子青六两。

贴金实用数估价附焉：

爵盏每只并附烧，估银四分。金龙二条，或金兽面，用金箔二张、大罇每只并附烧，估银八钱。青瓷贴金，腰线、口、底用金箔二十张。双耳肚，贴金牛、著罇每只并附烧，估银八钱。青瓷贴金，腰线、口、底、双耳肚贴金牛，用金箔二十二张、山罍每只并附烧，估银八钱。青瓷贴金，腰线、口、底、双耳肚贴金山，用金箔二十二张、牺罇每只并附烧，估银八钱。青瓷贴金，腰线、口、底、双耳肚贴金牛，用金箔二十二张、牡丹花坛每只并附烧，估银一两二钱。天青，贴金孔雀、牡丹花，用金箔七十张26。

---

〔1〕符号“○”，底本、“嘉靖本”作此，“点校本”无，更据《（乾隆）浮梁县志·陶政》误补为一“豆”字。

〔2〕“礶”，底本作此，“嘉靖本”作“碓”，今暂不改。

〔3〕“金石”2字，当断，“点校本”误。

〔4〕“胶”，底本作此，“嘉靖本”误作“缪”。

〔5〕“全”，底本、“嘉靖本”作此，“文库本”同，“点校本”误作“金”。

〔6〕“灰”，底本作此，“嘉靖本”误作“及”。

〔7〕“彩”，底本作此，“嘉靖本”作“采”。

〔8〕“烧”下，底本无字，“嘉靖本”多一“成”字。

彩画需用数旧载者不书：

○[1]画描、填色、水扫、打抹等笔每百枝，价银五分，○竹纸每百张，价银一分、○笔每十枝，价银一分五厘、○墨每块，银五厘，○金箔每百帖，银二钱五分、○水硝每斤，银一分，○夏布每丈，价银二分。漆匠用，○青瓦每百片，银二分、○润车香油每斤，价银一分四厘、○兜柴每百斤，价银二分五厘。各作烘坯用，○石斛纸每百张，价银一分五厘、○铁线每斤，价银三分。

15.续器#用

木器：

○[2]碓柱、○碓轴、○碓嘴每副，银三分、○碓索每条，价银三分，○抬水桶每只，价银二分五厘、○吊桶每只，价银一分，○大釉盆每只，价银三分、○水盆每只，价银一分，○模朴每个，价银五分、○车架每乘，价银二分五厘；坯色画匠用、○车桩每条，价银一分[3]、○车脚每副，价银四厘、○车盘每个，价银七分，○挑坯板每条，价银七厘、○平架每乘，价银二钱；坯作用、○匣板每块，价银一分五厘、○匣桶箦每个，价银一分、○晒坯架每乘，价银三分、○龙缸架每个，价银二分五厘、○盛龙缸松木圆板每块，价银六厘，○桁木每条，一分，须九寸至一尺者。若八寸以下，则渐减之，○窑搭门每块，价银八分、○乳料凳每条，价银七分五厘、○荡口顶桩每个，银五厘、○画青桌、凳，八十副每副，价银一钱。

铁器：

○[4]淘泥铁锅每口，价银四分、○土槌每把重六斤，生铁，价银四分九厘八毫、○泥铲每把重二斤，生铁，价银二分四厘九毫、○泥钯每把重三斤，生铁，价银二分四厘九毫、○小铁条$_{27}$每把重一斤八两，生铁，价银一分一厘四毫五丝、○大铁钳每把用生铁五斤，价银四

〔1〕符号“○”，底本脱，今补出。

〔2〕符号“○”，底本脱，今补出。

〔3〕“桩”，底本作“椿”，今正，后不缀注。

〔4〕符号“○”，底本脱，今补出。

分一厘五毫、○小铁铲每把用生铁一斤八两，价银一分二厘四毫五丝、○利坯刀每把用生铁八两，价银四厘一毫五丝、○剐坯刀每把用生铁八两，价银四厘一毫五丝、○刀铧每把用生铁一斤，价银八厘三毫、○鏊盘每只用生铁六斤，价银四分九厘八毫、○照钩每把用生铁十斤，价银八分三厘、○大铁条每条用生铁一斤八两，价银一分二厘四毫五丝、○中铁钳每把用生铁三斤，价银二分四厘九毫、○锄头每张用生铁三斤，价银二分四厘九毫。

竹器：

○〔1〕盖窑竹簟每条，价银六厘、○盆桶箍用皮竹篾一百一条，价银一钱、○粪箕每只，价银一分、○土筛每个，价银八厘。

瓷器：

○〔2〕阁泥大方砖每百块，价银三钱、○修、砌窑砖每百块，价银三分五厘、○淘泥缸每口，价银三分、○乳砵、乳硾每副，价银七分。

石器：

碓臼每个，价银六分。

按：成造器皿、瓷砖，工匠所用之器，往往于各瓷器价内兼估。如所用车架、土槌、木盘、利坯刀等物，俱系本铁制造，坚固可久，岂一朝一夕能坏？柰何烧造完日，前后所用作器，俱未开载见存何处？中间损坏者固有，堪存者尚多。毫忽官钱，岂应侵匿？合议将一应所用之器，每样若干登簿，收贮厂库。凡遇烧造，视器之大小、用之多寡，令各作头开数领[28]出。间有损坏，验明，给价修整；稍有遗失，责令赔偿。完日，照数交还贮库。庶可杜匠作侵匿之弊，绝该役冒破之由矣。

〔1〕符号“○”，底本脱，今补出。
〔2〕符号“○”，底本脱，今补出。

16.解运

陶成，每分限运，一岁数限。一限差官，费不可定，然至少者[1]，不下千金，而夫力、装具不与焉。陆运资、扛箱费[2]，亦有经定。

箱、架、扛、罩、丝之数：

杉木，一尺一寸，价银二分五厘；一尺二寸，价银三分五厘。杂木箱、架，每截长四尺，价银一分。苗竹，每根，价银七厘今议加三厘[3]。苎，每斤，价银二分五厘。黄棕，每斤，价银八厘。箬叶，每十斤[4]，价银一分。黄藤，每斤，价银八厘。黄麻，每斤，价银一分。鱼胶，每斤，价银六分。槐子，每斤，价银一分。芦衣，每斤，价银三厘。白矾，每斤，价银五厘。包钉，用福铁，每斤，价银八厘三毫。焊铜[5]，每斤，价银七分。煤炭，每石，价银三分。烧纸，每斤，价银四厘。皮纸[6]，每十张，价银五厘。油漆箱、扛用灰面[7]，每斤，价银六厘。石灰，每石，价银四分。桐油，每斤，价银一分五厘。炉底，每斤，价银一分五厘。漆布，每一丈，价银二分五厘。黄丹，每斤，价银三分。广胶，每斤，价银四分一厘。入漆银朱，每斤，价银四钱八分。矾红，每斤，价银二分。装箱用棉花，每十斤，价银四钱。大黄纸，每百张，价银八钱。中黄纸，每百张，价银一钱二分。糊箱口、箱面斗方纸，每百张，价银七分[8]。解运黄、红绫包袱，每尺，价银三

---

〔1〕“至”，底本作此，“嘉靖本”作“起”。

〔2〕“扛”，底本原作“擜”，“嘉靖本”原即作“杠”，今繁简处理后，仍统一为“扛”，后不缀注。

〔3〕“今议”一句小字，底本作此，“嘉靖本”无。

〔4〕“十”，底本作此，“嘉靖本”作“拾”。

〔5〕“焊”，底本作作“銲”，“嘉靖本”作“浬”。

〔6〕“皮纸”，底本作此，“嘉靖本”倒，作“纸皮”。

〔7〕“面”，底本作“麵”，“嘉靖本”原即作“面”。

〔8〕“每”至“分”，底本作此，“嘉靖本”仅作“一张”。

分。漉铅绢，每尺29，价银六分[1]。蓝绫册壳，每尺，价银三分。黄、红夹板，木、漆作造用，不用价。朱红册匣，木、漆作造用，不用价。黄、红绒绳，二条，每条长一丈八尺、重一两五钱，共银一钱二分。

起运每扛，扛解银一两六钱三分六厘、解官领头站官盘缠银一十五两、解官盘缠银一十两、护解匠作每名盘缠银一十两，祭扛猪、羊银二两二钱，短扛夫每名给夫价银二钱三分三厘三毫，扛至池州府建德县交递。以上银，旧俱支本府贮库料价银两，顷于浮梁县贮库、“砂土、上工夫工食”余剩银两内支用，但工银各县逋欠未完[2]，凡遇起运，本府贮库料价内借支。器扛稀稠[3]，费难预定，中间扛解名色，实备内府交收，糜费匠作[4]，荧惑以为利孔[5]，丁夫冒领价值如浮梁至建德短扛夫价，往年小器，箱重不过五六十斤，用夫二名后，二名[6]、四名前，涂费可例推。

查，往陶厂皆自水运达京，由陆运者，中官裁革后始也今厂见有大、小、船木三作，匠作八十名，为水运设。厂官议，关策工部：是后凡钦依瓷器陆运[7]，至如部限瓷器，照南京、浙江解运“冬、夏龙衣事例”，预行驿传道，拣坚固座船，至饶州府河装载，由里河直达京师。委官乘传管解，刻期交卸，斯奉诏不至愆期[8]，而夫马烦费，南、北均息矣。

---

〔1〕“漉铅绢”一句，底本作此，“嘉靖本”概无。
〔2〕“完”，底本作此，“嘉靖本”作“鲜”。
〔3〕“稀”，底本作此，“嘉靖本”作“希”。
〔4〕“糜”，底本作此，“嘉靖本”作“縻”。
〔5〕“荧”，底本作此，“嘉靖本”作“营”。
〔6〕“二”，底本似作此，“嘉靖本”作“三”，今暂不改。
〔7〕“依”，底本作此，“嘉靖本”作“限”。
〔8〕“奉”，底本作此，“嘉靖本”误作“塞”。

17.箱扛料数[1]

大龙缸箱，每只用杉木二根，一围一尺五寸、一围一尺四寸，该银一钱四分五厘：○箱架$_{30}$用杂木二截，价银二分、○箱罩用长、短杠竹二根半，价银一分七厘五毫、○絮罩用黄棕一斤八两，价银一分八厘、○箬叶二斤，该银二厘，○打铁煤炭二斗五升，该银七厘五毫、○灰面八两，该银三厘、○石灰四斤，该银一厘六毫，○包钉、箱架、环锁等项用铁三斤七两，○焊锁用铜二钱，○鱼胶二两、○桐油一斤十二两、○黄丹一两六钱、○炉底一两六钱、○银朱八钱，○漆布八尺、○造坯底布五尺，○广胶二两四钱、○矾红四两、○槐子一两、○白矾三钱、○芦衣四钱、○黄藤二两四钱、○黄麻一十六斤，○表箱用中黄纸十三张、○包裹用大黄纸十张、○棉花十三斤。

小器箱，每只用杉木二根，一围一尺五寸、一围一尺一寸造箱，并箱架、护箱全，该银一钱五厘：○箱罩并扛用竹一根半，该银一分五厘、○絮罩黄棕一斤八两，该银一分四厘、○箬叶二斤，该银二厘，○打铁煤炭二斗五升，该银七厘五毫、○灰面八两，该银三厘、○石灰四斤，该银一厘六毫，○包钉、箱架、环锁等项用铁二斤十五两，○焊锁铜二两，○鱼胶二两、○桐油一斤十两、○黄丹一两六钱、○炉底一两六钱，○漆布四尺五寸，○银朱五钱、○广胶二两五钱、○矾红四钱、○苎麻三两二钱四分、○槐子八钱、○白矾三钱、○芦衣四钱、○黄藤二两四钱、○黄麻二斤；○包裹每碗、碟，二件用小黄纸一张。包裹至十件，却用中黄纸一张，总包之。计每箱装小器一百二十件者，则用中、小黄纸共七十二张矣。盖器多即用纸多，器少则用纸少，以此类推之耳；○棉花九斤四两。

按：本厂见奉烧造瓷器，一年完解两运。装器造箱物料，遵照陶政册规，估计合用油、铁、麻、朱等项价银，申详、行厂，于料银并砂土夫银内动给。箱所用包器、棉花、黄纸，照依旧额数目申司，派行南昌府办解黄纸，南康、九江办解棉花。及$_{31}$照详“解运”一节，自嘉靖年间以来，俱由陆路进京，每扛原议扛抬、短扛夫三名，该工食银七钱。近蒙裁减，止给银五钱五分，亦于砂土夫银内照扛支

〔1〕“箱扛料数”一节，乃底本所增，“嘉靖本”概无，惟底本节标题前未缀加“续”等标识，仅将“续”加置于按语前

给。每扛用扛解银一两六钱三分六厘，例于司库照扛给发解官，以作铺垫、交器之费。

迩年，知府顾章志建议：烧造事关通省，不止一府，今钱粮取诸使司，厂官轮于各府，饶州幸不偏受其累矣。但解器之差，止于该府属官取用，而别府不与，则官少，未必得人，而承委或至悮事。路费虽官有常额，而赍送未免扰民。合无照依管厂事例，仍于十三府属县中轮差，不独累一府，又可遴选得人。除袁、临、吉、赣、南安隔赴，不便遴差外，惟南、瑞、抚、建、广、南康、九江各府首领，并属县佐贰中，选取年力精壮、才识通达官员，轮流差解。庶上供不致有悮，官职亦无独旷矣。傥解运官员回日，查无违悮，例依厂官，一体奖励。若有失事别议者，亦行参究。

续按：逐年存贮器皿，堆积日多，库役、皂快乘机盗窃。董事者且拣择馈送，是以公家之物徒济贪鄙之私。隆庆五年春，蒙抚院议行，将存留器皿委官查解折俸。因验得东、西库房存贮各器体质粗粝、花色暗黑，类多不堪。近年如此，远可类推。节经建议发卖，或兑民窑，迄无成兑者，非此之故欤？然，官去、吏更，册籍漫无可考。今议将烧造附余、次堪[32]、不堪器皿，攒造文册，一样三本。二本新、旧厂官交执，一本给库子收查，庶数目明而稽考严，少杜窃取、移那之弊云。

18.御供

陶专供御，嘉靖七年以前，案毁不可考。

○[1]八年，烧造瓷器二千五百七十件。

○九年，青色瓷砖四百五块。

○十年，瓷碟、钟一万一千，碗一千、爵三百。

---

〔1〕 符号“○”，底本作此，“嘉靖本”概无，后不缀注。

〇十三年，青花白地瓯、碗三千，紫色碟一千、紫色碗五百。

〇十五年，青花白地、赶珠龙，外一秤金娃娃花碗，三千二十；青花白地、“福寿康宁”花钟，一千八百；青花白地，里升降戏龙、外凤穿花碟，一千三百四十。

〇十五年，降发瓷器样一十件。

〇十六年，白瓷盘六百七十八、爵盏二百七十。

〇十八年，降发瓷器式样四十三件。

〇二十年，白地青花、里外满池娇花样碗[1]，一千三百；白地青花、里外云鹤花碟，六千七百；白地青花，里外万岁藤、外抢珠龙花茶钟，一万九千三百。

〇二十一年，青花白地、灵芝捧八宝礶，二百；碎器礶，三百；青花白地、八仙过海礶，一百；青花白地、孔雀牡丹礶，三百；青花白地、狮子滚绣球礶，三百；青花白地、转枝宝相花托八宝礶，三百；青花白地、满池娇、鲭鲌鲤鳜、水藻、鱼礶，二百；青花白地、江下八俊礶，一百；青花白地、巴山出水、飞狮礶，一百；青花白地、水火捧八卦礶，一百；青花白地、竹叶、灵芝[2]、团云鹤穿花、花样33、龙凤碗，五百九十；青花白地、转枝莲托八宝、八吉祥、一秤金娃娃、花坛，二百四十。

〇二十二年，青碗二千、青盘一千、青碟二千、青靶钟一千、青瓷茶钟二千、青酒盏一万；祭器，毛血盘一十、碟一百四十、大羹碗四、酒钟一百、和羹碗十，爵二十三、笾豆盘八十，大尊六、牺尊六、著尊二[3]、山罍四[4]，又五罇。

---

〔1〕“满”，底本作此，“嘉靖本”误作“湍”，后不缀注。

〔2〕“芝”，底本作此，“嘉靖本”误作“乏”。

〔3〕“著”，底本作此，“嘉靖本”作“箸”。

〔4〕“罍”，底本作此，“嘉靖本”误作“垒”。

〇二十三年，青花白地，外海水苍龙捧八卦[1]、“寿比南山久、福如东海深”，里三仙炼丹、花碗，二千六百；青花白地，外耍戏娃娃[2]、里云龙等、花钟，九千六百；外四季花[3]、里三阳开泰、花盘，一千七百；外天花捧“寿山、福海”字、里二仙、花盏，三千五百；外四季花、耍娃娃，里出水云龙、花草瓯，二千四百；外龙穿西番莲，里穿花凤、花碟，四千六百。

又，烧成桌器一千三百四十桌，每桌计二十七件。内，案酒碟五、果碟五、菜碟五、碗五、盖碟三，茶钟、酒盏、楂斗、醋注各一。里，青双云龙等花样，三百八十桌；暗龙、紫金等花样，一百六十桌；金黄色一百六十桌、天青色一百六十桌、翠青色一百六十桌、鲜红改作矾红一百六十桌、翠绿一百六十桌。外，青双云龙、宝相花缸一百二十口，青双云龙、穿花样坛二百五十，青双云龙、鸾凤样罐一万。

〇二十四年，青花白地、转枝莲托百“寿”字、花样坛[4]，四百九十；青花白地、八瓣海水飞龙、花样罐[5]，一千四百三十。

〇二十五年，青花白瓷、青双云龙等$_{34}$、花缸，三百口；青、缠枝宝相花、回回花罐，有盖，一千；里外青穿花龙、花碗，二万二千；里青如意团鸾凤、外穿花鸾凤、花膳碗，一万一千五百；青花白瓷，里云龙海水[6]、外九龙、花盘，三万一千；青花白瓷、里外青双云龙、花碟，一万六千；青花白瓷，里青云龙、外团龙，菱花茶钟，三千；青花白瓷，里青云龙、外双云龙、花酒盏，一万八千四百。

---

〔1〕“苍”，底本作此，“嘉靖本”作“仓”，后不缀注。

〔2〕“外”，底本作此，“嘉靖本”脱。

〔3〕“外”，底本作此，“嘉靖本”脱。

〔4〕“坛”，底本、“嘉靖本”原即作“罈”，“内阁本”同，“点校本”误作“罐”。

〔5〕“龙花”，底本、“嘉靖本”作此，“内阁本”同，“点校本”倒，误。

〔6〕“里”，底本作此，“嘉靖本”脱。

〇二十六年，青花白地、海水、飞狮、龙捧“福、寿”字、花盘，一万一千二百五十；白地暗鸾鹤花酒盏〔1〕，九千五百一十；白色暗姜芽海水花碗〔2〕，二千九百二十；青色暗鸾鹤花碟，七千七百八十；白色暗龙花茶钟，三千〔3〕；黄色暗龙凤花盒，二千四百四十；青色暗龙花罐，一千四十；白色暗姜芽海水花坛，一千三百五十；青双云龙缸，五百口；青花白瓷花瓶，一千对；青花白瓷青苍狮龙盒〔4〕，三千五百五十；里青云、外穿花鸾凤花瓯，二万一千；里白、外青双云龙雀盏，一千五百；里白、外青双云龙花各样碗，二万一千五百；纯青素酒盏三千、纯青碟一万四千、青花白瓷拜砖二十副〔5〕、素穰花钵四千〔6〕、青花白瓷葫芦一万。

〇二十七年，青花白地、海水、苍龙等罐，四千二百；青花白地、龙凤、群仙捧“寿”字〔7〕、花盒，五千。

〇二十九年，青花白地坛一千。

〇三十年，青花白地，外四画神仙〔8〕、里云鹤、花盘，一百；青花白地，外结子莲、里花团、花碟，四千八百；青花白地35、苍狮龙、花瓶，三十；青花白地、要戏鲍老、花礶，七百；青花白地，外云龙、里升凤、花盏，一千三百；青花白地，外鲭鲌鲤鳜〔9〕、里云鹤、花碗，二千三百；青花白地、出水龙、里狮子、花瓯，一千五百。

---

〔1〕“地”，底本作此，“嘉靖本”作“色”。
〔2〕“姜芽”，底本作此，“嘉靖本”作“江牙”，后不缀注。
〔3〕“钟”下（“三”上），底本无字，“嘉靖本”多一“共”字。
〔4〕“苍”，底本作此，“嘉靖本”作“仓”，后不缀注。
〔5〕“副”，底本作此，“嘉靖本”作“付”，后不缀注。
〔6〕“穰”，底本、“嘉靖本”作此，“点校本”据《（乾隆）浮梁县志·陶政》改作“镶”。
〔7〕“字”，底本作此，“嘉靖本”作“等”。
〔8〕“外”，底本作此，“嘉靖本”脱。
〔9〕“外”，底本作此，“嘉靖本”脱。
另，“鳜”，底本作此，“嘉靖本”无。

〇三十一年，纯青，里海水龙、外拥祥云地贴金、三狮龙等，花盘一百、爵一百八十；白地青花，里八仙捧寿、外云龙、花盘，二百五十[1]；里龙凤、外结子莲碟，三千；里云龙，外龙凤、鸾鹤碗，三千四百；里升龙、外乾坤六合花、各样瓯，二千二百；里花团、外云龙、花钟，三千七百；里云鹤，外博古龙、花酒盏，一千七百；里双凤、外双龙、花盏，二百五十；甜白色酒钟，三万。

〇三十三年，青双云龙花碗，二万六千三百五十；青花双云龙碟，三万五百；里白外青、四季花盏，六千九百；青花鱼缸，六百八十；磬口青白瓷瓯，九千；里青穿花龙[2]，边穿花龙凤，外荷花、鱼、水藻碗，一万二百；里青穿花龙[3]，边穿花龙凤，外荷花、鱼水、藻瓯[4]，一万九千八百；歇爵山盘、青双云龙海水，六百；白瓷壶，六千。

〇三十四年，白瓷罐一千四百一十[5]。

〇三十五年，烧瓷砖七千二十一、青花白瓷缸五百四十、豆青瓷素缸三十、青花白瓷膳碗一万、磬口白瓷茶瓯一千八百、青花白酒盏一万五千；青花壶瓶，连瓣盖，五百。

〇三十六年，各样祭器，笾[6]、豆、罍、爵、罇、匾壶、大羹碗，六千三百六十；拜砖六副；各样桌器一百桌，每桌五十三$_{36}$件；各样膳碗，五千二百三十；青花白瓷茶碗，四百五十；酒碟、果碟，一千一百；看瓶、牡丹瓶、壶瓶，七百八十；罐四千七百、盖全方罐一千九百、盒二千四百、盘三千三百；酒海、青花白瓷，五十四；大缸、青双云龙，连瓣，十。

---

〔1〕“十”，底本误作“千”，今据“嘉靖本”改。

〔2〕“穿”，底本作此，“嘉靖本”误作“川”。

〔3〕“穿”并后一处，底本作此，“嘉靖本”皆误作“川”。

〔4〕“瓯”，底本作此，“嘉靖本”作“砙”。

〔5〕“罐”，底本作此，“嘉靖本”作“罐瓦”。

〔6〕“笾”，底本作此，“嘉靖本”作“边”。

〇三十八年，青地闪黄鸾凤穿宝相等、花碗，共五千八百；青花白地松竹梅酒罇，一百八十；紫金地闪黄双云龙花盘、碟，六千；黄地闪青云龙花瓯，一千四百六十；青地黄鸾凤穿宝相花盏爵，一万三千五百二十；青花白地灵芝四季花罐[1]、瓶，共一千五百；青花白地云鹤龙果盒，共八百。

续查得：嘉靖四十三年被烬，以前卷案无存。

〇[2]隆庆五年，烧造青花白地、双云龙凤、霞穿花、喜相逢、翟鸡、朵朵菊花、缠枝宝相花、灵芝、葡萄桌器，共五百桌。内，百三十桌，桌计六十一件；百八十桌，桌计三十六件；百九十桌，桌计二十七件。青花白地，外穿花龙凤、五彩满池娇、朵朵花，里团龙、鸾凤、松竹梅、玉簪花碗，三万一千八百五十；青花白地，外双云龙凤、九龙、海水、缠枝宝相花，里人物、灵芝、四季花盘，一万六千五百；青花白地，外双云龙凤、竹叶、灵芝朵朵、云龙、松竹梅，里团龙、四季花碟，三万三千三百；青花白地，外双云龙、芙蓉花、喜相逢、贯套、海石榴、回回花，里穿花翟鸡、青鸂鶒、荷花、人物狮子故事、一秤金、金黄暗龙钟，九千七百；青37花白地，外穿花龙凤、八吉祥、五龙、淡海水、四季花捧“乾、坤、清、泰”字、八仙庆寿、西番莲，里飞鱼、红九龙、青海水、鱼、松竹梅、穿花龙凤瓯，三千九百五十；青花白地、双穿云龙花凤、狮子滚绣球、缠枝牡丹花，青花果、翎毛，五彩云龙、香草、宝相花、草虫礶，一千四百六十；青花白地、穿花龙凤、拔枝娃娃、长春花、回回宝相花瓶，三百七十；青花白地，外梭龙、灵芝、五彩曲水、梅花，里云龙、葵花、松竹梅、白暗云龙盏，六千五十；青花白地，外云龙、五彩满池娇、人物故事、荷花、龙，里云龙、曲水、梅花

〔1〕“罐”下（“瓶”上），底本无字，“嘉靖本”误多一“共”字。
〔2〕符号“〇”，底本无，今暂补出。

盆，七百一十；青花白地、双云龙、回回花果、翎毛、九龙、淡海水、荷花、红双云龙、缠枝宝相花香炉，一百八十；青花白地、双云梭龙、松竹梅、朵朵菊花香盒，三百三十；青花白地、双云龙、花凤、海水、兽、狮子滚绣球、穿花喜相逢、翟鸡相斗，二百七十；青花白地、双云龙、花凤、海水、兽、穿花翟鸡、狮子滚绣球、朵朵四季花醋滴，二百七十；青花白地、双云龙凤、草兽、飞鱼、四季花、八吉祥，贴金孔雀、牡丹花坛，盖狮子样，三百三十。

〇万历五年，青花白地、双云龙、朵朵云、团龙、菱花、宝相穿花、喜相逢、翟鸡、松竹梅、人物故事器皿，共五百五十桌。内，一百五十桌，桌计六十一件；又二百桌，桌计三十六件；又二百桌，桌计二十七件。青花白地，外双云、荷花、龙凤、缠枝西番莲、宝相花，里云团龙、贯套、八[38]吉祥、龙，边姜芽海水、如意云，边香草、曲水、梅花碗，四万五十；青花白地，外穿花云龙、鸾凤、缠枝宝相、松竹梅，里朵朵四季花、回回样结带如意、松竹梅，边竹叶、灵芝盘，二万三千一百；青花白地，外穿花鸾凤、花果、翎毛、寿带花、满池娇、草兽、荷叶、龙，里八宝、苍龙、宝相花捧“真言”字、龙凤、人物故事碟，四万二千三百；青花白地，外双云龙、贯套、海石榴、狮子滚绣球，里穿花云龙、如意云，边香草、红九龙、青海水，五彩鸂鶒、荷花，遍地“真言”字钟，一万二千五百五十；青花白地，外穿花龙凤、八仙庆寿、回回缠枝宝相花，里团云龙、荷花、鱼、江芩子花捧“真言”字瓯，二万七百；青花白地，外云龙、长春花、翎毛、士女、娃娃、灵芝捧八吉祥，里葡萄、朵朵四季花、“真言”字、寿带花盏，九千；青花白地、双云龙穿花、喜相逢相斗，二百；青花白地、双云龙、缠枝宝相花醋滴，二百。

〇十一年，降发瓷器式样四百四十三件。青白瓷暗花云龙羹碗、笾、盘、酒罇、爵、盏、山罍、壶、瓶各样祭器，共四千二百九十。

青花白地，外云龙、荷花、鱼、耍娃娃、篆“福寿康宁”字、回回花、海兽、狮子滚绣球，里云鹤、一把莲、萱草花、如意云、“大明万历年制”字碗，二万八千七百五十；青花白地，外荷花、龙、穿花鸾凤、松竹梅、诗意、人物故事、耍娃娃，里朵朵云，边香竹叶、灵芝、暗云龙、宝相花盘，四千九百；青花白地，外缠枝牡39丹花托八宝、姜芽海水、西番莲、五彩异兽、满池娇，里双云龙、暗龙凤、宝相花、狮子滚绣球、八吉祥、如意云、灵芝、花果碟，一万五千六百五十；青花白地，外蟠桃、结篆“寿”字、缠枝四季花、“真言”字，里云鹤、火焰、宝珠、暗双云龙、荷花、鱼、青海水钟，三千三百四十；里白、外青，贯套、海石榴瓯，二百；青花白地，外穿花双云龙、人物故事、青九兽、红海水，里如意、香草、曲水、梅花、穿花翟鸡、海兽、白姜芽、红海水盏，五千九百；青花白地、如意云龙、穿花龙凤、“风调雨顺、天下太平”、四鬅头捧“永保长春”字、混元八卦神仙捧“乾坤清泰”字盒，二万；青花白地、缠枝金莲花托篆“寿”字酒海，二百；青花白地、乾坤八卦、灵芝、山水、云龙香炉，八百；青花白地、穿花龙凤、草兽啣灵芝、锦鸡、牡丹、云鹤、八卦、麻叶、西番莲瓶，四千一百六十；青花白地、山水、飞狮、云龙、孔雀、牡丹、八仙过海、四阳捧寿、陆鹤乾坤，五彩人物故事罐，五千八百九十；青花白地、五彩云龙棋盘，一百六十；青花白地、正面龙、葵花、梅花棋子，二十四；青花白地、海水、云龙、四季花、金菊、芙蓉檠台，一百八十；青花白地、白陆鹤、乾坤灵芝、八宝、宝相花、如意、云龙烛台，一百八十；青花白地，锦地花果、翎毛，边双龙捧珠心屏，一百八十；青花白地、龙穿四季花，五彩海水云龙，锦地云穿宝相花、灵芝、河图、洛书，五彩升降海水云龙笔40管，三百六十；青花白地、八宝、团龙，五彩海水龙、盒子心、四季花，青地白花、白龙穿四季花笔冲，六十；里白外青、对云龙、狮子滚绣球、缠枝金莲、宝相花，五彩穿花、山水、升降龙、青云、鸾凤缸，六百二十；青双云龙捧篆“寿”字、飞丝、龙穿灵芝、草兽、人物故事、百子图坛，五百；青花白瓷、玲珑，双龙捧珠、飞龙、狮子、海马，五彩荷花、云龙，黄地紫荷花凉墩，二百八十。

〇十七年，青花白地、龙穿四季花，五彩海水、云龙，锦地龙穿宝相花、灵芝、河图、洛书，五彩升降海水、云龙笔管，一百八十；挝笔管，一百八十。青花白地、八宝团龙，五彩海水龙、盒子心、四季花，青地白花、龙穿四季花笔冲，六十。

〇十九年，降发瓷器式样四百六十一件。青花白地，外团云龙、鸾凤、锦地八宝、海水、福禄寿、灵芝，里双龙捧寿、长春花、五彩凤穿四季花碗，二万八千一百；青花白地，外团螭虎、灵芝、如意、宝相花、海石榴、香草，里底龙捧“永保万寿”，边鸾凤、宝相花、“永保洪福”、齐天娃娃花盘，二万四千三百五十；青花白地，外长春转枝宝相花、螭虎、灵芝，里五彩龙凤，边“福如东海”、八吉祥、锦盆堆，边宝相花、结带八宝碟，五万六千二百五十；青花白地，外团龙、如意云、竹叶、灵芝、五彩水藻鱼，里篆“寿”字、如意、牡丹花、五彩如意瓯，三万一千一百；暗花云龙、宝相花、全黄茶钟，一千二百；青花白地，外海水[41]、飞狮、缠枝四季花、长春、螭虎、灵芝、石榴，里葵花、牡丹、海水、宝相花杯，四千六百；青花白地，外牡丹、金菊、芙蓉、龙凤、四季花、五彩八宝、葡萄、蜂赶梅花，里葵花、牡丹、篆“寿”字、五彩莲花、古老钱杯、盘，一千八百；黄瓷地、五彩，里白，外螭虎、灵芝、四季花、香草、回文香炉，八百；青花白地、麒麟、盒子心、缠枝宝相花、回文、花果、八吉祥、灵芝、海水、梅花，五彩香草，玲珑松纹锦、四季花香奁，四百四十；青花白地、庆云、百龙、百鹤，五彩百鹿、“永保乾坤”坛，五百；青花白地、异兽朝苍龙、如意云锦、满池娇，锦地葵花、方胜、花果、翎毛、草虫盒，一千二百四十；暗花鸾凤、宝相花白瓷瓶，五百；青花白地、海水、云龙、长春、八宝、龙凤、如意，五彩龙凤、耍娃娃、莲托八吉祥、海水、苍龙、满池娇、结子石榴罐，三千九百七十；青花白地、庆云、苍龙、回回花，锦地盒子心、福禄朝天，边锦地芦雁、曲水梅盆，一千二百四十；青花白地、团龙、四季花、西番莲托“真言”字、凤穿四季花、葡萄、西瓜瓣、云龙捧“圣、寿”字、杏叶，五彩水藻、金鱼壶、瓶，共三千四十；青花白地、云龙、芦雁、松竹梅，半边葫芦花瓶，四百。

〇二十年，降发瓷器式样一十五件。青花白地，外“寿意年灯端阳节”、荷花、水藻、鱼，里底青、正面云龙，边松竹梅碗，一万六千一百；青花白地，外缠枝莲托八宝、龙凤、花果、松竹梅、“真言”字、折枝四季花，里底穿花龙[42]，边朵朵四季花、人物故事、竹叶、灵芝、寿意、牡丹花盘，一万三千一百四十；青花白地，外缠竹叶、灵芝、花果、八宝、双云龙凤，里龙穿四季花、五彩寿意、人物、仙桃，边葡萄碟，二万三千八百六十；青花白地，外寿意年节，里正面云龙、水莲，一万六千；青花白地，外双云龙凤，里黄葵花、转枝灵芝、五彩菊花盏，八百；青花白地、花果、翎毛、香草、草虫、人物故事花瓶，二百；五彩、锦地，盒子心、四季花果、翎毛、八宝祥、四季花罐，四百六十；青花白地、“万古长春、四海来朝”、面龙、四季花、人物故事盒，三千七百八十；青花白地，外云龙、海水，里顶妆云龙筯、盘，一百六十；青花白地，外莲花、香草、如意，顶妆云龙、回纹、香草、云龙、灵芝、宝相，玲珑灵芝、古老钱炉，二百四十；青花白地、宝山、海水、云龙，圆座攀桂娃娃、芘菰、荷叶、花草，五彩宝山、海水、云龙、人物故事、香草、莲瓣烛台，二百；青花白地、五彩，人物故事、香草、莲瓣、槟榔盝，一百；青花白地、五彩，云龙、回纹扇匣，六十；青花白地、海水，顶妆玲珑、三龙、山水，五彩、玲珑山水笔架，五百；青花白地、蹲龙、宝象、人物，五彩砚水滴，二百；青花白地、云龙、回纹、香草、龙、云、人物故事、花果、灵芝，五彩云龙、回纹、四季花相斗，三百；青花白地、锦地，盒子心、龙穿四季花冠盏，一十。又，里白外红，绿、黄、紫云龙膳碗，一千八百；青花白地，外盒子心、锦地、双龙捧[43]“永保长春、四海来朝”、人物故事、四季花，里灵芝、松竹梅兰，五彩四季花巾盏，二百。以上膳碗、巾盏，原非年例取解之数。

〇二十一年，青花白地、“天下太平”、四方香草、如意面、回纹、人物，五彩方胜盒，三百；青花白地、贯套、如意、灵芝、香草、海水龙穿四季花，五彩贯套、如意、山水、灵芝花罇，一千二十；青花白地，外双云龙、八仙过海、盒子心、四季花，里正面龙、篆“寿”字、如意、葵花，边竹叶、灵芝碗，一千二百；青花白地、水藻、鱼、八宝、香草、荷花、满池娇、海水、梅花，五彩升转云龙、回纹、香草缸，二百七十。

〇二十二年，青花白地、人物故事面、云龙、娃娃面、四季花，五彩云龙、花果、翎毛、灵芝捧篆“寿”字盒，五千六百二十；青花白地、凤穿四季花、满池娇，五彩龙穿四季花、灵芝托八宝、璎珞、香草、花瓶，二百五十；青花白地、云龙、凤穿四季花，五彩云龙、凤穿四季花剪烛罐，八十。

19.料价

陶有料价，先年系布政司公帑支给。嘉靖二十五年，烧造数倍，十、百加派，阖省随粮带征银一十二万两，专备烧造，节年支尽。嘉靖三十三年，又加派银二万两，亦烧造支尽。自后，止于本司库帑银借支，然烦费岁巨万，如鱼缸及砖，则又不止。是公私方苦匮、鬻，罪加赋之说，殆纷纷矣。

续附：《请改陶疏抄[44]》

按：隆庆五年都御史徐　题称："该内承运库太监崔敏题为《缺少上用各样瓷器单》，开要烧造里外鲜红碗、钟、瓯，并大小龙缸、方盒各项，共十万五千七百七十桌、个、对。其龙缸降发体式，底阔、肚凸，多致坠裂。五彩缸样重，过火，色多系惊碎。三层方匣等器，式样巧异，一时难造。且头运瓷器一万五百九十七桌、个、对，限本年九月；二运一万七百五桌、个、对，限本年十二月；钦限一万四千五百五十个、把，限明年二月。其余八运，逐年解进。但今窑作坯房，倾坏日久，新经修完，又兼物料细腻、式样精巧，难以措办。见遭洪水为患，土料踈散，成坯甚艰。冬月水冰、土冻，尤难造作。况系火中取物，必须假以时日，多作坯胎入窑，百中选一。呈乞转达：查例，将鲜红改作矾红，钦限龙缸、方匣减数；一、二运并八运宽限，以苏民困。"

续该工科都给事中龙光等题称："江西物力瘠薄、灾荒频仍，先经奉诏停止烧造，工匠多迁别业，兹忽传烧造瓷器十万五千七百有零，较先年之数几增一倍，且规制、花样精细，恐措办不前。乞 45
勅该监，择紧要者移文烧造，其余可减者，量裁十之三四，仍乞宽限，分运解进。今年九月起解一运，十二月起解一运。以后八运，每年造解一运，俱限十月以里。"

随又巡按御史刘思问议："照前项瓷器，系供上用，今既缺乏，见奉钦依造解，臣等遵依，屡督所司，及期烧造，臣何敢复言？但据各司、道官会呈，及地方工匠人等呜告，欲将鲜红比照嘉靖九年及二十六年事例，改造矾红；龙缸、方匣等项难造式样，得为量减。一运、二运，续奉钦限运数，及以后八运，均乞题请俯容递为宽限，免致违悮一节。臣为之反复图惟，委属有据。盖物料细腻、色样精巧者，一时果难措办。而水火幻化，卒难取，必须假以时日，多作坯胎烧炼、精选，百中二三，其事理固然。况该府自兵燹之后，闾里萧条，今岁突被水灾，人民困苦，流移载道。是灾伤之苦，似无妨于营作之兴；而营作之劳，寔必资于民力之裕。乃民遭时艰，畎亩陆沉，颗粒罔措，俯仰无资。大、小工匠，约有五百，奔走力役之人，不下千计，日费百斛，皆当区处供给。且水溢则土易踈，土易踈则坯易散，于物理尤不容强。臣等待罪地方，目击艰苦，又期限严迫，惧致后时，夙夜疚心，乌敢不吐沥于[46]君父之前乎？伏望皇上轸念工力孔艰，民隐当恤，勅下该部详议，将鲜红瓷器查照前例改造矾红；龙缸、方匣等项，量减数目，并头运、二运，续奉钦限运数，稍为宽限；以后八运，酌分间年一运，或二年一运，以纾造作之苦、转运之劳。斯我皇上，于供用之中，寓樽节之意，自足以宽养民力，江西一路，莫不欣欣鼓舞，衔戴圣德于无涯，而地方亦有攸赖矣”。续又抚、按会题前事，俱奉《圣旨》“是。钦此”。

查得嘉靖二十五年六月内，该本部题行江西烧造各样瓷器，分作五限，至二十六年二月内，据江西布政司咨呈开称：大样盘、碗原非常造之器，猝难完解，乞要多宽限期。本部议准宽限，至嘉靖二十六年十二月终完报。题奉世宗皇帝《圣旨》：“是，准如限完解”。又查得嘉靖二十六年二月内，据江西布政司咨呈开称：“鲜红桌器拘获高匠、重悬赏格，烧造未成，欲照嘉靖九年日坛赤色器皿，改造矾红”。该本部查有嘉靖九年事例，题奉世宗皇帝《圣旨》：“这鲜红瓷□准照先年例，用矾红烧造。只要[47]鲜明如法，着作速烧造解进”。

按：万历十一年，该内承运库署库事、御马监太监孔成等题为《急缺上用各样瓷器事》，奉《圣旨》：“这瓷器，着该地方照数、如式烧造，分运解进，不许违悮。内烛台、屏风、笔管，减半造。工部知道。钦此”。工科都给事中王敬民等题称：“窃惟器惟取其足用，不必于过多也；亦惟取其适用，不必于过巧也。今据该监所开，如碗、碟、钟、盏之类，皆上用之所必需。而祭器，若笾、豆、盘、罍等项，尤有不可缺者，是岂容以不造耶？但中间如围棋、别棋、棋盘、棋罐，皆无益之器也；而屏风、笔管、瓶、罐、盒、炉，亦不急之物也。且各样盒，至二万副；各样瓶，至四千副；各样罐，至五千副；而总之，至九万六千有奇，不几于过多乎？况龙凤、花草，各肖其形容，而五彩、玲珑，务极其华丽，又不几于过巧乎？此诚草茅之臣[1]，所为骇目而惊心者也！我皇上盖亦洞见其用之不急、数之太多，故于烛台、棋盘、屏风、笔管之数而令其减半造之。臣等于此，有以仰窥克俭之盛心，而恭颂至仁之圣德矣。顾犬马之微忱，犹有所觊于圣明而不容已焉。昔舜造漆器，谏者七人；禹雕其俎，谏者不48止。我皇上之心，是即舜、禹之心也。而烧造数多，所费无算，是不止漆器、雕俎之微也。蠲不急之役，省无益之费，裁过多之数，禁淫巧之工，我皇上得无加之意乎？矧方今寰宇，荒歉频仍，而江西地方，物力尤瘠，一朝以九万有奇之器用，而取办于一方，其劳费岂细故哉？伏乞皇上，愈恢俭德，益广仁恩，酌其缓急，概从省约，而于棋盘等物，尤尽数裁减之。臣见省一分则民受一分之赐，惠一方则四方之民举安。抑且慎德之光、转环之美，真足以侈史册而垂裕万世矣”。奉《圣旨》：“是。钦此”。

20.附皋史氏曰：治天下之故，莫大于风俗。风俗之成日，犹高屋建瓴水也。俭而就之奢，慎而就之肆，勤而就之宴，彼方可以娱志意，适肢足？虽士人通书，知道者犹为之，一人倡始，百人和之，更相夸诩，后不给者，用以为羞，毁决堤防，无所底止。故古圣王之莅天下，拳拳于立法制、明界限，使不得有所违越者，惧其一成之不可反。则其势，非严刑罚无以禁之。刑严而以夺其欲，则怨；与纵之而不禁，则贫。二者同归于乱而已。唐虞以还，以金

〔1〕“臣”，底本系统内《南京图书馆藏稀见方志丛刊》所影作此（第382页），《中国方志丛书》所影作“巨”（第906页），今特据前者。

玉、犀象之不可以饰，而陶之$_{49}$为器，水、土际薄，至为约费，故曰：羹土铏，饭土簋，依稀太古之朴。

而《周礼》设色、抟埴之工，载在“六官”，其具可通于上下，无虑侈镂、奇刻也。然习奇异观，而时多竞尚。陶所为费，大都如前书所载，其度，余不知于古人铏、簋何如也！利厚计工，市者不惮价，而作者为奇钓之，则至有数盂而直一金者。他诸花草、人物、禽兽、山水，屏、瓶、盆、盎之观，不可胜计，而费亦辄数金。如碎器与金色瓮、盘，又或十余金，当中家之产，而相竞以逞。其所被，自燕云而北，南交趾、东际海、西被蜀，无所不至，皆取于景德镇，而商贾往往以是牟大利，无所复禁。此岂非形号为俭，而实为侈，亦法制、堤防之有未备哉？

今器贡自京师者，岁从部降式造，特以龙、凤为辨。然青色狼籍，有司不能察，流于民间，其制无复分。每岁造，为费累巨万计，其直当不至是。然民间窃青色，与董陶官不能节缩诸经费，县官方苦征办不给，而商与匠户顾取其赢，以市于民，奸窑厌足[1]，乃还县官。于是利不在官，而民以料价困矣。贾谊告文帝曰：“今民卖僮者，为之绣衣、丝履偏诸缘，内之闲中，是古天子、后服，所以庙而不宴者也，而庶人得以衣婢妾。白縠之表，薄纨之里，缣以偏诸，美者黼绣，是古天子之服，今富人、大贾嘉会召客者以被墙。古者以奉一帝、一后而节之，今庶人屋壁得为帝服，倡优下贱$_{50}$得为后饰，然而天下不屈者，殆未有也”。以彼其时，谊尚为虑如此，而至于“论贮积”，犹欲“殴民而归之农，皆著于本，使天下各食其力，末技、游食之民，转而缘南亩”。今景德镇民以陶为业，弹丸之地，商人、贾舶与不逞之徒，皆聚其中而所业入窃。县官无制度如此，余所为虑，非细故也。

〔1〕“厌”，底本、“嘉靖本”似作“曆”，今正。

今县官每“部檄”下，辄告病。然上方定天、地分祀，以礼乐蒸变，和洽天下，无金玉[1]、珠玑、犀象、纨绮之娱，而独精意湮荐朝日[2]、大享之祭。其器与拜砖，皆办于陶，视古人陶匏、脊茅格于神明[3]，即一岁，费虽数万，犹当为之。而诸盘盂、樽俎、碗碟，亦皆朝会、宴赐、宫御之所需，不可缺。今庶民皆得被用之，则竭一省之力以供御，何虑不办？而辄云不给，颇欲加赋，何也？

余尝按行列郡，民惟饶州稍富。彼亦以其地出陶，民得利厚。而傍列郡，皆民贫、土瘠，每一额派，县官严刑法，棰逼之犹不能。输户疲甚，往往逃，寄食于四方，至令他邻姓代之赔。赔而其家不能给，亦相继去。平居稍收租，相与妻、子具馑粥，不敢为不肖，一有水、旱，不能束手待毙……今天下淮、浙被寇，真、保定患水，辽东人相食，至烦天子发帑银、市縠以赈[4]。而有司不能承$_{51}$天子哀痛元元之意，辄议加赋，余所谓舛也。官出箕敛之政于偷安之日，下畜无聊之志于不忍之时，则往年东乡、华林之难，将相缘而起，其势又非得国家数十万金不能了此。

此亦需时尔。往唐大历之间，兵事倥偬，而陆贽之告其君曰：“凡厥疲人，已婴其弊，就加保育，犹惧不支。况复亟缭棼丝，重伤宿痏，其为扰病，聊又甚焉[5]。”其后，懿宗以来，天下奢侈日甚，用兵不息，赋敛愈急。关东连年水旱，不姓相聚为盗[6]，王仙芝、黄巢相继而起，范祖禹谓：“自古国家之败、盗贼之起，未有不由暴赋重敛，而民之失职者众”。今吴、浙、闽、扬之间，赋已十倍初

〔1〕“玉”，底本误作“王”，今据“嘉靖本”正。
〔2〕“湮”，底本作此，“嘉靖本”作“禋”。
〔3〕“脊”，底本、“嘉靖本”原作“沓”，今正。
〔4〕“縠”，底本作此，“嘉靖本”似作“谷”。
〔5〕“聊”，底本作此，“嘉靖本”作“抑”。
〔6〕“不”，底本作此，“嘉靖本”作“百”。

额，犹以兵兴为解。江西仅一隅，稍得息肩，而辄以陶故加赋。然则万一有他，水旱与枹鼓之警[1]，又何以待之也？

民疾耕而亟蚕，不足衣食，剥肤而残体。不当官赋，率以经制；不定风俗，奢侈之故。徒治美于器、服[2]，方被其患，而有司又不能深长思虑，欲蹈邻省之辙，余未尝不矍然痛心焉。幸天子一旦思易旧俗、定制限，使民间不得僭逾，而悉罢不急。禁陶事，无以观美耗生计，则有司将谓之何？其亦无以辞于百姓矣[52]。

〔1〕“枹”，底本作此，“嘉靖本”误作“抱”。

〔2〕“治”，底本、“嘉靖本”作此，“文库本”同，“点校本”据《（乾隆）浮梁县志·陶政》改作“侈”。

跋

说真的，原来，自己不曾编注过纯粹的图文书，总觉得，在本该轻松做个了结的最末页赘上些后记、跋之类附庸风雅的文字不免酸腐且迂阔。

但，眼前这本书却并不完全属于我，它得以刊行，是许多许多志同道合者共同努力的结果。为了他们，为了那些可能不会因着这本书而得到什么实在回馈的好人，现在，我却执著着要写点什么！

我是在去年“十一”长假前从导师杭间教授那儿索要到它的“著作权”的。那时，我刚刚翻译出版了两本共计不过13万字的英文书籍，也早听闻师姐田君正创作《装潢志图说》，可能是还未消散的墨香让我有些飘忽，径直地，我便倚着性子跑到杭师跟前唏嘘般地主动请战。如今想来真是感佩老师的勇气，他当时很快便答应了我这个明显底气不足的请求，并且表示出极度的信任和支持，直到现在。

之后，是一轮筹划与创作。

挚友方抗作为学院陶瓷系的高才生，自然就成了我的免费顾问和“强劳力”。书中的图片除了白明先生提供的近50幅精妙绝伦者外，其余均由方抗同学从百十本大小画册中一一“挖掘”出来，我仅偶尔支离破碎地提点想法和意见。而图片的最终敲定竟是在次年3月他即将前往毕业实习地浙江龙泉前的1小时！可见我“逼捞”之深！

图片还需要翻拍。叵奈我不擅影像，又惟恐没法儿向读者和老师们交待，更对不住方兄的劳动成果，便生扯上同窗张杰等几位同学帮忙。四五月间的北京正是个善变的季节，要么刮风，要么下雨，再加上令人心忧的SARS病毒……他们却也从未轻松过——不是跟我楼上楼下的反复折腾，就是陪我校里校外的来回颠簸！

《陶录》本不啻为陶瓷类的“小百科”，加之先后补缀，内容与创作质量参差驳杂，景德镇与陶瓷史料铺陈其间，这不单给配列图片带来难度，更在注、校等方面均设置下诸多障碍。幸而，创作中得到了我系本科黄德筌、章丹露等学弟学妹的支援，协助完成了大量的资料查校工作，确保了本书的学术水平。同时，我不能不由衷地感谢广东教育出版社编辑部主任卢家明先生，书前他那篇独到的专论确定了此书的理论研究深度。卢先生80年代末90年代初于吉林大学古籍研究所管成学先生门下研究的正是其乡邦文献《陶录》。作为较系统地以文献学角度进行研究的学长，尽管物易时移，人生的足迹也从东北而赣水，赣水而岭南，但他的与其说是对《陶录》，更毋宁是对学术工作，对鲰生后学的关心与热忱，仍能在近13年后那个仲春下午与我“偶然”的千里通话中表露无遗。

书稿即成，我趁誊写、校对空档又掀开主编杭间师的总序翻看。是啊，古代的物质、文化滋养了先民祖辈，而我们却又是在不自知的状态中一步步地远离着“他们”，甚至成了这一切的“他者”！

于此，我无意拾人牙慧式地发思古之幽情，不过，惶惶然地以为，假若仅将前人艰辛的物质生存历程当作现代人闲暇时白日的梦境，那定会留下“好了伤疤忘了疼”的重大历史嫌疑！因为，“他们”应该是我们民族的集体烙印，是一种“前DV”时代的最好记录，我们当下所急需的作为，应该是诚如海德格尔所谓对“遮蔽”的“开敞”，是对日渐在我们记忆中消弭的“集体无意识”的重新唤醒，是对人类“原乡”的重新回归！如此春秋大梦怕是无法交托给周公破解了，而我这儿荒腔走板地写下的也不过是引玉之砖石，只企图通过这样的“编注”工作，于能力所及之处将翔实且生动有趣的“本真”的材料收集整合，并最终使我们在“他者化”的进程中得一个愉悦地回望走过的路的由头……

“弓舒图史，遨游儒默”，猛然间忆起袁简斋《续子不语·露水姻缘之神》有谓：“旧岁路中把晤，叨念盛情，曾几何时，而遂忘耶？”

……

真的，不能忘！

连　冕

癸未六月

信瘟神定送之日于京华陋舍

再版缀记

在恩师杭间教授和山东画报出版社徐峙立女士等倾力推动下，由我主持编注的《景德镇陶录图说》历时首尾近18年后得以重新梓行，实乃又一次的肯定与鼓舞。当然，我必须向读者诸君坦言，若干年中，尽管仍有对此书的赞许、嘉赏之声辗转传来，但个人于中国陶瓷史层面的学术研究仍用力、精进太少。以至今日，我尚未能完成关于该书最彻底的全球版本采访，目前只得维持“专论”最后一个段落以及篇内各图、表、多系由我简单补缀的那样一个旧的格局。

回想本书初版草创，前辈卢家明先生以及挚友方抗、学弟黄德荃、同窗张杰、系办秘书陈媛媛、学弟郑林庆、学妹章丹露均大有贡献。惟彼时，我目之所及，常在考辨、汇总、提炼各研究者的重要诠解，辅以所能获得的经典图像信息，加上清华大学美术学院白明先生提供的现代景镇制瓷工序图片，磕磕绊绊地，算是初步以恩师期待的图文并茂形态、简洁且直观地对文本做了疏通。我仍能忆起，特殊时期里借由快递公司，隔着光华路校区破旧的铁栅栏侧门，数次发出A盘软盘、CD光盘、冲洗相片和参考纸本等几沓定稿的两三个月后，为了确保行文清晰、明快，继而充分揭示历史文献及现代注释的关键内容，我还是执意在季夏烦热的清华园校区宿舍中，孜孜矻矻地硬是于出版社寄回的初校样上逐字修润，但也恰恰因此，令责任编辑们忽地倍感棘手。

十余载过去了，我总盼着得了空档，为这部常被友朋们提起的古代陶瓷“小百科”做些更深入的再处置。我固然也曾断续尝试操持，并组织过新的全面资料收集，只是碍于个人志趣转移，而能够提供助力的学生辈们对于传统器物的理解，又受西洋美术史学科和眼下并不健全的现代设计史教育的直接冲击，早已出现了一类殊难纠正的对于古代器具的认知障碍，最终不难想见，其成效皆告不彰。所幸，这期间，中国美术学院陶艺系硕士生高一之对我就再版的相关构想提供了全力的支持，纵然此番恐难用上他数次亲赴景镇拍摄、制作的大量精彩图片。而西亳小友智新科以及从学于我的门生刘子阳，亦为比对今次新版唯一增添的《江西省大志·陶书》消磨过心力。《浙江日报》报业集团《美术报》社暨黄俊娴编辑，更为绍介本书无私提供了版面。

日月荏苒，星辰更迭，我真不曾料到，当为这总令我牵念的一册小小簿书写下前述几段话时，我竟身处南美洲厄瓜多尔共和国的首都基多，并与L君对坐在遒隽的皮钦查火山山麓，那一度嚣繁的城市谷地中。而正如奇伟的中华民族的神妙造物一样，美洲雄浑、璀璨的多元文明也教会了我这个过客，当直面大自然看似无情的狂飙洗礼之际，莫忘了，人类终归要像由粗陋土灰抟成的陶坯般，勇健地投注于水和火的摧折，藉以寻获属于自己的炫目且宕丽的重生！

连　冕

庚子三月

信瘟神定送之日于厄京驿舍

器物目次

卷	位置（页码）	称	时代	尺寸（单位：cm）	窑口	备注	源[*]
卷二	133	青白瓷刻花牡丹唐草纹瓶	北宋	高32.6，腹径20.3	景德镇窑		5
	134	青白瓷唐子唐草纹瓶	南宋	通高41.9	景德镇窑		5
	135	青白瓷僧帽壶	元	通高19.7，口径16.3	景德镇窑		5
	135	白瓷唐草纹僧帽壶	明・永乐	高19.6，腹径12.6	景德镇窑		5
	136	青花缠枝牡丹纹玉壶春瓶	明・洪武	高32，口径8.5，足径11.5	景德镇窑		2
	137	青花花果纹执壶	明・永乐	高26.1，口径6.3	景德镇窑		26
	137	青花花果纹执壶	清・乾隆	通高26，口径6.3，底径9.8	景德镇窑		2
	138	青花轮花纹绶带耳葫芦瓶	明・宣德	高30.5，口径3.4，足径21.5	景德镇窑		2
	138	青花双耳扁壶	清・雍正	高25.3，口径3.2，足径6.4	景德镇窑		2

（续表）

卷	位置（页码）	称	时代	尺寸（单位：cm）	窑口	备注	源*
卷二	139	斗彩海水海兽纹罐	明·成化	高11.8，口径6.6，足径8.8	景德镇窑	外底心青花楷书“天”字款	2
	139	斗彩海水异兽图盖罐	清·雍正	高11.3，口径5.8，足径7.7	景德镇窑	外底心青花楷书“天字款”	2
	140	青花龙穿花纹盘	明·正德	高5，口径23	景德镇窑		2
	141	黄地红彩云龙纹盖罐	明·嘉靖	通高27.0，腹径21.7	景德镇窑		5
	141	仿嘉靖黄地红彩云龙纹盖罐	清·乾隆	通高16.7，口径5，足径6.1	景德镇窑		23
	142	青花团龙纹提梁壶	明·隆庆	高30，口径10.5，足径15.3	景德镇窑		2
	143	五彩镂空云凤纹瓶	明·万历	高49.5，口径15，足径17.2	景德镇窑		2
	145	仿钧釉瓶	清	高23，口径2.5	石湾窑		2
	146	玫瑰紫釉葵花式洗	宋	高7.7，口径23.5	钧窑		8
	147	仿钧窑玫瑰紫釉葵花式洗	清·雍正	高6.6，口径24.3，足距10.2	景德镇窑		2
	149	紫金釉地描金环耳瓶	清·嘉庆	高19.4，口径5.6	景德镇窑		2
	153	薄胎粉彩碗	现代		景德镇	圆及八角型	37

（续表）

卷	位置（页码）	称	时代	尺寸（单位：cm）	窑口	备注	源*
卷二	154	甜白莲花纹梅瓶	明·永乐	高25，深24.6，口径4.5，足径10.2	景德镇窑		28
	155	洒蓝开光五彩花卉西洋式壶	清·康熙	高38	景德镇窑		18
	157	祭红釉瓶	清·雍正	高20.7	景德镇窑		30
	159	仿龙泉釉双鱼纹盘	清·乾隆	高5.6，口径26.8，底足径17.3	景德镇窑		5
	161	仿汝釉双耳壶	清·雍正	高27.3，口径12.2×9.5，底足径19.6×13.0	景德镇窑		5
	162	青瓷贯耳瓶	南宋	高26.7，口径11.1×9.5	官窑		5
	162	大观釉贯耳方瓶	清·乾隆	高14.4	景德镇窑		30
	163	贯耳长颈瓶	宋	高11.3，口径2.5，足径4.3	哥窑		2
	163	仿哥釉贯耳长颈瓶	清·雍正	高16.3，口径2.4，底足径4.8	景镇窑		5
卷三	184	珐琅彩黄地兰石图碗	清·雍正	高5.2，口径10.3，足径4			2
	184	素三彩云龙纹折沿盘	清·康熙	直径40	景德镇窑		18

（续表）

卷	位置（页码）	称	时代	尺寸（单位：cm）	窑口	备注	源*
卷三	185	青花唐草纹六角贯耳瓶	清・乾隆	通高45.9	景德镇窑	十件，俯视	32
	185	粉彩人物图套杯	清・道光	高6.1—1.8，口径11.3—4.4	景德镇窑	（部分）	31
	186	粉彩人物图套杯				（部分）	31
	186	粉彩人物图套杯				（部分）	31
	187	炉钧釉盖碗	清・乾隆	高9.6，口径10.6	景德镇窑	正、侧面	20
卷四	203	绿地粉彩开光山水图诗句壁瓶	清・乾隆	高20.4，口径4，足径6	景德镇窑		2
卷五	215	青釉碗	唐	高3.5，口径14	景德镇窑	白虎湾唐代窑址	15
	217	青白釉注子、钵	北宋	注子通高20.2，钵高13.9	景德镇窑		13
	220	青白瓷贴花玉壶春瓶	元	高28.1	景德镇窑		39
	222	卵白釉印花缠枝莲纹盘	元	高4.1，口径16.1，足径5.2	景德镇窑	即为“枢府瓷”	2
	223	卵白釉镂空折枝花高足杯	元	高12.7，口径11.2，底径5	景德镇窑		2
	225	青白瓷刻花龙涛纹瓶	元	高26.3，口径5.5，底径10.5	景德镇窑		5
	227	青花竹石灵芝纹盘	明・洪武	高8.1，口径46，足径26.7	景德镇窑		2
	229	青花缠枝莲纹压手杯	明・永乐	高4.9，口径9.2	景德镇窑		7

（续表）

卷	位置（页码）	称	时代	尺寸（单位：cm）	窑口	备注	源*
卷五	229	红釉高足碗	明·永乐	高9.9，口径18.8	景德镇窑		7
	231	青花海水龙纹瓷扁瓶	明	高45.8，口径8.1	景德镇窑		14
	232	釉里红三鱼高足瓷杯	明·宣德	高8.8，口径9.9	景德镇窑		14
	232	青釉蟋蟀罐	明·宣德	高9.5，口径13.3，腹径14.5，底径13	景德镇窑		25
	234	斗彩鸡纹杯	明·成化	高3.8，口径8.3	景德镇窑		5
	234	斗彩花蝶纹壶	明·成化	高9.1，腹径13.2	景德镇窑		5
	235	青花斗彩葡萄纹高足杯	明·成化	高6.6，深2.8，口径7.9	景德镇窑		29
	237	青花灵芝纹阿拉伯文罐	明·正德	高36，口径17.3，足径18	景德镇窑		2
	239	青花矾红鱼藻纹盖罐	明·嘉靖	高41.2，口径21.8	景德镇窑		2
	241	青花凤凰纹壶	明·隆庆	高44.0，口径25.7	景德镇窑		5
	241	五彩龙纹出戟尊	明·万历	高31.7	景德镇窑		36
	243	青花应龙纹大缸	明·宣德	高27.6，口径59.6，底径40.0	景德镇窑		25
	248	豇豆红合子	清·康熙	口径7.2	景德镇窑	一对即“吹红”	35

（续表）

卷	位置（页码）	称	时代	尺寸（单位：cm）	窑口	备注	源*
卷五	249	五彩描金莲花鹭鸶图瓶	清·康熙	高44.0，口径22.4，底足径14.2	景德镇窑		5
	252	青花缠枝番莲纹花觚	清·乾隆	高63.5，口径26.5	景德镇窑	题“唐英敬制”等铭文	2
卷六	260	柿釉金银彩牡丹纹碗	北宋	高4.2，口径13.0	定窑		5
	261	白瓷印花鹿纹唐草纹盘	金	口径21.3	定窑		5
	261	白瓷刻花牡丹唐草纹梅瓶	北宋	高36.3，腹径18.5	定窑		5
	263	青瓷三足香炉	北宋	高15.2，口径23.7	汝官窑		5
	266	青瓷弦纹瓶	北宋	高33.1，口径9.8	官窑		10
	268	青瓷牡丹纹凤凰口水注	11世纪	高20.5，腹径16.5，底径11.3	东窑		36
	270	翠青釉里红凤凰碗	清·雍正	高6.9，口径14.5，足径6	景德镇窑		27
	271	青釉双鱼纹洗	元	高4.7，口径15.6	龙泉窑		2
	272	青釉红斑洗	元	高3.1，口径8.1，足径3.7	龙泉窑		2
	273	双耳三足炉	宋	高12.5，口径13，足距离9.1	哥窑		24
	275	青瓷凤凰耳瓶	南宋	高26.2，腹径11.2	龙泉窑		5

（续表）

卷	位置（页码）	称	时代	尺寸（单位：cm）	窑口	备注	源*
卷六	277	月白釉红斑瓶	金	高29.0，口径4.1	钧窑		5
	278	玫瑰紫釉葵花式花盆	宋	高15.8，口径22.8，足径11.5	钧窑		2
	278	仿钧窑双耳瓶	清・乾隆	高29.8	景德镇窑		9
卷七	284	青瓷瓜棱执壶	五代	高21.6，口径10.2，腹径12，底径7.3	瓯窑		2
	288	黄釉注子	唐	高23.2，腹径16.1	寿州窑		13
	290	青瓷莲纹碗	隋	高8.8，口径13.1，足径4.8	洪州窑		2
	292	五瓣花口碗	唐	高8.5	越窑		11
	293	褐彩如意云纹罂		通高67	越窑		11
	295	黑釉塔式盖罐	唐	通高51.1，口径8.8	鼎窑		10
	297	青瓷瓶	隋	高36，口径14，底径10.3	婺窑		2
	299	青釉刻莲瓣纹小口瓶	五代	高43，口径7.5，底径10.5	岳州窑		26
	301	青釉褐绿彩碗片	唐		邛崃窑		23
	303	秘色花口盘	唐	高6.1，口径23.8	越窑		16

（续表）

卷	位置（页码）	称	时代	尺寸（单位：cm）	窑口	备注	源*
卷七	308	青釉提梁倒灌壶	宋	高18.3，腹径14.3，腹深12	耀州窑		2
	308	刻花卧足碗	金	高6.8，口径17.9，底径9.6	耀州窑		2
	311	黑釉鸡头壶片及青釉双复系罐片	东晋		余杭窑		23
	311	白地黑花罐	宋	高19.8，腹径26.9	萧窑		13
	315	龙天目碗	南宋	高6.7，口径13.4	吉州窑		5
	317	油滴天目碗	南宋	高8.0，口径19.9	建窑		5
	317	兔毫盏	宋		建窑		22
	320	白釉玉壶春瓶	宋	高26.5，口径6.7		此件属山西霍窑系，平阳窑与此类似	2
	324	白釉印花盘	元	高2.8，口径14.35，足径4.7	霍窑		2
	330	宜均釉兽耳瓶	清	高28.1	宜兴窑	“葛祥明”款	21
	331	紫砂提梁壶	明	高20.5，口径9.4	宜兴窑	“时大彬”款	34
	334	白釉执壶	唐	高17.3，口径7.5	邢窑		19
	336	白釉黑花牡丹纹瓶	金	高38.3，口径3.4	磁州窑		2
	338	达摩立像	明	高42	德化窑	“何朝宗”款	7

（续表）

卷	位置（页码）	称	时代	尺寸（单位：cm）	窑口	备注	源*
卷七	340	青瓷贴花云龙纹盘	元	高8.2，口径41.3，底径25.4	龙泉窑		5
	342	白釉剔花牡丹纹瓶	宋	高34.5，口径6	当阳峪窑		2
	343	珍珠地划花双虎纹瓶	宋	高32.1，口径7.1，足径9.9	登封窑		2
	345	白瓷玉壶春瓶	金一元（13世纪）	高29.2，口径6.5	霍州窑		5
	346	梅花筒	清	高29.5，口径9.0	石湾窑		8
	346	三彩瓶	清	高16.0，口径5.0	石湾窑		8
	348	青瓷瓜形瓶	12世纪前半叶	高22.6，口径8.4		高丽	5
	348	青瓷镶嵌云鹤纹梅瓶	13世纪前半叶	高41.7，底径17.1		高丽	5
	350	七宝装饰盘	1114—1144年	高5，口径22.6			5
卷八	361	斗彩葡萄纹杯	明·成化	高4.8，口径5.5，足径2.5	景德镇窑	一对	2
	364	雕漆菊花纹盒子	明·永乐	高7.8，口径23.2		剔红	5
	364	青花螭龙纹蟋蟀罐	明·宣德	高9.5，口径13，腹径14.1，底径12.1	景德镇窑		25
	368	朱漆螺钿团花纹盒	清（18世纪）	通高11.0，口径36.0，底径17.7			5

（续表）

卷	位置（页码）	称	时代	尺寸（单位：cm）	窑口	备注	源*
卷八	371	青花缠枝莲纹大盘	明・宣德	高7.5，口径40.5，底径26.5	景德镇窑		2
	377	窑变釉瓶	清・乾隆	高33.5	景德镇窑	“火焰红”铜釉瓷器	18
	377	白釉黑花梅瓶	宋	高49.8，口径3.5	磁州窑		2
	381	风火仙庙青花瓷匾	清・雍正		景德镇窑		43
	384	青花缠枝花卉纹豆	明・宣德	高10.3，口径7.8	景德镇窑		2
	387	五彩蟠龙纹笔管	明・万历	长26.5	景德镇窑		31
卷九	396	刻花莲花碗、托	五代	通高13.5；碗：高9，口径13.5，底径8.2，托：高6.1，口径14.8，底径9.4	越窑		2
	401	灰陶簋	西周前期	高15.6，口径22.0	瓯窑		5
	401	青瓷璧式底碗	唐	高4.6，口径15，底径5.2			2
	405	青瓷狮子饰盖香炉	12世纪中叶	高21.0，炉身径16.1		高丽	5
	406	青瓷镶嵌葡萄蔓纹瓢形水注	12世纪中—后半叶	高35.4，底径11.0		高丽	5
	408	白釉碗	唐	高3.7，口径15.2	邢窑		2

（续表）

卷	位置（页码）	称	时代	尺寸（单位：cm）	窑口	备注	源*
卷九	408	青瓷玉璧底碗	唐	高5，口径13.2，底径5.6	越窑		2
	413	青瓷纸锤瓶	北宋	高22.6，腹径10.0	汝官窑		5
	414	青瓷牡丹唐草纹瓶	元·泰定	高71.0，口径29.1	龙泉窑		5
	415	天蓝釉贴花兽面纹双耳连座瓶	元	通高63.2，口径16，底径17	钧窑		2
	421	印花紫定花卉纹碗	金	高5.5，口径17.0	定窑		2
	422	青瓷钵	北宋	高6.8，口径16.8，底径7.5	汝官窑	底足面	5
	427	刻花缠枝石榴纹碗	北宋后期	高5.6，口径20.3	定窑	口沿为铜	2
	437	柿釉金银彩牡丹纹碗	北宋	高4.2，口径13.0	定窑		5
卷十	448	霁红釉玉壶春瓶	清·乾隆	高29.8，口径8.9	景德镇窑		19
	459	秘色瓷曲口深腹盘	唐	高6.1，口径23.8	越窑	陕西扶风法门寺地宫出土	16
	459	秘色瓷曲口圈足碗	唐	高9.4，口径21.4	越窑	陕西扶风法门寺地宫出土	16
	464	白釉高足碗	元	口径10.9	霍州窑		6

*此项为图片出处，标号信息参见“参考文献”部分。

（图版协理：方抗、张杰）

参考文献

1. 景德镇陶瓷史稿
江西省轻工业厅陶瓷研究所 编
生活·读书·新知三联书店
1959年　北京第1版

2. 中国美术分类全集　中国陶瓷全集
第五卷至第十五卷（隋唐、唐五代、宋、辽西夏金、元、明、清）
中国陶瓷全集编辑委员会
上海人民美术出版社
2000年　上海第1版

3. 文化田野丛书　传统与变迁——景德镇新旧民窑业田野考察
方李莉 著
江西人民出版社
2000年　南昌第1版

4. 景德镇传统制瓷工艺
白明 著
江西美术出版社

2002年　南昌第1版

5. 世界美术大全集·东洋编
第1卷至第9卷（先史殷周、秦汉、三国南北朝、隋唐、五代北宋辽西夏、南宋金、元、明、清）
小学馆
2000年　日本东京初版

6. 中国古窑址瓷片展览
1981.9.16—1981.10.14香港大学冯平山博物馆
香港大学冯平山博物馆出版

7. 中国美术全集　工艺美术编3陶瓷（下）
中国美术全集编辑委员会 编
上海人民美术出版社
1988年　上海第1版

8. 中国陶瓷·石湾窑
中国陶瓷编辑委员会 编
上海人民美术出版社
1992年　上海第1版

9. 中国博物馆丛书　第11卷　吉林省博物馆
吉林省博物馆 编
文物出版社　株式会社讲谈社
1992年　北京第1版

10．出土文物三百品
中国文物交流中心 编
新世界出版社
1992年　北京第1版

11．中国文物精华·1993
《中国文物精华》编辑委员会 编
文物出版社
1993年　北京第1版

12．中国陶瓷　景德镇民间青花瓷器
中国陶瓷编辑委员会 编
上海人民美术出版社
1994年　上海第1版

13．中国博物馆丛书　第13卷　安徽省博物馆
安徽省博物馆 编
文物出版社　株式会社讲谈社
1994年　北京第1版

14．中国历代艺术·工艺美术编
中国历代艺术编辑委员会 编
文物出版社
1994年　北京第1版

15．景德镇陶瓷艺术·古代部分
熊寥 编著

江西美术出版社
1994年　南昌初版

16．中国考古文物之美10　佛门秘宝大唐遗珍——陕西扶风法门寺地宫
文物出版社、光复书局
1994年　北京第1版

17．天工开物
〔明〕宋应星 著
民国涉园重刊本景印
国际文化出版公司
1995年　杭州

18．英国维多利亚和阿尔伯特国立博物院藏·中国清代瓷器
柯玫瑰 著
广西美术出版社
1995年　南宁第1版

19．扬州古陶瓷
扬州博物馆　扬州文物商店 编
文物出版社
1996年　北京第1版

20．清代瓷器赏鉴
钱振宗 主编
中华书局（香港）有限公司

上海科学技术出版社
1994年　上海第1版
1997年 上海修订

21. 中国明清紫砂精萃
沙志明 主编
江苏美术出版社
1997年　南京第1版

22. 中国古陶瓷图典
《中国古陶瓷图典》编辑委员会 编
文物出版社
1998年　北京第1版

23. 故宫藏传世瓷器真赝对比·历代古窑址标本图录
故宫博物院 编
紫禁城出版社
1998年　北京第1版

24. 艺术与收藏图典　中国古代陶瓷·色釉瓷(下)
褚毅　编著
新疆美术摄影出版社
1999年　乌鲁木齐第1版

25. 景德镇出土元明官窑瓷器
炎黄艺术馆 编
文物出版社

1999年　北京第1版

26．广东省博物馆藏品选
广东省博物馆 编
文物出版社
1999年　北京第1版

27．中国传世名瓷鉴赏（下）
李砚祖 主编
中国摄影出版社
2002年　北京第1版

28．国立故宫博物院宝物　故宫明瓷图录·洪武窑、永乐窑、宣德窑
国立故宫博物院 编
株式会社学习研究社
中华民国六十六年　日本东京初版

29．中国艺术丛书　中国陶瓷·4明代瓷器
陈昌蔚 编著
光复书局
中华民国六十九年　台北初版

30．中国艺术丛书　中国陶瓷·5清代瓷器
谭旦冏 编著
光复书局
中华民国六十九年　台北初版

31．中国陶瓷全集　21景德镇彩绘瓷器
中国上海人民美术出版社 编集
株式会社美乃美
1981年　日本京都初版

32．中国工艺美术丛书　中国陶磁篇1・景德镇磁器
邵宇 主编
中国人民美术出版　株式会社美乃美
1982年　日本京都初版

33．中国陶瓷史
谭旦冏 著
光复书局
中华民国七十四年　台北初版

34．宜兴紫砂珍赏
顾景舟 主编
三联书店（香港）有限公司
1992年　香港第1版

35．陶瓷大系　清の官窯
第四六卷
杉村勇造
株式会社平凡社
昭和四八年　日本东京初版

36．世界陶瓷全集
12、14（宋、明）
佐藤茂树
株式会社小学馆
昭和五十一年　日本东京初版

37．Chinese Arts and Crafts
Light Industry Publishing House Foreign Language Press
1973 Peking

38．Qing Porcelain–Famille Verte, Famille Rose
Michel Beurdeley & Guy Raindre
Thames and Hudson
1987 London

39．Blue and White–Chinese Porcelain Around the World
John Carswell
British Museum Press
2000 London

40．景德镇瓷业史
江思清 著
中华书局
民国二十五年（1936）　上海

41．中国古陶瓷研究论文集
周仁 等著

轻工业出版社
1982年　北京第1版

42. 中国陶瓷古籍集成
注释本
熊寥 主编
江西科学技术出版社
2000年　南昌第1版

43. 景德镇陶瓷·纪念唐英诞生三百周年专辑
1982年第3期

图书在版编目（CIP）数据

景德镇陶录图说 /（清）蓝浦，（清）郑廷桂著；连冕注释. —济南：山东画报出版社，2020.4

（中国传统工艺经典丛书）

ISBN 978-7-5474-3445-1

Ⅰ. ①景… Ⅱ. ①蓝… ②郑… ③连… Ⅲ. ①陶瓷工业－工业史－景德镇－图解 Ⅳ. ①F426.71-64

中国版本图书馆CIP数据核字（2020）第045054号

景德镇陶录图说

〔清〕蓝浦　郑廷桂 著　连冕 注释

项目统筹　怀志霄

责任编辑　王一诺

装帧设计　王　芳

出 版 人　李文波

主管单位　山东出版传媒股份有限公司

出版发行　山東畫報出版社

社　址　济南市市中区英雄山路189号B座　邮编 250002

电　话　总编室（0531）82098472

市场部（0531）82098479　82098476（传真）

网　址　http://www.hbcbs.com.cn

电子信箱　hbcb@sdpress.com.cn

印　刷　山东临沂新华印刷物流集团有限责任公司

规　格　976毫米×1360毫米　1/32

18印张　259幅图　450千字

版　次　2020年4月第1版

印　次　2020年4月第1次印刷

书　号　ISBN 978-7-5474-3445-1

定　价　168.00元